溝口睦子著

# 王権神話の二元構造

——タカミムスヒとアマテラス——

吉川弘文館

# 目次

目次

# 表・系図目次

## 表

系図

# 序論　本書の課題と方法

『王権神話の二元構造』と書名に掲げたが、本書は神話そのものについての研究というよりは、神話の分析を通して古代日本の思想と文化のあり方を探ろうとしている。そこで本書が主として対象とする時代や、明らかにしようとしている課題、意図、方法等について、その概略を予め述べておくことにしたい。

ひと口に古代といってもその範囲は広い。本書が主として考察の対象にしようとしているのは、五世紀から七世紀に至る間のいわゆるヤマト王権時代[1]の思想と文化である。

この時代は、いうまでもなく日本ではじめて統一王権が成立した時代であり、また同時に、次の本格的な中央集権的古代国家が誕生する直前の時代でもある。またそれは、巨視的にみれば、日本の歴史が〝未開から文明へ[2]〟と大きく転換する、日本歴史の中でも指折りの大転換期でもあった。

七世紀後半、大化改新に引き続く天智・天武・持統の時代に、日本は中国の文化を本格的に取り入れて文明化へと大きく歩を進めた。文字の使用や整った法と制度の確立、王都の成立等々、文明化の指標とされるあらゆる要素が、日本ではこの時期にいっきに出揃っている。

その本格的な文明化への準備期間・助走期間としての時代が、本書が対象にしようとしているヤマト王権時代であり、その観点からみると、この時代はその全体が歴史の巨大な転換点ということもできる。

その転換点としての時代に、日本では何がどのように変ったのか。さまざまな価値観や世界観、自然観、宗教意識、あるいは男女観や首長観など、それらがこの間に大きく変化したことは、神話や伝説・説話などを通して窺えるが、では具体的に、それらはどのような過程を経てどのように変化したのか。筆者は、このような未開から文明への転換によって起った変化に以前から関心がある。

そのうち自然観や神霊観の変化に関して、筆者は以前に少しく考察したことがある[3]が、今回は、この転換点としての時代に起った、思想と文化の全体的な枠組みの変化に関して、一つの仮説を提出してみようとしている。そこで本書で提出しようとしているその仮説について、その概略を、前もってここで述べておくことにしたい。

さて日本の本格的な文明化は、中国文明の取り入れによって行われた。これは誰もがもっている共通の認識である。したがって八世紀以降の日本の文化は、それ以前からあった土着の文化と、輸入された中国の文化との二重構造の形で存在することになった。このことも多くの研究者の念頭にある事柄だといってよいだろう。

このあたりのことについて、歴史学者の吉田孝氏は、その論著『律令国家と古代社会』[4]の中で次のように述べておられる。すなわち吉田氏は、律令国家に関する井上光貞・石母田正両氏の説[5]に言及して、両氏は「律令国家を『律令制と氏族制』、ないし『律令制と首長制』の二重構造として捉える」視点を提示したと指摘し、続いて次のように述べている。

井上と石母田に共通する視角は、世界帝国の古代文明とその周辺の未開な社会とが、(戦争をも含む)国際的「交通」によって結ばれたとき、周辺民族の支配者層が急速に開明化し、未開な基層文化を残しつつ急速に国家を形成するという、古代帝国の周辺民族の二次的な文明化の一形態として、日本の律令国家の形成を捉えようとしている点である。

日本の古代についてのこのような捉え方は、多少のニュアンスの差はあるにせよ歴史学の分野で一般的にもたれている共通認識といってよく、また歴史学のみならず、他の分野にも広く共通する見方だといってよいだろう。

このように古代における日本の文明化が、中国文明の取り入れによって行われたことは、誰もが認める事実であり、そのことに筆者は何ら異議を唱えるものではない。

しかし日本の文明化は、そのように「原始」「未開」から、いきなり高度な中国の漢字文化の摂取へと、いっきに駆け上る形でなされたのだろうか。中国文明による本格的な文明化以前に、いわば第一次の文明化ともいうべき、もう一つの段階を日本は経ているのではないか。

ヤマト王権が、北九州から関東にいたる、日本列島の主要な地域の統一をほぼ達成しようとしていた四世紀から五世紀にかけての頃の東アジア世界に目を移すと、そこにはある意味では中国文明に比肩するといってもよい、もう一つの独自の文化をもつ文明圏が当時存在していた。すなわち、匈奴にはじまる北方遊牧騎馬民族の文化圏・文明圏である。

現在、その地域は世界史の裏舞台に後退し、過去の栄光は、もはや完全に忘れ去られたといってもよいような状況になっている。しかし紀元前二・三世紀から紀元後五・六世紀にいたる、日本の弥生時代から古墳時代にかけての時代には、ユーラシア大陸の西から東にまたがる広大な地域を舞台に、いく度も強大な帝国を建てて、中国文明と対峙しつつ栄えていた。周知のようにこの文明については江上波夫氏が、その世界史において占める重要性を強調しておられるが[6]、筆者もこれを中国文明と並ぶ、古代北東アジアにおけるもう一つの普遍文化として、とりわけ日本の古代を考える際には、明確に視野に置くべきではないかと考えている。

さて朝鮮半島の地域は、紀元一・二世紀頃から三・四世紀にかけての頃、小国分立の部族国家段階から脱して、高句麗・百済・新羅と、日本にさき駆けて、順次古代王権を成立させていった。その頃、これらの国の王権が中国文明の影響下にあったことは言うまでもないことであるが、同時にその時点では、それと並行して、あるいはむしろそれよりも強く、その北方に広がる遊牧騎馬民族の文化の影響を受けていたことが従来から専門家によって指摘されている（扶余と高句麗・百済の支配層が、種族的に同じであるか否かについては議論のあるところであるが、支配者文化の系統という点からいえば疑いない）。

彼ら自身扶餘と同源と称し、本論で詳述するように、遊牧騎馬民族のそれにきわめて類似する君主天降の思想による建国伝説をもっている。あるいはまた、金銀・宝石で飾られたきらびやかな冠など、支配者層の服飾品——遊牧騎馬民族のそれに酷似し、漢民族のそれとは明らかに異なる——をみてもそのことは明らかだと思われる。

中国文明は、その頃すでに高度に発達した文字文明であったから、未開段階を脱したばかりの文字を持たない社会にとっては、それをいきなり摂取して理解し、使いこなすのには、おそらく種々の点で困難があったと思われる。

それに比べると、遊牧騎馬民族の社会は基本的に無文字の社会であり、その王権思想や文化も、いまだ神話的・呪術的色彩の濃厚なものであったから、その点で、その時点における朝鮮半島の社会とは共通性があり、比較的受け入れやすい文化だったのではないかと推測される。同じことは当時の日本の社会についても当てはまる。

ヤマト王権成立時の五世紀の日本が、高句麗・百済・新羅など朝鮮半島の諸王国と密接な関係にあったことは、これまで多くの論者によって種々の面から説かれてきたところである。外交的・軍事的に、また人間や技術・文物の交流の上で、その後の時代には類例を見ないほど密度の濃い関係がもたれていた。五世紀後半の雄略の王権が、半島系の渡来人をブレインとして王権中枢に置くなど、きわめて国際的性格の強い王権であったことについて、筆者は旧稿で触れたことがある。(7)

とりわけ考古学上の遺物・遺品を見ると、五世紀以降の日本の支配層の文化が、いかに朝鮮半島の王権文化と深いつながりをもっていたか、誰の目にもその関係の密接さが実感できる。

このように当時のヤマト王権が、朝鮮半島の王権文化との強い影響関係の下にあったことは十分認識されているのであるが、しかしその一方で、ヤマト王権の王権思想の中核をなす思想や文化に関しては、これをあくまで弥生以来の日本固有のものとみる傾向がきわめて根強いという状況がある。

ここで再び吉田孝氏の前掲書(8)から引用すると、吉田氏はまた次のように述べておられる。

律令国家の形成以前にも、日本にはヤマト王権を中心とする原始的な国家が成立しており、ヤマトの大王と各地の首長とは、神話的な擬血縁系譜によって結ばれ、国造制、伴造—品部制を中心とする族制的な国制が成立していた。そしてこのようなヤマト王権の国制を前提とし、基礎として律令国家が形成されたと考えられる。しかし、ヤマト王権と律令国家との間には国制の原理の基本的な転換があった。石母田正の表現を借りれば、前者の「系譜と神話」に対して、後者では「法と制度」とが基本的な原理となった。そして後者の「法と制度」の思想——その中心となる法家の思想——は、中国の戦国時代における社会的分業の展開、原生的共同体の高度な分解を前提とし、国家対人民の直接的な対立関係を基礎にして生まれてきたと考えられる。

右のように吉田氏は、石母田氏の表現を借りながら、(9)律令国家形成以前の原始的な国制と律令国家との間には、「原理の基本的な転換があった」と明快に説いておられる。筆者はこの点に関して、石母田・吉田両氏の見解に全く賛成である。しかしいま問題にしたいのはそのことではない。ここで吉田氏が「神話的な擬血縁系譜によって結ばれ」た「族制的な国制」と的確に表現されている、律令以前のヤマト王権の思想や国制について問題にしたいのである。

さきの引用文中にあった井上光貞氏の「氏族制」や石母田正氏の「首長制」は、右の吉田氏の言われる「族制的国制」とほぼ同じ対象を指しているといってよいと思うが、その律令国家形成以前の国制について、上記三氏はいずれも基本的に、弥生以来の日本固有の思想・文化の発展の上に作り出されたものとみてまったく疑っておられない。「ヤマト王権を中心とする原始的な国家」（傍点、溝口）という、右の吉田氏の表現にも窺えるように、ヤマト王権の王権思想は、三氏にとってあくまで基本的に弥生以来の土着の文化の延長線上に構築されたものとして捉えられている。これは三氏に限らず、現在多くの歴史家に共有されている見方である。最初に述べた「土着日本」と「中国文明」という、二つの視角で日本の古代を捉える捉え方は、要するにこのような見方に支えられている。

しかし筆者は、本論で詳述するように、ヤマト王権の王権思想はけっして弥生以来の土着文化の延長線上に生み出されたものではないと考える。ヤマト王権の王権思想の中核をなしているのは、考古学上の遺物がそうであるのと同じように、五世紀以降に新たに取り入れられた輸入思想・輸入文化であった。すなわち中国文明に並ぶ、当時の東アジアを覆うもう一つの普遍文化である北方遊牧民の支配者文化に由来する思想が、朝鮮半島の諸王国同様、ヤマト王権の王権思想でもあった(10)。

つまり日本は、中国文明による本格的な文明化以前に、もう一つの文明化の段階を踏んでいる。その期間はヤマト王権時代の二、三百年であって比較的短く、また並行してその間に中国文明も同時に受け入れているのであるが、しかし明らかに中国文明とは別種の王権文化がこの間に取り入れられて、この時代の指導的な文化となっている。そしてそれが、中国文化受容の下地を作り、本格的文明化への移行に大きな働きをした。

そしてここで重要なことは、弥生以来の固有の文化と、その五世紀に朝鮮半島から新たに取り入れた北方系の支配者文化とは、種々の点できわめて異質であったことである。したがって弥生以来の日本固有の思想・文化から、ヤマト王権の王権思想の中核を形づくる思想・文化への移行に際しても、やはり「原理の基本的な転換があった」。七世紀末に取り入れた中国の「法と制度」の思想が、石母田氏の言にあったように一千年に亘る中国の国家対人民の対立の歴史の中で育まれたものであるとすれば、この時ヤマト王権が取り入れた王権思想は、いわばユーラシア大陸の広大な地域に、強大な国家を幾度も形成してきた、七、八百年に及ぶ遊牧騎馬民族の実績に裏づけられた思想である。日本の弥生以来の文化との間にはさまざまな点で本質的な相違があった。

その結果五世紀から七世紀に至るヤマト王権時代の支配層の文化は、これもまた八世紀以降とは別の形で二重構造であった。先述のようにこの時期には中国の漢字文化も同時に入ってきているので、その意味ではあるいは三重構造と言った方がいいかもしれないが、しかし中国の漢字文化が本格的に受容されるのは七世紀半ば以降のことである。さてヤマト王権時代の支配層の文化が、もしこのように二重構造であるとすれば、そのことはこれまで一体的なものとして捉えられてきたこの時代の文化に対する理解や、さらにはまたヤマト王権以前の基層文化に対する理解にも、種々の点で重大な影響を及ぼすことになる。

筆者は最初に日本における〝未開から文明へ〟の転換に関心があると述べたが、このような意味でこの問題は、転換問題を考える前提としても、是非とも解明せねばならない重要課題になるわけである。

以上、本書が追求しようとしている課題や意図につきひととおり述べてきた。では、本書が仮説として提出しようとしているその思想と文化の二重構造は、どのような方法でその存在を最もよく証明できるだろうか。

考古学上の遺品・遺物に、いかに朝鮮半島の王権文化との著しい類似が認められるとしても、それのみによって双方の王権思想の共通性をいうことは難しい。もっと直接的にそれを証明するものはないか。そのような要求にほぼ一〇〇パーセント応えることのできるものとして、筆者は『古事記』や『日本書紀』に記された王権神話を挙げることができるのではないかと思う。

神話は、未開から文明への転換点として無文字社会にまだ大きく片足を踏み込んでいたヤマト王権にとって、その思想を表明する最も正式な表現手段であった。その意味で、さきに引用した、ヤマト王権の国制の原理は〝系譜と神話〟である、とする石母田正氏の定義は、ヤマト王権の本質と性格をまことによく言い当てている。ともすれば忘られがちであるが、この時代はまだ半ば神話の時代であって、重要なことはむしろ神話で語られた。神話はこの時代における法であり制度であった。

ただしこの時代を特徴づけるのにたしかに「神話」だけでは片手落ちで、石母田氏が正しく指摘しているように、そこにもう一つ「系譜」が加わり、系譜と神話が一体となっているところに、他の時代にはない、ヤマト王権時代のみの独自性がある。(11)

『記・紀』神話は、その最終的成立時期はいうまでもなく奈良時代の初めであるが、それが一つのまとまりをもった神話として体系づけられたのはヤマト王権時代である。『記・紀』は、「帝紀・旧辞」と呼ばれるそれらの原資料に手を加え、取捨選択してそれぞれの歴史書の中に取り入れた。したがって、文献学的な操作によって、『記・紀』から、その「帝紀・旧辞」と呼ばれる原資料段階の神話を取り出すことができるならば、それはヤマト王権時代の王権思想を解明する上での第一級の史料となる。

そこで本書は第一章において、『記・紀』神話の文献学的な分析を通して原資料段階の神話を復原し、そこに明瞭に二元構造が存在することを論証する。

第二章では、その神話に存在する二元構造を、最も端的にかつ象徴的に示しているタカミムスヒとアマテラスという最高神の二元的構造を取り上げ、二神を通して、より具体的にこの問題を検討する。そして第三章では、標題どおりタカミムスヒからアマテラスへという、皇祖神（＝最高神）の転換問題を扱う。これは七世紀末に起った日本の古代史上の一つの事件である。この事実自体は専門家の間ではすでにかなり広く認知されているのであるが、その理由や歴史的意味については、まだほとんど解明が進んでいない。私見ではこの問題は、本書が提起するヤマト王権時代の文化の二元構造を背景に置くことによって、はじめて十分にその意味を解明することができる問題であると思う。

第四章では、まとめとして、上述した二元構造を通してヤマト王権時代の思想と文化を捉え直したとき、そこにどのような問題点が新たに出てくるのか。それは従来の古代史像の何を、どのように変えるのかについて述べる。およそ以上のような順序で論を進めることにしたい。

なお本書は、第二章第一節の二・四、および第三章以外はすべて書き下ろしである。ただし第一章第一節の一・二は既発表の拙論を基に大幅に書き改めたものである。既発表の論文については、巻末の初出一覧にまとめて掲載する。『記・紀』等古典からの引用についてはその都度使用した校注本を注記したが、訓み下し文については部分的に他の校注本などを参照して改めた箇所がある。ご了承いただきたい。

注

（1） 統一王権の成立時期に関しては諸説あるが、九州から関東に至る日本列島のほぼ全域を支配下に置く統一王権が、五世紀中頃までに成立したことは確かである。この王権について、かつては「大和朝廷」の呼称が一般的であり、筆者も以前はそれに倣っていた。しかし近年、この語はあまり使用されなくなり、代って「大和政権」「大和王権」「倭王権」「ヤマト王権」「ヤマト国家」等々、論者によってさまざまな用語が用いられている。筆者は必ずしも「大和朝廷」の語が不適当とは考えないので、この呼称を使い続けるか否かに迷ったが、本書では現在最も広く用いられている「ヤマト王権」に変えることにした。しかしこの統一王権に対する筆者の理解が旧稿との間で変化したということではない。

(2) 「未開」あるいは「文明」という用語はさまざまな点で問題をもっている。例えば、この語が最初使われ始めた十八世紀ヨーロッパの歴史観・文明観（西川長夫『地球時代の民族＝文化理論——脱国民文化のために——』新曜社、一九九五年、を参照）がいまなお色濃く付着していることや、何を「未開」とし、何を「文明」とするかの基準が曖昧で、きわめて多義的であること、また文明化は相対的なものでいくつもの段階があることなどである。上山春平監修『日本文明史』全七巻（角川書店、一九九〇—九二年）の第一巻『文明史の構想』では、文明の定義を「文明とはある水準以上に発達した社会の文化である」とし、農業革命と産業革命を経ているか否かによって第一次文明と第二次文明に分けている。

このように問題の多い語ではあるが、他に適切な表現が見出せないのでやはりこの語を用いることにした。筆者が頭に置いているこの場合の文明化の指標は、第一に文字の使用である。次に整った政治制度、都市の成立などがある。なかでも文字使用の開始は、その波及するところが大きく、種々の面で文化の質を根本的に変えたのではないかと考えている。これらの点を基準にした場合、この時代は日本歴史の中でもとりわけ大きな転換期であった。

(3) 拙論「記紀神話解釈の一つのこころみ——『神』を再検討する——（上・中の一・中の二・下）」（『文学』一九七三年十月・十二月各号、および一九七四年二月・四月各号）。

(4) 吉田孝『律令国家と古代の社会』（岩波書店、一九八三年）。

(5) 井上光貞「日本の律令体制」（『岩波講座世界歴史』6、岩波書店、一九七一年）。石母田正「東洋社会研究における歴史的方法について」（『岩波講座世界歴史』30、別巻、岩波書店、一九七一年）。同『日本の古代国家』（岩波書店、一九七一年）。

(6) このような視角は、江上波夫氏が「日本民族＝文化の源流と日本国家の形成」（『民族学研究』一三巻三号、一九四九年二月、日本民族＝文化の起源特集号）以来、著書や対談等を通して一貫して主張してこられたものである。筆者は「征服王朝説」はとらないが、世界史の中で、とりわけ東アジアの古代を考える上で、この文明の存在にもっと注目すべきだとされる氏の主張には大いに賛同している。

（7）拙著『古代氏族の系譜』（吉川弘文館、一九八七年）。

（8）前掲注（3）。

（9）石母田正「官僚制国家と人民」（『日本古代国家論』第一部、岩波書店、一九六三年）。

（10）この見方は、注（2）でも述べたように、早くから江上波夫氏や、岡正雄氏（「日本民族文化の形成」『図説日本文化史大系』1、縄文・弥生・古墳時代、小学館、一九五六年。『日本民族の起源』平凡社、一九五八年など）によって提出されている。しかし筆者は上記二氏のようにこれを異種族の移住・侵入の問題としては捉えず、文化の摂取・受容の問題として捉えている。さらに言えば、遊牧騎馬民族の文化は、けっして丸ごと取り入れられたのではなく、当時のヤマト王権にとって有用であり、かつ受け入れやすいものが選択的・部分的に取り入れられたと考える。また当然ながら、日本固有の文化との接触によって変形した形で受け入れている。また朝鮮半島を経由しているので、高句麗・百済・新羅・伽羅等の王権においてすでに選択され変容されたものが入ってきている可能性も高い。このようにみる点で、私見は大林太良氏の見解に近い。この点については本書の第三章第二節でも述べている。

なお江上波夫氏の騎馬民族征服王朝説に、近年正面から批判を加えておられるのは考古学者の佐原真氏である。しかし佐原氏は騎馬民族の到来には反対されているが、文化の受容については認めておられる。「古墳時代のなかば、騎馬民族が到来して王朝を建てたとする江上波夫説を私はとらない。しかし、この時代にたくさんの渡来人があったこと、騎馬民族の文化が到来したことは確実である」（佐原真『大系日本の歴史』1、日本人の誕生、四二八頁、小学館、一九九二年）。

（11）この問題に関する私見は、拙著『日本古代氏族系譜の成立』（学校法人学習院、一九八二年）で述べている。

# 第一章　王権神話の二元構造

## はじめに

一般に『古事記』『日本書紀』の原資料である「帝紀・旧辞」段階の王権神話は、細部では多くの異伝をもつとしても、大筋では、一貫性のある、一元的な神話だと考えられてきた。

もちろん日本の王権神話は、古伝承を多く取り込んで形成された神話の一大集合体であるから、個々の神話素に分解してその原型に遡れば、さまざまな系統、さまざまな時代の神話に分かれる多元的な世界であることは誰もが知っている。

しかし王権の由来を語り、その権威を基礎づける一個の国家神話としてまとめられたとき、それは当然、その世界像としては一元的であるはずだと考えられる。もし仮に、そこでまったく別種の世界像が並列的に展開していたならば、そのどれによって王権が基礎づけられるにせよ、その権威は相対的なものになってしまう。暗黙のうちに、そのことは当然の前提になってきたといってよい。その点で、いわゆる民間でつくられる神話集成の類とは、根本的に性格が異なるわけである。

ところが、『記・紀』神話の場合、たしかに表面上は、一見一元的世界として構成されているようにみえるのであるが、しかし一枚剝ぐと、つまりその中に立ち入ってよくよく見ると、以下、本論で具さに見るように、明瞭に二元的様相が立ち現われてくる。

本章では、その二元的様相を、主として創成神話部分と、天孫降臨神話部分の分析をとおして、実証的に明らかにしようとしている。その歴史書が依拠する宇宙像・世界像の表現である創成神話部分と、王権の起源を直接物語る天孫降臨神話部分とは、王権を基礎づける体系神話の中でも、とりわけ重要な部分であることはいうまでもない。

ところがこの二つの神話部分に、ともに二元的構造が明瞭に見出されるのである。このうち天孫降臨神話の二元性に関しては、早くから気付かれており、すでにこの問題をめぐっては多くの研究が積み重ねられてきている。しかし創成神話に関しては、二元的という形では、まだはっきりとは気付かれておらず、したがってそのことが問題として取り上げられたこともない。

そこで、最初まず第一節では創成神話を取り上げて、そこに明確に二元構造が見出されることを論じる。『記・紀』をはじめとする古文献に逐一検討を加えることになるので、しばらくの間煩雑な議論が続くことを前もってお断りしておく。

第二節の天孫降臨神話に関しては、いま述べたように、そこに二種類の降臨神話があることは、専門の研究者の間では周知のこととなっており、研究の蓄積もある。そこで、それら従来の研究成果を踏まえながら、問題をさらに前へ進めて、降臨神話の主神の二元性は、単なる主神の二元性の問題にとどまらず、神話群の二元性につながる問題であることを明らかにしたいと考えている。

そしてこの二つの主要な神話部分の考察の上に立って、第三節で、『記・紀』の原資料となった「帝紀・旧辞」段階の神話が、全体としてもっていた二元構造について、その見取り図を述べる予定である。したがって第三節は、その全体がいわば本章の結論的な部分であり、第一・二節は、論証としての部分だともいえる。

# 第一節　創成神話の二元構造

## 一　『古事記』と『日本書紀』の創成神話

『古事記』と『日本書紀』は、開巻冒頭に、ともに世界の始りについての神話を載せるが、その最初の部分が、二書の間で大きく違っている。次のとおりである。

〔古事記〕

天地初《あめつちはじ》めて発《おこ》りし時に、高天《たかあま》の原《はら》に成りませる神の名《な》は、天之《あめの》御《み》中主《なかぬし》の神（高の下の天を訓《よ》みて阿麻《あま》といふ。下《しも》これに效《なら》へ）。次に、高御《たかみ》産《む》巣《す》日《ひ》の神。次に、神産《かむむ》巣《す》日《ひ》の神。この三柱の神は、みな独神《ひとりがみ》と成りまして、身を隠したまひき。

次に、国稚《わか》く、浮ける脂《あぶら》のごとくして、くらげなすただよへる時に、葦牙《あしかび》のごとく萌《も》え騰《あが》る物によりて成りませる神の名は、宇摩志阿斯訶備比古遅《うましあしかびひこぢ》の神。次に、天之常立《あめのとこたち》の神（常を訓みて登許《とこ》といひ、立を訓みて、多知《たち》といふ）。この二柱の神も、みな独神と成りまして、身を隠したまひき。

上《かみ》の件《くだり》の五柱の神は、別天《ことあま》つ神ぞ。

（西宮一民校注、新潮日本古典集成『古事記』）

〔日本書紀〕

古《いにしへ》に天地《あめつち》未《いま》だ剖《わか》れず、陰陽《めを》分《わか》れざりしとき、渾沌《まろか》れたること鶏子《とりのこ》の如くして、溟涬《ほのか》にして牙《きざし》を含《ふふ》めり。其《そ》れ清陽《すみあきらか》なるものは、薄靡《たなび》きて天《あめ》と為《な》り、重濁《おもくにご》れるものは、淹滞《つつ》ゐて地《つち》と為《な》るに及びて、精妙《くはしくたへ》なるが合《あ》へるは摶《むらが》り易《やす》く、重濁《おもくにご》れるが凝《こ》りたるは竭《かたま》り難《がた》し、故《かれ》、天先《ま》づ成《な》りて地後《のち》に定《さだま》る。然《しかう》して後に、神聖《かみ》、その中に生《あ》れます。故《かれ》曰《い》はく、開闢《あめつちひら》くる初《はじめ》に、洲壌《くにつち》の浮《うか》れ漂《ただよ》へること、譬《たと》へば游魚《あそぶいを》の水上《みづのうえ》に浮《う》けるが猶《ごと》し。時に、天地の中に一物《ひとつのものな》生れり。状《かたち》葦牙《あしかび》の如し、便《すなは》ち神と化為《な》る。国常立尊《くにのとこたちのみこと》と号《まう》す。至りて貴きをば尊と曰《い》ふ。自余をば命と曰《い》ふ。並に美挙等《みこと》と訓《い》ふ。下皆此に效へ。次に国狭槌尊。次に豊斟渟尊。凡《すべ》て三《みはしら》の神ます。乾道独化《あめのみちひとりな》す。所以《このゆゑ》に、此《こ》の純男《をとこのかぎり》を成せり。

（坂本太郎ほか校注、日本古典文学大系『日本書紀上』）

このような二書間の相違は何を意味するのか。二書の編集方針や編集理念の差を象徴的に示すとみられるこのような差については、早く本居宣長が注目し[1]、その後も繰返し議論が行われてきている。

近年では神野志隆光氏が、これを「ムスヒのコスモロジー」と「陰陽のコスモロジー」の差として捉えることを主張しておられる[2]。またごく最近では西宮一民氏がこの問題に関連する論文を発表された[3]。そこでまずこの西宮論文について、本論に入る前に少しく触れておくことにしたい。

西宮氏は、『古事記』の撰録過程に関して論じたこの論文の中で、この二書間の差に関する問題を取り上げて次のように言っておられる。

「天武天皇の正実の『帝紀・旧辞』＝阿礼誦習の、天武天皇勅語の『帝紀・旧辞』は、先に執筆記録された『紀』

の第一段正文と一書の内容に対して、むしろ批判的に天武天皇の構想に基づく内容を冒頭に位置づけ、それ以下は『紀』の内容を綜合して、一つの神話としてまとめる方法をとつたといふことが分る」（傍点、原文）。

すなわち『紀』と相違する『古事記』の冒頭部分は、天武天皇が打ち出された独自の構想に基づいて新たに加えられたものである。『紀』の冒頭神話（＝創成神話）はそれ以前にすでにできていた。『古事記』はその『紀』の創成神話を批判して新たに加えた独自の冒頭部分のあとに、『紀』の正文と一書の内容を綜合して一つにしたものを載せたということである。なおこの西宮論文は、安万侶がそれに変更を加えることはしなかったという点の証明にむしろ力が注がれている。

筆者は結論からいえば、この論文に示された『古事記』撰録過程についての西宮氏の見解に賛同するものである。しかし、ではなぜ天武天皇は『日本書紀』を批判してあのような冒頭にムスヒ系三神を置く『古事記』型に改めるべきだと考えたのか。「天武天皇の構想」の背後には、それを促すどのような現実があったのかというそのあたりの問題については明らかにされていない。

もっとも西宮氏の論文は、もともとそのような問題の解明を意図したものではないので、その点の追求がないのは当然なのであるが、一般的にいって従来からこの点が、未解明のままに残されている問題点である。そしてそこには、ただ単に『古事記』が『日本書紀』の中国風に対して国風を志向したとか、あるいは始原の世界をさらに古く延長したというに止まらない、『記・紀』神話全体の構成に関わるきわめて重要な問題があると考える。

以上いきなり西宮論文を取り上げたが、ここから本論に入って、まず議論の出発点として『記・紀』の比較を最初に行い、異伝全体のあり方を改めて詳しく観察するところから始めたい。

冒頭から神世七代に至るまでの創成神話部分の異伝表を、表1として次に掲げる。

## 表1　開闢神話の異伝

| | ムスヒグループ | アシカビヒコヂグループ |
|---|---|---|
| 古事記 | (天地初発之時、高天原に成れる神)<br>1天之御中主神<br>2高御産巣日神<br>3神産巣日神 | (国稚く浮脂の如くして、くらげなすただよへる時、葦牙の如く萌えあがる物に因りて成れる神)<br>4宇摩志阿斯訶備比古遅神《うましあしかびひこぢ》<br>5天之常立神《あめのとこたち》<br>(以上五神を「別天神」とする) |
| 紀本文 | | |
| 紀一書第一 | | |
| 紀一書第二 | | (第一段)<br>(国稚く地稚き時、たとへば浮膏《あぶら》のごとくしてただよへり、時に国の中に物生れり、状葦牙のぬけ出でたるが如し、これによりて化生づる神)<br>1可美葦牙彦舅《うましあしかびひこぢ》尊 |
| 紀一書第三 | | (第一段)<br>(天地混成之時、始めて神人有《ま》す。)<br>1可美葦牙彦舅尊 |
| 紀一書第四 | (第一段)<br>又曰、高天原に生れます神<br>3天御中主尊<br>4高皇産霊尊<br>5神皇産霊尊 | |
| 紀一書第五 | | |
| 紀一書第六 | | (第一段)<br>(天地初めて判るる時に、物あり、葦牙のごとくして空の中に生《な》れり、此に因りて化《な》る神)<br>1天常立尊<br>2可美葦牙彦舅尊 |

| クニノトコタチグループ | 対偶神グループ |
|---|---|
| 6 国之常立神《くにのとこたち》<br>7 豊雲野神《とよくもの》 | 8 宇比地邇神《うひぢに》<br>妹須比地邇神《いもすひぢに》<br>9 角杙神《つのぐひ》<br>妹活杙神《いくぐひ》<br>10 意富斗能地神《おほとのぢ》<br>妹大斗乃辨神《おほとのべ》<br>11 於母陀流神《おもだる》<br>妹阿夜訶志古《あやかしこ》泥《ね》神 |
| (第一段)<br>開闢之初に、洲壌《くにつち》の浮《うか》れ漂《ただよ》へること、たとへば遊魚の水上に浮けるがごとし。時に、天地の中に一物生《な》れり、状《かたち》葦牙《あしかび》の如し、すなはち神となる<br>1 国常立尊《くにのとこたち》<br>2 国狭槌尊《くにのさつち》<br>3 豊斟渟尊《とよくむの》 | (第二段)<br>1 埿土煑尊《うひぢに》<br>沙土煑尊《すひぢに》<br>2 大戸之道尊《おほとのぢ》<br>大苫辺尊《おほとまべ》<br>3 面足尊《おもだる》<br>惶根尊《かしこね》<br>4 伊奘諾尊《いざなき》<br>伊奘冉尊《いざなみ》 |
| (第一段)<br>天地初めて判るる時に、一物虚中《そらのなか》にあり、かたち言ひ難し、その中に自づからに化《なり》生《い》づる神有《いま》す。<br>1 国常立尊<br>2 国狭槌尊<br>3 豊国三尊 | (第三段)<br>1 埿土煑尊<br>沙土煑尊<br>2 角樴尊《つのくひ》<br>活樴尊《いくくひ》<br>3 面足尊<br>惶根尊<br>4 伊奘諾尊<br>伊奘尊 |
| 2 国常立尊<br>3 国狭槌尊 | (第二段)<br>1 国常立尊<br>2 天鏡尊<br>3 天萬尊<br>4 沫蕩尊《あわなぎ》<br>5 伊奘諾尊 |
| 2 国底立尊 | |
| (第一段)<br>天地初めて判るる時に、始めてともに生《なりい》づる神<br>1 国常立尊<br>2 国狭槌尊 | |
| (第一段)<br>天地未《いま》だ生《な》らざる時に、たとへば海上に浮べる雲の根かかる所無きがごとし、その中に一物生れり、葦牙の初めて埿の中に生《おひい》でたるが如し、すなはち人となる<br>1 国常立尊 | |
| 又物あり、浮膏のごとくして、空の中に生《な》れり、此に因りて化《な》る神<br>1 国常立尊 | |

| | 古事記 | 紀本文 | 紀一書第一 | 紀一書第二 | 紀一書第三 | 紀一書第四 | 紀一書第五 | 紀一書第六 |
|---|---|---|---|---|---|---|---|---|
| 対偶神グループ | 12伊邪那岐《いざなき》神<br>妹伊邪那美《いざなみ》神<br>(国之常立神以下を「神世七代」とする。) | | | | | | | |

(一)『日本書紀』は、本文および一書第一において、各神名の表記にかかわる異伝を多数載せるが、それらは全て省略した。
(二)表中四角で囲んで示した神名（紀一書第四）は、異伝中の別伝である。
(三)神名に付した番号は、その異伝における出現の順位を示している。ただし『日本書紀』に関しては、段を異にする場合、新たに1から起して付した。

表1の異伝表は、各異伝が記す神名を、出現の順序に従って列記したものである。「ムスヒグループ」「アシカビヒコヂグループ」などの区切りは、比較の便利のために筆者が設けた。またその名称も便宜上付したもので、必ずしもいわゆる神話の系統をそのまま表わしているわけではない。始原神出現のさまを描く詞章も括孤に入れて示したが、『紀』本文など、やや省略したものもある。

さて表1によって、まず『記』と『紀』の全体を大まかに比較してみると、両書の神話は冒頭のムスヒグループの部分こそ違え、アシカビヒコヂ以下に関しては、ほぼ同一といってもよい程よく似た神話であることがわかる。『記・紀』間には大きな差があると最初に述べたが、このようにみると、『記・紀』間の差とは文章表現上の差や漢籍の引用の有無などを除くと、要するに冒頭にムスヒ系三神をもってくるか否かの差であるといってもよいことが判明する。ではこのムスヒ系三神の有無という差はなぜ起ったのか。『記・紀』の原資料の段階ではどうなっていたのか。さきに西宮論文を引いて述べた問題がここにあるわけである。

しかしその問題についての検討はもう少し後に廻して、先にまず『紀』内部の異伝についての考察から行うことにしたい。

〈『日本書紀』の異伝について〉

(1)　『紀』には、本文を含めて七つの異伝がある。そのうちクニノトコタチを始原神とするものが四つ（本文、第一・第四・第五の各一書）、アシカビヒコヂを始原神とするものが二つ（第二・第三の各一書）、アメノトコタチを始原神とするものが一つ（第六の一書）ある。

(2)　クニノトコタチは、アシカビヒコヂを始原神とする異伝や、アメノトコタチを始原神とする異伝にも入っている。すなわち、クニノトコタチは異伝の全てに存在する。

(3)　始原神出現時の原始混沌の様相を語る詞章は、各異伝ともにきわめてよく似ている。クニノトコタチを始原神とするタイプの異伝にも、「状《かたち》葦牙《あしかび》の如し」（本文）、「葦牙の初めて埿《ひぢ》の中に生《おひ》でたるが如し」（第五の一書）といった表現があり注目される。

(4)　単独神三神のあとに男・女の対偶神が四代続き、合計七代になるという「神世七代」の構成は、本文と第一の一書にともにみられる。「神世七代」の最終の神は、いずれの異伝の場合もイザナキ・イザナミである。

本文を含む『紀』の七つの異伝を、表1によって観察すると、右の如き特徴点が指摘できる。そこでこれらの特徴点を通して『紀』が資料とした「帝紀・旧辞」段階の神話のあり方を推測すると、われわれはかなりのところまで、その神話の性格や特徴を把握することができる。

すなわち創成神話部分について、原資料の段階では異伝が多数存在していた。しかしそれらの異伝は、多くが始原神出現時の原始混沌の表現の微妙な差であるとか、神名の順序の違い、あるいは表記の仮名の違いといった、細部の差異による異伝であって、神話全体の構造を異にする、全く別のタイプの神話が多数存在したということではない。

原初、浮膏《うきあぶら》のように洲壌《くにつち》が浮遊している原始混沌の中から葦牙の如きものが出現する。それが世界で最初の始原神である。その始原神を含めて最初単独の神が何代か出現し、次にいく組かの対偶神が出現する。最後はイザナキ・イザナミである。このような、いわゆる系譜型と呼ばれるタイプの、いわば規格化された同型の神話が、ある範囲の人びとに共有されていたことがわかる。ただし第二段の第二の一書であるとか、第一段の第四の一書の「又曰」などに、これとはやや異質な神話が少量ながらみられるので、このタイプ以外の神話も皆無ではなかったことがわかる。しかしそれらはまとまった形はもっていない。圧倒的多数はもっぱらこのタイプである。

そこで『紀』の原資料となった、ある範囲の人びとに共有されていたこの系譜型のタイプの神話を、どの異伝にも必ず存在している始原神クニノトコタチと、最終の対偶神であり、かつ次の段で創造の事業を行う最も重要な神であるイザナキ・イザナミの名を取って、以下「クニノトコタチ〜イザナキ・イザナミ系」、あるいは単に「イザナキ・イザナミ系」と称することにする。

そうすると、要するに『紀』は、「クニノトコタチ〜イザナキ・イザナミ系」の神話を、『紀』の創成神話として異伝とともに収録した。そして本文冒頭では、それに中国思想による解釈を施し、漢籍の引用を付して掲げたということである。

『紀』の異伝についての以上の考察を踏まえて、次は『古事記』をこれと比較しながらみることにしたい。

〈『古事記』と『日本書紀』の比較〉

(1)　『古事記』の創成神話のうち、冒頭のムスヒグループを除く残りの部分は、『日本書紀』とほぼ同一の神話である。

(2)　『古事記』のアシカビヒコヂグループ以下イザナキ・イザナミに至る神名は、『日本書紀』の各異伝にみられる神名を全て合わせたものになっている。ただし『日本書紀』にあって『古事記』にない神名として、クニノサツチが一神のみ存在する。

(3) アメノミナカヌシ以下アメノトコタチに至る、ムスヒグループとアシカビヒコヂグループを合わせた五神を、『古事記』は特に「別天神」と名づけてひと括りにしている。これは同書にのみ見られる『古事記』独自の呼称であり、また括り方である。

(4) クニノトコタチに始まり、イザナキ・イザナミに終る七代を「神世七代」と称する点は、『日本書紀』と同じである。

以上のように『紀』の異伝の考察の上に立って『記』をみると、第一に『記』が各種の異伝を全て合わせもつ、総合的性格の歴史書であることが明確に見てとれる。すなわち『記』は、『紀』に記されたクニノトコタチ〜イザナキ・イザナミ系の異伝をすべて統合し、さらにその上にムスヒグループをも取り入れている。

第二に、『記』は「別天神」という、『記』独自の枠組みを設けることによって、原資料の段階では明らかに別系の神話であったムスヒグループとアシカビヒコヂグループを合体している。つまり「別天神」という枠は、その中に両者を嵌め込むことにより、あたかも両者が連続する同一世界の神々であるかのように、読む人に印象づける役目を果している。

「別天神」五柱の設定には、従来から指摘されているように、三・五・七という中国式の聖数で、歴史書の冒頭部分を飾ろうとする意図もたしかに込められているであろう。しかし上述の如き意図も同時に存在した。そしてこちらの方が実はむしろ重要なねらいではないかと筆者は考える。

他にもムスヒグループの神とイザナキ・イザナミ系の神々とを結びつける工夫の一つとして、「陰神」「独神」といった、神の性格に関する説明を、ムスヒグループからクニノトコタチグループに至るすべての神々に一貫してつけるなどの配慮を『記』は行っている。つまりそうした叙述によって、連続する同質の神話世界の神々であるという印象を、読む人に無意識のうちに植えつけているのである。

『古事記』は、このような実にきめ細かな巧みな方法によって、原資料を損なうことなく、別系の異質な神々を合体し、統一体としての新しい創成神話を創出することに成功している。

以上『記・紀』の比較検証により、原資料段階の創成神話のあり方がかなり明らかになった。そしてその結果、開巻冒頭の『記・紀』の差は、要するに『古事記』によるムスヒグループの加上によってもたらされたことが判明した。しかしこの結論は、結局最初に紹介した西宮氏の見解と同じで、上述の作業はそのことを改めて確認したにすぎない。またほぼ同様の見方はすでに早くから梅澤伊勢三氏もとっておられるところで、梅澤氏は、『日本書紀』型のクニノトコタチを始原神とする神話が六世紀末から七世紀初頭頃までにまとまり、天武朝以後この上にムスヒ系三神を加上する『古事記』型が作られたとする説を唱えておられた。(4)

このように先行研究がすでに出している説と何ら変りがないにもかかわらず、筆者がまわりくどい方法で改めてそれを確認した理由は、この冒頭部分の『記・紀』の差は、従来考えられている以上に重大な問題をその背後に抱えているると考えるからである。これはまさに氷山の一角であり、単に当時いくつかあった創成神話を、『古事記』はすべて統合して一つにしたというに止まらない問題がそこにはある。その問題を解明していく上での出発点として、『記・紀』の創成神話のあり方は、やはり改めて観察しておく必要があると考えた。(5)

ではなぜ『古事記』はムスヒ系三神を加上したのか。その意味するところをより広い視野から捉えるために、次は『記・紀』以外の文献に目を移すことにしたい。

## 二　『古語拾遺』と『先代旧事本紀』の創成神話

九世紀に入って民間人の手でまとめられた『古語拾遺』、『先代旧事本紀』（以下、『旧事本紀』と略称する）などの歴史書をみると、その創成神話部分にきわめて興味深い記述を見出すことができる。最初に『古語拾遺』からみると次の通りである。叙述の一部と、その内容を系図の形に直したものを同時に掲げる。

〈『古語拾遺』〉

一《ある》いは聞けり。夫《それ》、開闢《あめつちひら》くる初《はじめ》に、伊奘諾《いざなき》・伊奘冉《いざなみ》二神《ふたはしらのかみ》、共為夫婦《みとのまぐはひし》たまひて、大八洲国《おほやしまくに》、及《また》山川草木を生みます。次に日神《ひのかみ》・月神《つきのかみ》を生みます。最後《いやはて》に、素戔嗚神《すさのをのかみ》を生みます。（中略）

又、天地割判《あめつちわかれひら》くる初《はじめ》に、天中所生之神《あめのなかにあれますかみ》、名は天御中主神《あめのみなかぬしのかみ》と曰《まを》す。次に高皇産霊神《たかみむすひのかみ》。次に神産霊神《かむむすひのかみ》。

（西宮一民校注、岩波文庫『古語拾遺』の訓読文。注記はすべて省略している）

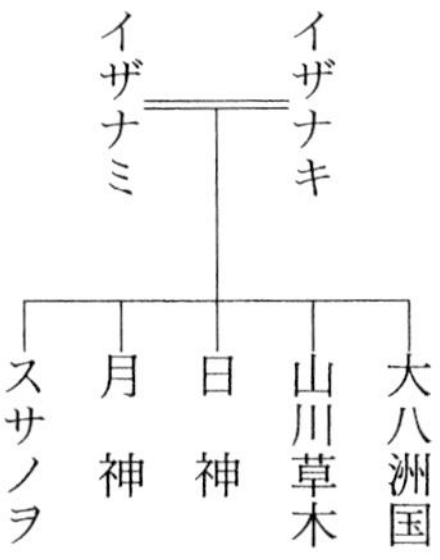

アメノミナカヌシ
タカミムスヒ——タクハタチヂヒメ（天祖天津彦尊の母）
　　　　　　　アメノオシヒ（大伴宿祢の祖）
　　　　　　　アメノフトタマ（斎部宿祢の祖）
カムムスヒ——アメノコヤネ（中臣朝臣の祖）

右のように、『古語拾遺』はその冒頭で、「一《ある》いは聞けり、夫《それ》開闢の初めに」と書き出して、大八洲国・山川草木・日神・月神・スサノヲの誕生を語り、ここでは省略したが、さらにイザナキによるスサノヲの追放にまで筆を進めている。ところがその後一転して、「又天地割之初」と新たに開闢の初めから筆を起して、ムスヒ系三神の誕生を語っている。

このような『古語拾遺』の冒頭部分の叙述の仕方には、いくつかの問題点が含まれている。まず第一点は、ここではイザナキ・イザナミ系の創成神話とムスヒ系の創成神話が、それぞれ何ら関係をもたない、独立した別箇の神話として記されているという点である。

第二点として『古語拾遺』は、『古事記』とは異なり、イザナキ・イザナミ系の神話を先に、ムスヒ系を後に記しているということがあげられる。また細かくなるが、『古語拾遺』はクニノトコタチからイザナキ・イザナミに至る神統譜は記していない。それが単なる省略であるのかどうかも一つの問題点である。が、いまその問題はさておき、ともかく『古語拾遺』は、このように二つの神話をまったく関係のないものとして置き、しかもイザナキ・イザナミ系の方を先に記しているという点が注目される。つまり『古語拾遺』は『古事記』が創出した神話を全く無視しているのである。

また第三点として『古語拾遺』は、ムスヒ系三神について、その後裔氏族を記しているということがある。これは『記・紀』両書にはない点である。

第四点として、『日本書紀』本文と比較した場合、イザナキ・イザナミによるヒルコの誕生が語られていないといった点やアマテラス・ツクヨミを「日神・月神」と記しているといった点などもあげられる。(6)

『古語拾遺』は、従来から指摘されているように、(7)全体としてみると基本的には『日本書紀』に準拠して書かれている。しかしこの冒頭部分は、みてきたように独自の資料に基づきながら独自の判断で書かれており、七・八世紀時点の民間における創成神話のあり方を推測する上できわめて興味あるいくつかの問題点をもっている。いまこれらの問題にいちいち深入りする余裕はないが、一つだけ重ねて注目しておきたいのは、先述の第一・二点である。

すなわち『古語拾遺』冒頭部分のこのようなあり方は、前節に確認した『古事記』型は新しく創出された神話だという仮説をいっそう確かなものにするだけでなく、その新しい『古事記』型が、奈良時代の終りから平安にかけての頃の人びとにほとんど受け入れられていなかったらしいということを示唆している。

『古語拾遺』の作者である斎部氏は、神祇の祭祀を家職とする伝統的な氏である。したがって神々の伝承に関しては人一倍多くの知識や情報をもっていたと推測される。しかも斎部広成は人びとが古伝承をないがしろにすることを嘆き、「国史・家牒」の遺漏を正したいとまで言っているような人物である。また斎部氏は他ならぬタカミムスヒを始祖として戴く氏でもある。したがってもし『古事記』型が古くからの伝承であったとしたら、彼がそれを知らないはずはないし、またその伝承を退けなければならない理由は何もないと考えられる。『古事記』型では、タカミムスヒは最も古く尊い神として神々の頂点に立ち、創造神であるイザナキ・イザナミにも指示を与えているのである。

広成はおそらく『古事記』の存在は知っていたと思われるが、しかしそこに描かれている創成神話は取り入れなかった。なぜならそれは広成の知る古伝承とはあまりにもかけ離れていたからだと考えられる。広成にとってムスヒ系（後述する）とイザナキ・イザナミ系とは、あくまで別系の神話であった。そのあたりの事情は、次の『旧事本紀』を見ることによっていっそう明らかになる。引き続き『旧事本紀』の考察に入ることにしよう。

〈『先代旧事本紀』〉

『先代旧事本紀』（以下、『旧事本紀』と略称する）の巻一、神代本紀には、珍しい創成神話が記されている。

この書は周知のように、中世までは古代の歴史書として高い評価が与えられていた文献であるが、近世初頭に偽書のレッテルが貼られて以来価値が下落し、現在も基本的にはまだそのような低い評価が続いている。

しかし鎌田純一氏の詳しい研究[8]にあるように、「偽書」とされるのは聖徳太子撰と記す序文に対してのことであって、鎌田氏が「現旧事本紀は、（中略）その利用上多少の操作は必要としても、その大半は根底に於いて本来の伝承を伝えるが故に史料性があり、この意味で記紀が古代史の中に定位せしめられるように、現旧事本紀も適当に位置づけて然るべきであろう」といっておられるとおり、九世紀中頃までに成立した一つの歴史書、あるいは史料集として見た場合は、この書が情報量が多く史料性の高い、貴重な文献であることは間違いないと思われる。

いまわれわれが追求している創成神話の二元性という問題にとっても、この書には得難い情報がある。開巻冒頭の巻一、神代本紀がそれである。

早速、神代本紀の構成や特徴点を見てみると、神代本紀はまず最初に天地の始りから神代七代に至る開闢時の様相を、漢文体の文章で叙述している。その後に「神代系紀」と題して、始原神から神世七代に至る間に出現した神々の名前を、代を追って列記するという構成をとっている。神名には注記の形で異伝が相当数付されている。また後述するようにムスヒ系の神には、その後裔氏族名が注記されている。

冒頭に置かれた、いわば総論とも言うべき漢文体の文章は、「古者元気渾沌天地未レ割。猶二鶏卵子一溟涬含レ牙」にはじまる前半部分など、一見して『日本書紀』に酷似している。しかし引用は省略するが、よく見ると微妙な違いがあって独自に修正した跡がみられ[9]、単なる丸写しではないことがわかる。しかしその部分よりも、もっと明瞭にこの書の独自性・独創性を示しているのは、後半部分に記されている『旧事本紀』独自の始原神に関する記述である。『日本書紀』(本文)ではクニノトコタチが、開闢後最初に始原神として出現するわけであるが、『旧事本紀』はそれに代えて「天祖天讓日天狭霧国禅日国狭霧尊」という神を出現させている。この始原神は、後述するように、『旧事本紀』が独自の方法で神話の一元化を図ろうとして、その必要上から創出されたものと考えられる。

「神代系紀」と題された、その「天祖」にはじまる神々の系譜を次に引用する。なお神名は仮名書きに換え、「尊」「命」などの尊称はすべて省略した。また神名に関わる異伝の注記も省略している。諸本の異同についても省略した。その点ご了承いただきたい。

〈「神代系紀」〉(ムスヒ系の神々のみ □ で囲った)

天祖アメユヅルヒアメノサギリクニユヅルヒクニノサギリ

一代倶生天神

アメノミナカヌシ

ウマシアシカビヒコヂ

二代倶生天神

クニノトコタチ

トヨクニヌシ
別アメノヤクダリ　独化天神第一世之神也
三代耦生天神
ツノクヒ
妹イククヒ
別アメノミクダリ　独化天神第二世之神也
四代耦生天神
ウヒヂニ
妹スヒヂニ
別アマヒ　独化天神第三世之神也
五代耦生天神
オホトマヒコ
妹オホトマベ
別アメノヤホヒ　独化天神第四世之神也
六代耦生天神
アヲカシキネ
妹アヤカシキネ
別アメノヤソヨロヅムスヒ　独化天神第五世之神也

七代耦生天神

イザナキ（天降陽神）

妹イザナミ（天降陰神）

別タカミムスヒ　独化天神第六世之神也

児アメノオモヒカネ（天二降信濃国一阿智祝部等祖）

次アメノフトタマ（忌部首等祖）

次アメノオシヒ（大伴連等祖）

次アメノカムタチ（山代久我直等祖）

次カムミムスヒ

次アメノミケモチ（紀直等祖）

（児）次アメノミチネ（川瀬造等祖）

次アメノカムタマ（葛野鴨県主等祖）

次イクムスヒ（猪使連等祖）

次ツハヤムスヒ

児イチチムスヒ

児コゴトムスヒ

児アメノコヤネ（中臣連等祖）

次タケチノコリ（添県主等祖）

次フルムスヒ

児サキタマ（掃部連等祖）

次アメノオシタチ（纒向神主等祖）

次ヨロヅムスヒ

児アメノコハカハ（高宮神主等祖）

已上七代天神。イザナキ・イザナミ二尊。并八代天神並天降之神也。

以上の通りである。

さて『旧事本紀』の創成神話部分は、右に見るとおり『記・紀』や、また『古語拾遺』のそれとも大きく異なっている。そこでまずはじめにそれら三書と比較しながら、『旧事本紀』の創成神話の特色をひと通りみることにしたい。

まず第一に挙げられる点は、先述した独自の始原神の設定である。この神名の意義や成立時期等については、管見の限りではまだほとんど研究が行われていない。一つ言えることは、先述のようにこの始原神は、ムスヒ系とイザナキ・イザナミ系二系の創成神話を合体・統合して、一元的な神話世界をつくり上げる上で必要とされ、創出された神だということである。

右の「神代系紀」を見るとわかるように、『旧事本紀』は、開闢時の神について一代ごとに、ムスヒ系とイザナキ・イザナミ系を並記するやり方をとっている。第一代はアメノミナカヌシ（ムスヒ系）とウマシアシカビヒコヂ（イザナキ・イザナミ系）である。この二神は並列の、横の関係で並び立っている。二代目以降も同様である。このように『旧事本紀』では、イザナキ・イザナミ系とムスヒ系の各代を、いわば同一宇宙空間の同一時間帯の中に、横の関係として置こうとしている。そのために、その二系列の神話世界を統合し一元化するには、二系のどちらでもない新たな始原神が必要とされるわけである。

これに対して『古事記』の場合は、二系を統合して一元的な神話世界をつくったという点では『旧事本紀』と同じであるが、しかし『旧事本紀』のように二系を対等に横の関係には置かず、ムスヒ系を先にもってきて両者の間に時間的前後関係をつけた。このようにいわば縦に接続する場合は新たな始原神の創出は必要ではない。しかしその代りに、いちばん古く尊いのはどちらの系列の神かという、神の序列の問題が必然的に起ってくる。

『日本書紀』はといえば、これは創成神話部分はイザナキ・イザナミ系のみで一貫させて、ムスヒ系はいっさい用いない（一書の「云曰」にはある）というすっきりした明快な方法をとった。また『古語拾遺』の場合は、二系を何の脈絡もなくただ単に並列的に記すという、おそらく最も原資料に近い形をとっている。

ここで最も重要なことは、八世紀から九世紀にかけての時点に作成された四つの歴史書の冒頭部分が、このように四者四様であってどれ一つとして同じではないという事実である。そしてそれは、ムスヒ系とイザナキ・イザナミ系の二系をどう扱うかという点から生じた差であることが、四書の比較から明らかである。『旧事本紀』の存在は、そのことをより明瞭に浮かび上がらせる上で大いに役立っている。

第二点の特徴として、「神代系紀」の神統譜は、第一代を除き、二代以降はイザナキ・イザナミ系を基本に据えて構成されているという点が挙げられる。これはこの書が基本的に、『日本書紀』に準拠しているところからきたものであろう。

なおイザナキ・イザナミ系の各代に配されたムスヒ系の神々には、その頭に必ず「別」の語が付され、かつ「独化天神……」という注記がつけられている。つまり、イザナキ・イザナミ系とは別系であることが明示されているわけである。が、そうではあっても、始原神の設定や、両系統の代数を揃えるといった操作によって、両系があったかも同一神話世界の神々であるかのような受け取り方ができるようになっている。

ついでに指摘するとイザナキ・イザナミ系の神々の名は、『日本書紀』とまったく同じではなく、また『古事記』とも異なる部分がある。『旧事本紀』の編者が『記・紀』以外の独自の資料をもっていた可能性を示唆する一例である。

第三点は、ムスヒ系の神統譜に関してであるが、ここにはアメノミナカヌシとタカミムスヒ・カミムスヒ間に、五代の神々が挟み込まれて、全部で七代のムスヒ系神統譜が記されている。これまで『記・紀』・『古語拾遺』では、ムスヒ系とは言っても単に三神の名が列記されているにすぎず、イザナキ・イザナミ系と対比するにはあまりにふつりあいであった。しかしこれでムスヒ系の側も、「系」と称するにふさわしい形が整ったといえる。

ではこのムスヒ系神統譜は、『旧事本紀』「神代系紀」の作者によってつくられたのだろうか。この問題については次に氏族系譜を取り上げる際述べることにしたい。

第四点として、「神代系紀」ではタカミムスヒ・カミムスヒが、「神世七代」の終着第七代の天神として、イザナキ・イザナミに並ぶ位置に置かれていることに注目しておきたい。

これは一つには『古事記』神話との隔りの大きさという点で注目される。またこのことは「神代系紀」の作者にとって、要するにイザナキ・イザナミやタカミムスヒ・カミムスヒこそが、具体性をもった動きのある神話の始りに位置する神だとする認識がもたれていたことを示している。

最後に第五点として、タカミムスヒ・カミムスヒ以降、ムスヒ系の神々の系譜関係が詳細に記され、さらにその後裔氏族名も逐一記されて、あたかも重だったムスヒ系氏族の出自一覧表の如き様相を呈している点が挙げられる。なお、後裔氏族名が、天武天皇十三年の改賜姓以前の旧姓で記されている点も注目すべき点である。

以上「神代系紀」の特徴点を五点に分けて述べてきた。このように見てくると、「神代系紀」は全体としてはムスヒ系の色彩がかなり強く、その作成者はムスヒ系に属する人物だったのではないかという推測がもたれる。しかし「神代系紀」の史料的性格や成立の問題は、また別の機会に譲ろう。いま本書のテーマにとって重要な点は、以上の考察を通して『旧事本紀』の創成神話部分が、『記・紀』『古語拾遺』とはまったく異なる独自の形で構成されていること、そしてその独自性は、ムスヒ系、イザナキ・イザナミ系二系の統合の方法に、主として関わるものであることが明確になったということである。

さて本項では、ともに九世紀の中頃までに成立した民間の歴史書である『古語拾遺』と『旧事本紀』の創成神話部分の考察を行ってきた。そこで明らかになった事柄の中から、本書のテーマにとって特に重要なものを拾って、次にまとめとして挙げておくことにしたい。

(1) ムスヒ系三神を冒頭に置き、イザナキ・イザナミ系へと連続する『古事記』型の創成神話は、『古語拾遺』にも『旧事本紀』にも受け継がれていない。すなわち奈良末から平安初期にかけての古伝承に詳しい知識人たちの間に、『古事記』型の創成神話はまったく受け入れられていなかった。

(2) 『古事記』『日本書紀』『古語拾遺』『旧事本紀』という、八・九世紀代の四つの歴史書の創成神話部分は、どれ一つとして同じではなく四者四様である。その相違は、イザナキ・イザナミ系とムスヒ系二系の神話をどのように扱うかという点に関わる方法の差からきている。

(3) 前項から、イザナキ・イザナミ系とムスヒ系二系の神話が、八・九世紀時点においても、なお基本的に別系の神話として対立・並存していたことがほぼ確かである。

なお『古事記』型神話がこの時期までまったく人びとに受け入れられておらず、定着していなかったということについてその理由を考えてみると、その一つに『日本書紀』がそれに同調しなかったということが考えられる。しかしより根本的には、やはり二系をあくまで別系の異質な神話とみる観念が、当時の人びとの間にはまだきわめて根強かったということがあると思う。次に見るように、当時民間にはそのことを物語る史料が多数ある。

『古事記』は古代の文献の中では、現在最もよく読まれ親しまれている古典の一つであり、多くの人は『古事記』を通して古代の日本を思い描く。しかしそこに描き出されている神話世界は、『記・紀』成立以前の人びとがもっていた神話世界と異なる部分があるだけでなく、上述のように奈良・平安時代の人びとがもっていたそれとも異なる部分があった。『古事記』の神話世界は、古代においては『古事記』の中だけに存在した世界だといえるかもしれない。それが人びとの間に本当に定着し始めるのは、宣長以後、あるいは近・現代以後である。われわれがもし古代の真に正しい復原を試みようとするなら、このような事実を避けて通ることはできない。

## 三　ウヂの系譜書の創成神話

イザナキ・イザナミ系とムスヒ系の対立という、日本古代における創成神話の二元的対立の問題を、『記・紀』『古語拾遺』『旧事本紀』など四つの歴史書を通してみてきた。創成神話の二元的対立とは、要するに国家が依拠する宇宙観・世界観の二元的対立であって、その抱える問題はけっして小さくない。そこで本節では、さらにそれをウヂ（氏）の系譜書についてみることで、より広く古代社会におけるその実態を把握することにしたい。

さて八・九世紀時点の氏の系譜書――あとで述べるように氏々の中でも特に神別氏と呼ばれる氏の系譜書――は、いずれも創成神話中の神々から説き起して自家の歴史を語るというスタイルをもっている。では八・九世紀代の氏々は、いったいどのような神々を自家の系譜の冒頭に掲げているのだろうか。

順序として最初まず『新撰姓氏録』によって、『新撰姓氏録』に記載されている氏々の中で、どれ位の数の、また具体的にどのような氏がイザナキ・イザナミ系の神を冒頭に掲げ、同じくどれ位の、どのような氏がムスヒ系の神を掲げているのかを概観して、当時のおおよその状況を把握することにしたい。

次いで両系からそれぞれ代表的な氏を一氏選んで、その氏の系譜の神統譜部分を具体的に考察する。その際、はじめに両系の神統譜部分を別個に考察した上で、最後にその比較を行うという順序で進めることにする。前もって言えば、そこでの考察の最大の目的は、氏の系譜書に掲げられたイザナキ・イザナミ系とムスヒ系、両系の創成神話が、果してそれぞれ独立した、まったく別個の神話体系であるのか、それとも相互補完的な関係にある――すなわち一方は天神、他方は地祇として、両者が補い合って一つの大きな神話体系を構成している――のかを明らかにする点にある。

また両系の創成神話の特質や神話世界の相違等についても、これについては後章で改めて述べるところがあるが、ここでも比較の中で簡単にみておくことにする。

なおこのような民間の氏族系譜を史料として用いる研究はまだ多分に未開拓の分野に属しており(10)、史料性の問題等に相当紙幅を割かねばならない。しかしできる限りそれは最小限に止めるよう心掛けて進めたい。

## 1　『新撰姓氏録』からみたイザナキ・イザナミ系とムスヒ系

国家的一大事業として八世紀末に編纂が開始され、九世紀初頭に完成をみた氏族書『新撰姓氏録』（以下、『姓氏録』と略称する）は、周知のように先祖の類別に基づく氏の分類を行っており、氏を出自によって大きく皇別、神別、諸蕃の三類に分類している。その中の神別が、名の如く神々を先祖とする氏である。さらに神別は、その中が天神、天孫、地祇に分かれている。次の通りである。

- 皇別（三三五氏）
- 神別（四〇四氏）
  - 天神（二七三氏）
  - 天孫（一〇三氏）
  - 地祇（二八氏）
- 諸蕃（三二六氏）

未定雑姓（一一七氏）

（合計一一八二氏）

当時支配階層に属する氏々は、必ずこの分類の中のどれかに入っているのであるが、われわれがいま問題にしたいのは、この中の神々を先祖にもつ神別氏である。さらに神別氏の中でも天神・地祇に属する氏が、直接この問題に関わってくる。

なおこのような『姓氏録』の分類方式や氏の出自構造の意味するところについて、筆者は旧稿[11]で卑見を述べている。以下はその旧稿の内容と多少重なるところがあるが、その点ご了承いただきたい。

さて、われわれが問題とする天神に属する氏と地祇に属する氏は、具体的にどのような神を先祖として掲げているのか。その状況を見るため、前掲拙著[12]に載せた表（〈表Ⅲ〉主要氏族出自別表）の中から、神別氏の始祖神名とその

表2　『新撰姓氏録』神別氏の先祖神とその代表的後裔氏

| 類別 | | 先祖神名 | 代表的な後裔氏（○印は天武天皇十三年に朝臣・宿祢を賜わった氏） | 氏族数 |
|---|---|---|---|---|
| 神別 | 天神 | ツハヤムスヒ | ○中臣連（含藤原）　○中臣酒人連 | 43 |
| | | カムニギハヤヒ | ○物部連　○釆女臣　○穂積臣　○巫部連　○若湯坐連　○弓削連（重出）　○氷連　○矢集連　○狭井連　○阿刀連　○莵道連　○小治田連　○春米連　○漆部連(旧) | 106 |
| | | タカミムスヒ | ○大伴連　○佐伯連　○忌部連　○弓削連（重出）　○玉祖連 | 32 |
| | | カミムスヒ | ○県犬養連　○倭文連（重出）　○爪工連　○多米連　○間人連（重出）　紀直 | 50 |
| | | ツノコリムスヒ | ○額田部連　○倭文連（重出） | 14 |
| | | フルムスヒ | ○掃守連 | 7 |
| | | ムスヒ | 門部連 | 3 |
| | | アメノミナカヌシ | 服部連 | 3 |
| | 天孫 | アメノホヒ | ○土師連　出雲臣 | 22 |
| | | ホアカリ | ○尾張連　○倉連　○伊福部連　○児部連　○手繦丹比連　○靫丹比連　○津守連　○稚犬養連　○境部連（重出）　○神服部連(旧) | 54 |

| | | | |
|---|---|---|---|
| | アマツヒコネ | 額田部湯坐連 | 19 |
| | ホノスソリ | 境部連°(重出) | 7 |
| 地祇 | オオクニヌシ(スサノヲ) | 大三輪君°　鴨君°　胸方君° | 13 |
| | ワタツミトヨタマビコ | 阿曇連°　凡海連°　海犬養連° | 7 |
| | シヒネツヒコ | 倭直 | 6 |

㈠　㊐は『姓氏録』になく『旧事本紀』にあるもの。
㈡　本表は、後裔氏の姓（カバネ）を『姓氏録』における「朝臣」「宿祢」から、天武天皇十三年以前の旧姓「臣」「連」に変更して記載している。

代表的な後裔氏族名をまとめた部分のみ抜き出して多少修正を加え、表2として掲げる。ただし神名を片仮名書きに変え、「命」「神」などの尊称は省いている。

注記㈡でも断ったように、表2は『姓氏録』の記載をそのまま表にしたものではない。後裔氏のカバネの部分を『姓氏録』の「朝臣」「宿祢」から、天武天皇十三年の改賜姓以前の旧姓に戻すという操作を加えて載せている。それはこのような操作を加えることによって、後述する「天神系＝ムスヒ系＝旧伴造（連）系」の関連がはっきり浮かび上がってくるからである。

さて表2によってわかるように、神別氏のうち「天神」に分類されている神は、そのほとんどがムスヒ系の神である。また「地祇」にはイザナキ・イザナミ系のスサノヲやオオクニヌシ（オオクニヌシがイザナキ・イザナミ系であることについては後述する。『姓氏録』には「素佐能雄命六世孫大国主之後也」のように記されている）の名が見える。すなわちわれわれがこれまで追求してきたムスヒ系とイザナキ・イザナミ系の対立は、『姓氏録』では「天神」「地祇」の対立に名を変えて、「神別」という一つの枠組みの中に納められている。

ここで表2から読み取れるいくつかの重要な点を挙げてみよう。まず第一点として、いま述べたように『姓氏録』では、〝「天神」とは要するにムスヒの神のことである〟という点が指摘できる。

日本古代における天神・地祇の問題は、従来から多くの論者によって取り上げられてきた複雑な問題で、その論議にいま立ち入ることはしない。しかしともかく『姓氏録』においては、明らかに〝天神＝ムスヒ〟の等式が成立している。これは「天神」について押えるべき第一に重要な点であって、このことのもつ意味はけっして小さくない。

第二点として、天神すなわちムスヒの神を始祖とする氏は、そのほとんどが旧連系（伴造系）の氏だという点が挙げられる。

かつて、ムスヒの神を先祖に掲げるのは奈良時代後半以降の一種の流行であろうといった意見が大勢を占めていた時期がある。しかしその見方が誤りであることは、この対応関係によっても裏づけられる。つまりムスヒの神は、けっして誰もが好き勝手に奉じることのできる神ではなかった。そもそも『姓氏録』の記す氏の出自が、そのようにいつでもほしいままに捏造できるいい加減なものであったとすれば、『姓氏録』の編纂にかけられた厖大な時間や努力、一氏一氏の先祖を克明に古記録類と突き合わせて確認した編纂者の誠実な作業態度は、いったい何だったのかということになる。しかし近年では、このような神話的出自が古代社会においてもっていた意味や、それを国家が公認することの意味は見直されつつある。

第三点は、ムスヒの神を始祖に仰ぐ氏は、その数がきわめて多いという点である。

『姓氏録』所載の神別氏は、先述のように天神・天孫・地祇を合わせて全部で約四〇〇氏であるが、その七割近い氏がムスヒ系に属している。『姓氏録』所載の氏全体の中でみても、実にその四分の一に近い氏がムスヒ系ということになる。すなわち、当時八世紀末から九世紀初頭にかけての頃の、京畿の重だった氏々の約四分の一が、自家の先祖系譜の冒頭にムスヒの神を掲げていたということが事実としてあるのである。

延暦十八年（七九九）に、朝廷は『姓氏録』の編纂を企画して天下の諸氏に「本系帳」（氏の系譜書）の提出を求めた。

しかしその回収はなかなか捗らず、結局、実際に集まったのは京畿の氏の半数にしかすぎなかったと序文は述べている。しかし『姓氏録』をみると当時の有力氏はほぼ頭を揃えており、したがってこれによって当時の氏族社会の大勢を判断しても大きくは間違っていない。

第四点は、これに反して、イザナキ・イザナミ系のスサノヲ・オオクニヌシを先祖に掲げる氏は、きわめてその数が少ないという点が挙げられる。表2に見るとおり、わずか十三氏にしかすぎない。

ムスヒ系とイザナキ・イザナミ系の、氏の系譜書におけるこのような分布のあり方は、われわれが『記・紀』神話を通して抱いている古代像とは大きく喰い違っているといえよう。ムスヒ系の神々やその創成神話を掲げる氏がこんなにも多く、逆にイザナキ・イザナミ系の神々やその創成神話を掲げる氏がこんなにも少ないとは、一般には予想できないところではあるまいか。

最後に第五点として、イザナキ・イザナミ系の神を先祖神とする氏は、ムスヒ系が伴造氏だったのと対照的に、旧姓の「君」を名乗る氏にもっぱら集中しているという点が挙げられる。

「君」姓の性格は「連」姓とは違い複雑で、論者によって見解が分かれている。したがって一つに限定して述べることは難しいが、表2に見られる氏について言えば、古い伝統をもつ地方豪族の雄と称しても差支えあるまい。ただしこの場合の「地方」は、王権中枢を「中央」とした場合の政治的意味合いにおける「地方」である。

以上五点に分けて、表2に拠りながら、『姓氏録』における氏の先祖神としてのムスヒ系とイザナキ・イザナミ系二系のあり方を概観してきた。

ムスヒ系が予想外に広い支持基盤をもつことや、その逆にイザナキ・イザナミ系が、少なくとも九世紀初頭の時点では、氏の系譜書の中にはほとんど取り込まれていないことなど明らかになった。

上述してきた特徴点はいずれも重要であるが、第一・二点として挙げた『姓氏録』では「天神」とは「ムスヒ」のことであり、かつそれは旧伴造系の氏が信奉する神であったということに最後にもう一度注目しておきたい。

そのことのもつ意味は、次章でタカミムスヒの性格が明らかになるのに関連して明らかになると思うが、やや先取りしてその問題に触れるならば、要するに『姓氏録』にみられるこのような構造は、かつてはムスヒの神こそが国家神であり、王権の守護神であり、体制側の神であったということを、まさしく反映しているということである。

『記・紀』の如き、権力の中枢によって作られる歴史書は、むしろ権力者の意志によって、時には伝統を大胆に改めて作成されることも可能である。が、中・小氏を含む、何百という単位の多数の氏々が、互いに網の目のように関連し合って作り上げている氏の系譜書の如き世界は、いったん形成されるといわば小廻りがきかず、むしろ時代の転換から取り残されて、かつて旧体制がもっていた構造が温存されることもある。『姓氏録』の構造は、まさしくそのような例として捉えられるべきだと思われる。

以上われわれは『姓氏録』によって、九世紀初頭時点におけるムスヒ系とイザナキ・イザナミ系二系の氏々の系譜書における状況をほぼ把握することができた。次はもう少し具体的に、個々の系譜書の内容に立ち入って、その創成神話部分（神統譜）のあり方を見てみることにしたい。

## 2　天神系（ムスヒ系）のウヂの神統譜

上述のように、九世紀初頭当時、判明するだけでも二百六十を超える氏々が、ムスヒの神を先祖に掲げる系譜書を所持していたことが『姓氏録』によって確実である。

氏によってその系譜書の内容は繁簡さまざまであったと思われるが、有力な本宗氏の系譜の場合などは、おそらく始祖以下の歴名がびっしりと書き込まれ、多くの譜文を伴った、詳細で充実したものであったに違いない。

しかしそれだけ多数あったムスヒ系の系譜書も、残念ながら現在では首尾整ったものはほとんど残っていない。ただしさきに検討した『古語拾遺』は斎部氏の家記でもあって、そこに斎部家の系譜的内容が記されているし、『旧事本紀』の神代本紀も、ムスヒ系神統譜部分は、天神系系譜の統合としての性格をもっている。また同じく『旧事本紀』の巻五、天孫本紀には、ニギハヤヒ系の系譜が載っている。このように、この時期のムスヒ系の系譜書の神統譜部分を推測する史料は皆無というわけではない。

また、延暦十九年（八〇〇）の年紀をもつ『丹生祝氏本系帳』について、田中卓氏は、『姓氏録』編纂の際に作成された本系帳とみて間違いないと言っておられる。[13] これはムスヒ系の系譜である。しかしこの系譜はきわめて簡略なものである。

さらにまた近世以降の系譜集成に収録された天神系の氏の系譜は相当数あり、それらの中には古い内容をかなり忠実に伝えているとみられる秀れたものも存在する。筆者はその中の一つである大伴氏の系譜と、近年発見された山梨県東八代郡一宮町の浅間神社に伝えられた古系譜（『古屋家家譜』）とを比較対照する形で、大伴氏の八世紀代の本系の一部復原を旧稿で試みた(14)。大伴氏はムスヒ系の中核を担う氏である。しかし『古屋家家譜』は大伴氏本宗の系譜ではなく、後に大伴氏の枝流を冒称した地方豪族のそれにすぎないので、これをムスヒ系の代表として取り上げるのは躊躇される。

そこで結局本書では、天神系の代表として「藤原氏系図」(『尊卑分脈』所載)を取り上げることにした。『尊卑分脈』自体は十四世紀の成立で新しいが、収載されたこの「藤原氏系図」は、さすが時の権力者の系譜であるだけに、八・九世紀代から「藤原氏系図」に至る間の伝来の過程も比較的明らかで(15)、ここで取り上げる神統譜部分についていえば、これは八世紀末頃存在した藤原氏の本系帳の内容を伝えるものとみてよい私見では判定している。

そこで早速、『尊卑分脈』所載「藤原氏系図」の冒頭に記されている神統譜部分を系図1として次に掲げ、続いてその史料性に関する私見を手短かに述べた上で内容の検討に入ることにする。

「藤原氏系図」冒頭の神統譜部分は次頁に掲げたとおりである。まず最初に、これを八世紀末頃藤原氏(中臣氏)が所持していた本系帳の内容を、表記の仮名など細かい点は別として、ほぼそのまま伝えるものと推定する私見の根拠を箇条書きで挙げる。

(1)『日本書紀』第一巻、神代上の第七段第三の一書に、次のようにコゴトムスヒとアメノコヤネの親子関係が記されており、この部分の神統譜が、『書紀』成立以前にすでに作られていたことが明らかである。それは系図1の⑨⑩の関係に当る。

日神の、天石屋《あまのいはや》に閉《こも》り居《ま》すに至りて、諸《もろもろ》の神《かみたち》、中臣連《なかとみのむらじ》の遠祖《とほつおや》興台産霊《こごとむすひ》が児天児屋命《みこあまのこやねのみこと》を遣《まだ》して祈《の》ましむ。

(2)『続日本紀』天応元年(七八一)七月十六日条の栗原勝子公の奏言中に、中臣氏の神統譜に関して述べた次のよ

## 系図1　「藤原氏系図」の神統譜部分

∴玄古神代大祖稟系之図

○本朝諸神諸人之元祖。衆姓衆戸之分派。皆悉無不国常立尊之苗胤也。(16)

国常立尊御事是也　彼御別名也
我朝天地開闢最初国主是也

∴①天御中主尊—②天八下尊—③天三下尊—④天合尊—⑤天八百日尊—⑥天八百万魂尊

⑥天八百万魂尊—神魂命—櫛真乳魂命

⑥天八百万魂尊—⑦津速魂命—⑧市千魂命—⑨居々登魂命

∴本朝元始国主国常立尊第八代孫居々登魂命長男也

藤原　大中臣　中臣
卜部　斎部等氏上祖也

∴⑩天児屋根尊—⑪天押雲命—⑫天多祢伎命—⑬宇佐津臣命—⑭御食津臣命—⑮伊賀津臣命—⑯梨迹臣命—⑰神聞勝命—⑱久志宇賀主命—⑲国摩大鹿嶋命—⑳臣陜山命—㉑跨耳命

○雷大臣命　正説也

(一)　①②の数字は、説明の便宜のために筆者が付したものである。

(二)　注記は省略した部分がかなりある。

うな箇所がある。
子公等の先祖伊賀都臣。是中臣遠祖天御中主廿世之孫。意美佐夜麻之子也。

系図1を見ると、アメノミナカヌシを第一代として数えた場合、まさしくその第廿代目にオミサヤマがあり、奏言の内容とぴったり一致している。中間の神名は述べられていないが、この神統譜が成立していた可能性を有力に示唆するものといえよう。

(3)『姓氏録』の左京神別上、天神の項の筆頭に藤原氏が記載されているが、そこには次のようにあり、これは⑦⑨と一致している。

藤原朝臣。津速魂命の三世孫、天児屋命自り出づ。

（佐伯有清『新撰姓氏録の研究・考証篇』三）

(4)先述した、延暦十九年当時のものと推定される『丹生祝氏本系帳』には次のようにあり、中臣氏の祖としてチハヤムスヒを記している。

始祖天魂命　次高御魂命　大伴氏之祖　次血速魂命　中臣氏之祖　次安魂命　門部連等祖　次神魂命　紀伊氏祖

（田中卓校訂『丹生祝氏本系帳』[17]）

(5)『旧事本紀』神代本紀の神代系紀は、さきに分析したとおり、明らかにムスヒ系とイザナキ・イザナミ系の合体であるが、そこから「独化天神」と注記されているムスヒ系の神のみ抜き出すと次の如き神統譜が現われる。

天御中主尊―天八下尊―天三降尊―天合尊―天八百日尊―天八十万魂尊┬高皇産霊尊
├神皇産霊尊
└津速魂尊―市千魂尊―興登魂命―天児屋命中臣連等祖

これは「興登魂《こごとむすひ》」の表記の違いを除けば、「藤原氏系図」と完全に一致する内容である。すなわちこれによって、遅くも九世紀中頃までにはこの神統譜が成立していたことがほぼ確かに推定できる。

(6)『群書類従』巻六二、系譜部三に収載されている「中臣氏系図」に、延喜六年（九〇六）に中臣氏が本系帳を勘造して官へ上進した際の解状が収録されている。その「延喜本系解状」の中に、次のような文言が見られる。

夫本系者。所下以立二祖宗一分二昭穆一正二濫吹一表中後生上之書也。爰自二居々登魂命一以往。本記雖レ存。朴略不レ詳。（傍点、溝口）

これによってみると、中臣氏の延喜以前の本系に、コゴトムスヒ以往の神統譜が記載されていたことが確実である。なおコゴトムスヒのコゴトの表記も『日本書紀』や『旧事本紀』の「興台」「興登」とは異なり「居々登魂命」となっており、系図1と一致している。

ただし、『古語拾遺』に「神産霊神《かみむすひ》。是、皇親神留弥命《すめむつかむるみのみこと》なり。此の神の子天児屋命は、中臣朝臣が祖なり」とあって、中臣氏（藤原）をカミムスヒ裔とする所伝が記されているという問題が一つあるが、これについては改めてまた後で触れることにしたい。

さて右に列挙した各項目について詳論は省略するが、これらの傍証史料を総合して勘案すると、遅くも八世紀末頃には、系図１の神統譜とほぼ同じものが、藤原（中臣）氏の本系帳の冒頭を飾っていたとみても誤りではないと考えられる。

以上「藤原氏系図」の冒頭部分の史料性に関する考察を行ってきた。次は内容の検討に入るが、系図１は、天神系（ムスヒ系）系譜の代表例として考察するものなので、この系図の背後にある、多数の天神系系譜の存在に目を配りつつ考察を行うことにする。以下、系図１のもつ主要な問題点を二つに分け、それについて説明する形で述べる。

㈠　系図１にみられる、アメノミナカヌシと、タカミムスヒ・カミムスヒ・ツハヤムスヒのラインとの間に五代を挟む形の神統譜は、天神系としては最も発達した、新しい形態の神統譜である。

先述のように、これとほぼ同じものは『旧事本紀』の神代本紀と、そして『群書類従』所収の「豊受大神宮祢宜補任次第」（渡会氏系図）や「伴氏系図」（大伴氏系図）などにもみられる。さきに挙げた『続日本紀』の栗原勝子公の奏言と『旧事本紀』神代本紀から推測すると、八世紀末にはこの形態は成立していたのではないかと筆者は考える。

しかし一方で、八世紀末に、さきに(4)として挙げた『丹生祝氏本系帳』にみるような簡略な形態のムスヒ系系譜も存在している。また『古語拾遺』のような形もある。丹生祝氏の場合は、紀伊直の支族を名乗る小氏でもあり、また官の要求に合わせて作成した本系帳という事情もあって簡略化したとも考えられるが、『古語拾遺』があのようなスタイルをとっていることは無視できない。『古語拾遺』の三神列記の形は『記・紀』と一致しており、これがおそらく本来の形態であろうと思われる。『古語拾遺』はこの点であくまで古い形にこだわり、新しい形は取り入れなかったのだろう。近世の系譜集成における他の天神系の氏の系譜をみても、この加上延長型の神統譜はもたないものが多い。加上延長形は天神系の氏の間に広く普及しているわけではない。

ではこのムスヒ系の加上延長型は、いつ、誰の手によって、どのような動機で作られたのか。手がかりになる資料に乏しく確かなことはわからない。しかし上述のようにこれが天神系の一部の氏の間にしか広まっていないという点からみても、その成立時期は比較的新しく、かつ机上の創作的なものであろうということが一つ推測される。

その作成動機、あるいは意図について、ムスヒ系の氏が自家の系譜の冒頭をより古く延長し、より荘厳に飾って重みをつけようとしたということはむろんあるであろうが、それだけではなく、地祇系（イザナキ・イザナミ系）系譜への対抗意識がそこに働いたのではないかと筆者は推測する。

地祇系の神統譜は内容が充実していて神々の数も多い。後の系図2で見るように、オオクニヌシは、イザナキ・イザナミから数えると八代目、アマテラス・スサノヲの代からいえば七代目である。神話上、タカミムスヒ・カミムスヒとオオクニヌシは対応する地位にあるので、タカミムスヒ・カミムスヒのラインを、アメノミナカヌシから数えて七代目になるように加上延長したのかもしれない。あるいはまた、イザナキ・イザナミ系の「神世七代」に揃えたと考えることもできる。『旧事本紀』の場合は、前節で見たとおりその形で揃えている。いずれにしても、地祇系の系譜を視野に置いた加上延長ではないかということが一つ考えられる。

次に作り手について、これは乏しい史料の範囲からみた憶測にしかすぎないが、筆者は藤原氏が一つの有力候補であると思う。藤原（中臣）氏は、後述のように「ツハヤムスヒ」という自家独自の始祖神を新たに作り出したり、あるいはまた『日本書紀』（神代上）に「コゴトムスヒ」という中臣系の祖神を特別に記載させたり（これは『紀』に記載された、天神系の氏の祖神としてのムスヒに関する唯一の記事である。おそらくこの記載は藤原氏の特別な熱意によるものではあるまいか）しているところからみても、先祖系譜に対してけっして無関心な氏ではなかった。というより新興氏族が屢々そうであるように、とりわけ強い関心をもっていたと推測される。前述の『続日本紀』所載の栗原勝氏の奏言からみると、この加上延長型のムスヒ系神統譜は、七八一年時点ですでに藤原・中臣一族の間では、その枝葉の氏にまで行き届いていたことになる。つまり藤原・中臣一族の間では、いち早くこの神統譜が普及し共有されていたことをそれは物語る。

天神系の氏の有力氏として、他に物部や大伴があるが、両氏ともにその候補として適当だとは思えない。物部氏の始祖伝承は『旧事本紀』の巻三・五にあって、物部氏がタカミムスヒを主神とする独自の古い建国神話を保有していたことが明らかである。しかし物部氏の後裔の氏がその上にさらにつけ加えて、タカミムスヒ以前に遡る神統譜を作成したとは考えにくい。同じ天神系には属していても物部氏はニギハヤヒ裔であって、前節で見た『旧事本紀』の神代本紀にも載っていない。また大伴氏の場合、その天孫降臨時に供奉したという先祖伝承は広く世間に知られている。この時期に、それをさらに上廻る系譜を作ろうというような熱意や情熱を大伴氏がもっていたとは考えにくい。したがって筆者は、おそらく藤原氏が権力を掌握していく過程の中で、率先してムスヒ系神統譜の加上延長を行ったのではないかと推測する。

以上、加上延長型のムスヒ系神統譜につき、その成立時期や成立の動機、そして作り手に関する推測を述べてきた。しかしこの神統譜について最も注目すべき点は、この神統譜が純粋にムスヒ系の神々のみで構成されているという点である。このことは何を意味するのか。なぜこのような形の神統譜が作られたのか。それらの問題については、後で地祇系（イザナキ・イザナミ系）との比較を行う際に改めて考えることにして、次は系図1のもう一つの問題点に移りたい。

㈡　系図1は、藤原（中臣）氏の系図なので、タカミムスヒ・カミムスヒのラインに藤原（中臣）氏独自の始祖神として「ツハヤムスヒ」が置かれている。このツハヤムスヒの問題にやはり触れておかなければならない。

すでに見てきたように、『姓氏録』や『旧事本紀』、そして『丹生祝氏本系帳』では、藤原（中臣）氏の祖神はツハヤムスヒになっている。ところが『古語拾遺』では、これもすでに紹介したところであるがカミムスヒを中臣系の祖神としている。(18) そこで『古語拾遺』の伝えはどこから来ているのか、何らかの根拠があるのかどうか、またもし根拠があるとすれば、ツハヤムスヒ裔とする中臣氏の主張とどのような関係になるのかなどが問題になってくる。

この問題について筆者は前掲拙著（注11に同じ）ですでに触れて、『古語拾遺』のいうところには、おそらく根拠があるに違いないと述べた。現在もこの見方は変らず、やはり中臣氏の祖神は本来カミムスヒであったろうと考えている。理由は、『記・紀』には「アメノミナカヌシ・タカミムスヒ・カミムスヒ」とあって、「タカミムスヒ・カミムスヒ・ツハヤムスヒ」とはなく、『記・紀』にツハヤムスヒの名は全く出てこないこと、次に表2を見るとわかるように、タカミムスヒ・カミムスヒにしてもニギハヤヒにしても、それらの神を祖神と仰ぐ氏はけっして一氏ではなく、多数の氏がその神裔を名乗っているのに対し、ツハヤムスヒの場合は中臣（藤原）のみの祖神であり性格が異なること、さらにまた『風土記』や『旧事本紀』の「国造本紀」など古い伝承を載せた文献に、タカミムスヒ・カミムスヒの名は出てくるが、ツハヤムスヒは一切出てこないこと、そしてそれらの点に加えて斎部氏が、ライバルとしてその動向に最も注意を払っている他ならぬ中臣氏の先祖を間違えて記載したり、あるいは何の根拠もなく故意に間違った先祖を記したりすることは、まずあり得ないと思われることなどがある。

以上のような点から、中臣氏が本来カミムスヒ裔であったことは、推測してまず誤りないことだと思われる。カミムスヒ裔には中級の連系氏族がきわめて多数名を連ねている。おそらく藤原（中臣）氏は、八世紀に入って権力を手にし始めた頃に、いわばその他大勢が同居するカミムスヒ裔から離脱して、藤原（中臣）氏のみの独自の始祖神をつくり出し、他と一線を画そうとしたのではあるまいか。

ところでツハヤムスヒについて注目すべき点として、藤原氏が自家独自の始祖神を創出しようとした時、あくまでムスヒの神に固執したという点がある。例えばアマテラスや天孫ホノニニギに関連づけるのではなく、藤原氏はあくまでムスヒ系に固執してムスヒの神を選択した。そこには伝統的な出自構造が当時の社会に対してもっていた、容易に崩れることのない権威や重みがみられる。旧伴造系の祖神はやはり「ムスヒ」でなければならなかった。

### 3　地祇系（イザナキ・イザナミ系）のウヂの神統譜

さて次は地祇系に移る。地祇系の系譜には、これまですでに多くの研究者によってその史料性の高さが保証されている『粟鹿大神元記』の神統譜部分を用いることにする。これは但馬国の神部直《みわべのあたい》氏という、大三輪氏の傍系を名乗る一地方豪族によって作成されたものである。しかしその神統譜部分についていえば、これはもともと本宗家である中央の大三輪氏から出たもの、つまり大三輪氏の本系に由来するものと思われ、種々の点で、八世紀代、あるいは部分的には明らかに七世紀中頃にまで遡ると判定できる内容をもっている。この『粟鹿大神元記』については、筆者は前掲拙著で詳しい分析を行っているので[19]、この文献の史料性に関する私見は、すべてそれに譲ることにしたい。

早速、『粟鹿大神元記』系譜の、オオクニヌシに至るまでの神統譜部分を次頁に掲げる。

なおこの書には二種の写本があり、一つは九条家文庫から発見された縦系図の形式のもの、もう一つは宮内庁書陵部に架蔵されてあった文章系図の形式のものである。このうちより原型に近いと思われる文章形式のもの[20]を元にして、それをわかり易く縦系図の形式に筆者が書き直したものを載せる。なお叙述の一部と、オオクニヌシの別名など省略したところがある。

はじめに系図2について、特徴点・問題点を拾いながら全般的な考察を行うことにする。（なおこれらの点につい

**系図２　『粟鹿大神元記』系譜の神統譜部分**

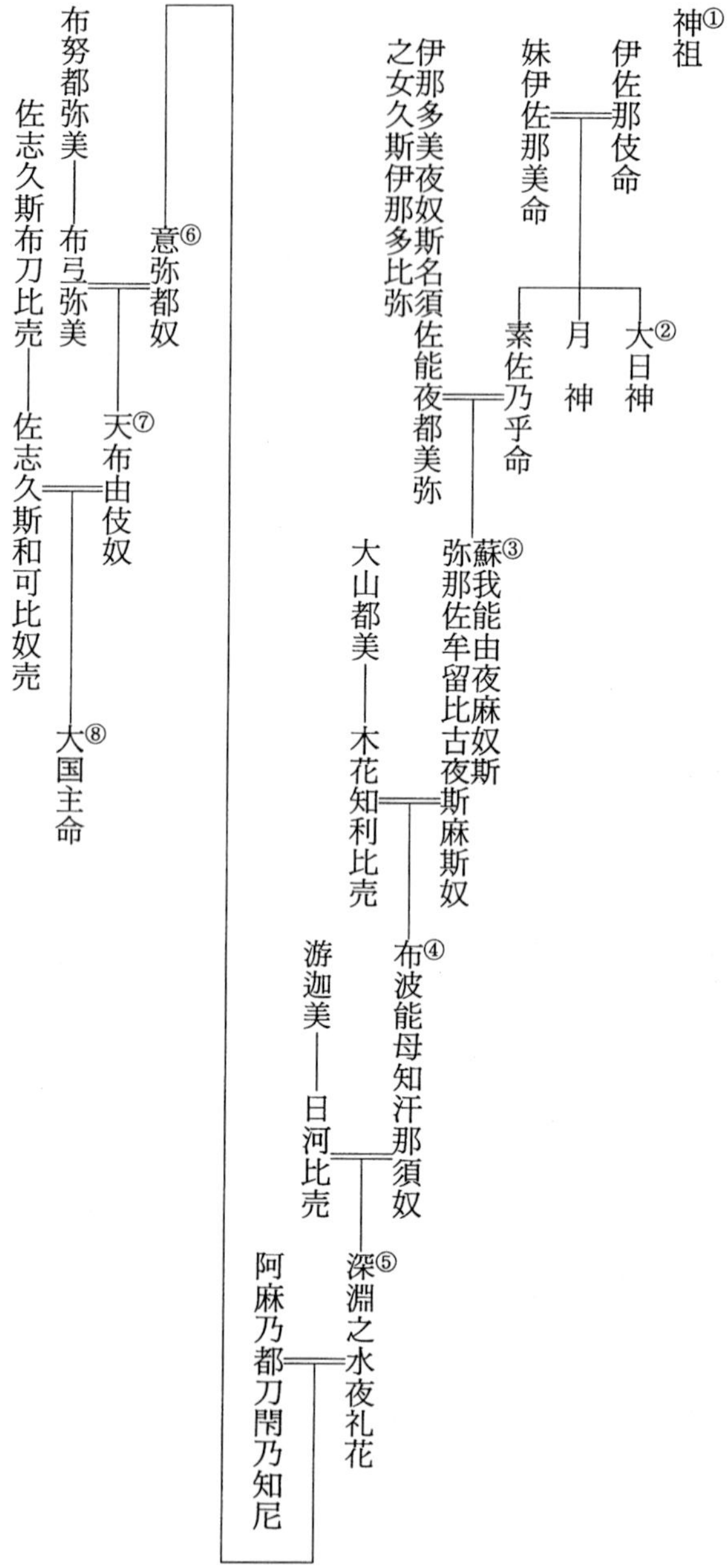


①②などの数字は、説明の便宜のために筆者が付したものである。

ても旧稿で私見を述べている。併わせ参照していただけると幸いである。）

㈠　系図２にみる地祇系の氏の神統譜部分は、『記・紀』のイザナキ・イザナミ神話と比較すると、クニノトコタチ～イザナキ・イザナミ間、すなわち「神世七代」の部分をもっていない点が一つの大きな相違点である。しかしこの書は大三輪氏の傍系の氏の手に成るものであるから、本宗家の家記にはあるいは「神世七代」が載っていたかもしれない。大三輪氏系のすべての本系がこのようであったかどうかは不明である。

しかしまた『古語拾遺』の冒頭も、これと同じくイザナキ・イザナミに始まり、大八洲国、山川草木、そして日神・月神・スサノヲ三神の誕生を語る形になっている。したがって当時民間の系譜書では、イザナキ・イザナミに始まる形が一般的だったのかもしれない。

『古語拾遺』との関連でいえば、この書がアマテラスとツクヨミを「大日神」「月神」と表記している点も『古語拾遺』と一致する。このように一致点が多いところからみると、斎部氏は、あるいはこの三輪氏の系統の氏の本系（の写し）を手に入れており、それを資料の一つとして用いたのではないかとも考えられる。

㈡　この系譜には、②のスサノヲから⑧のオオクニヌシに至る間に五代の神統譜が記されている。その内容は『古事記』が載せるスサノヲの後裔系譜とぴったり一致している。

ところがこの間の系譜は、両書を仔細に比較してみると、仮名の用字や系譜の記載様式などの点で、『古事記』の方が書式が新しく、この書の方が古いことがこれまでの研究により明らかになっている。このことによって、スサノヲ～大国主間の神統譜は『古事記』以前に存在していたこと、しかも仮名の用字の特徴から、七世紀中頃にはすでに成立していたことがほぼ確実とされている。

しかし一方『日本書紀』をみると、本文はスサノヲと大国主を親子としている。ただし『日本書紀』も一書には、大国主をスサノヲの六世孫とするもの（第一・第二の一書）、あるいは大国主の一代前のアメノフキネをスサノヲの五世孫と記すもの（この神は、系図2の⑦に記されている「天布由伎奴」と同一神と思われるので、結局これは大国主を六世孫とする伝承と同じである）などあって、『古事記』と一致する伝承を収録している。したがってこの間の系譜が「帝紀・旧辞」段階に成立していたことは確かだが、しかし、「帝紀・旧辞」段階ではまだ伝承として安定したものにはなっていなかったということがいえる。

㈢　系図2にみる地祇系の神々の背後には、きわめて豊富な神話群が存在している。まずイザナキ・イザナミが、日本の国土である大八嶋国をはじめ、あらゆる自然やまた人文神をも生んだ創造神であって、二神をめぐる多彩な神話が存在することは周知のところである。そのイザナキ・イザナミの子どもとして生まれた「大日神」（アマテラス）とスサノヲをめぐっても複雑多彩な神話が展開する。ウケヒ神話や天岩屋ごもり、あるいは八岐の大蛇退治神話などの一連の神話がそれで、これらが古代社会のさまざまな風俗・習慣と緊密に結びついた、厚みのある神話内容をもっていることは改めて言うまでもないことである。

また最末尾の大国主は、日本古代の神々の中でも群を抜いて伝承の豊富さを誇る神である。『記・紀』が載せる伝承の他に、『風土記』にもこの神をめぐる多数の伝承があり、『万葉集』にも詠まれている。

系図2の神統譜の神々の中で、上述の神を除く③〜⑦間の五代の神々は、一見われわれにとって耳馴れないものが多い。しかしよくみると、その中にもいくつかよく知られた神名が散見される。その一つとして、③の「大山都美」がある。これは著名な山神であるから説明の必要はあるまい。その娘の「木花知利比売」は、コノハナノサクヤヒメから分化した神である。(21)

④の「淤迦美」は水神である。天武天皇の妃、藤原夫人（藤原鎌足の娘五百重娘《いほえのいらつめ》）が天武ととり交した贈答歌に、「わが岡のオカミに言ひてふらしめし雪の摧《くだ》けしそこに散りけむ」とあるところからみても、この時代の大和の人びとに親しまれていた水神であることがわかる。⑥の「意弥都奴」は、『出雲国風土記』に記されている国引き神話の

主人公「八束水臣津野命」のことである。「出雲」という国名や意宇郡の郡名もこの神の発した言葉をもとにつけられたと『風土記』にあり、この神が古くからこの地域の人びとに親しまれた神であることは確かである。

同じく⑥の「布弖弥美」は、『古事記』には「布帝耳《ふてみみ》」とある。応神記および垂仁紀に、新羅からやって来たという天日槍《あめのひぼこ》の伝説が載っているが、そこでアメノヒボコの妻として記されている但馬国出石の人「太耳《ふとみみ》」（前津見・前津耳とも）に音が近い。布帝耳は神であり、これは人であるが、同一人物ではないかと思われる。だとすれば、この神もこの地域で広く知られた神であった。

⑦の「天布由伎奴」は、『日本書紀』の「天之葺根神《あめのふきねのかみ》」と同神である。『書紀』（第八段第四の一書）では八岐の大蛇の尾から出現した神剣を天に献上する役目を負って登場している。

以上のように、このスサノヲ後裔系譜中には神話・伝承を伴った、われわれにも馴染み深い神が少なくない。したがって、いまわれわれにとっては馴染みの薄い神々であっても、われわれにはその情報が残されていないが、しかし当時の人びとにとっては、各地域で古くから親しまれた神であった可能性が高い。

以上、系図2によって、地祇系神統譜のもつ特徴点・問題点を、大まかに捉えてきた。このようにざっと見ただけでも、この地祇系神統譜の世界は、最初に見た天神系神統譜の世界とはまったく異質である。

さて二系の神統譜それぞれについての全般的考察を以上で終り、次は両者を比較しながらその相違を具体的に明らかにすることにしたい。そしてその上に立って、この天神系（＝ムスヒ系）、地祇系（＝イザナキ・イザナミ系）二系の神統譜の関係につき改めて考えることにする。

## 4　天神系・地祇系、二系の神統譜の比較

比較対照の便のために、系図1・2の二つの系図を、もう一度次に並記する。なお神名はすべて片仮名書きに直して載せる。

さてこのようにして二つの神統譜を改めて見比べてみると、一見して両者の間にはいくつかの際立った違いのあるのが感じられる。上述の両系図の考察を踏まえながら、さきの考察では触れなかった点や、両系図を見比べることではじめて見えてきた問題点等を含めて問題を整理し、両者の相違を次に五点に分けて述べることにしたい。

第一点は、系譜の形式の相違である。天神系の系図1は、直系の男神の名のみを記した単純な父系系譜である（この系図の神名の多くは男・女の性別が明らかでないが、男神のみの父系系譜とみて誤りないと思われる）。これに対して地祇系の系図2は、これもやはり父系系譜ではあるが、しかし各代ごとに必ず妻の名を記し、さらにその妻の親についても記した、母系の出自に深い関心を払った系譜である。

系図1がこのような形式であるのは、一つにはこの神統譜が、前述のように机上の創作的・観念的な系譜であるために、母系について記すだけの材料の持ち合わせがなかったといった事情も考えられるかもしれない。しかし天神系神統譜の場合は、やはり父系の出自こそが重要で、各代ごとに母系についてまで記す必要性はさほど認められていな

系図1　天神系神統譜

①アメノミナカヌシ──②アメノヤクダリ──③アメノミクダリ──④アマヒ──⑤アメノヤホヒ──⑥アメノヤホヨロヅムスヒ
──⑦ツハヤムスヒ──⑧イチチムスヒ──⑨コゴトムスヒ──⑩アメノコヤネ

系図2　地祇系神統譜

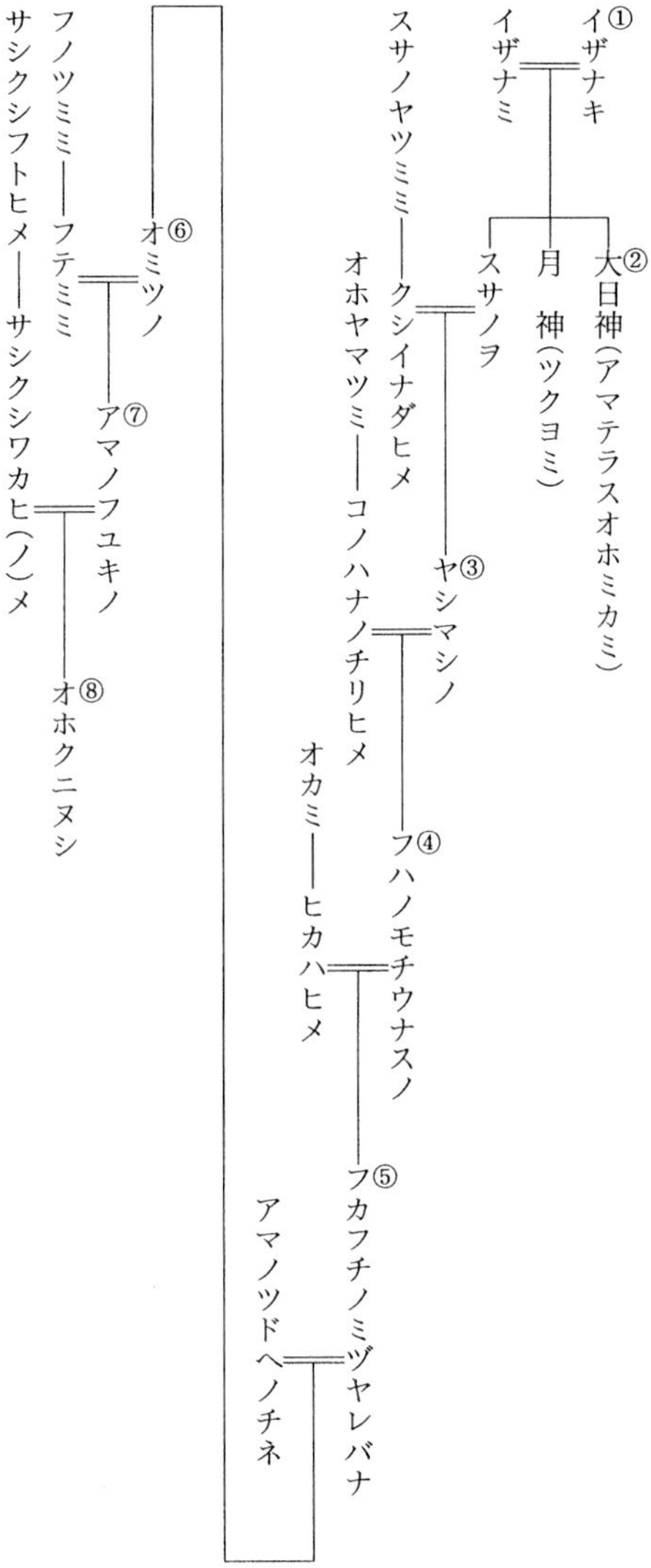


(一)「命」「神」などの尊称は省略した。
(二)神名も長いものは一部省略している。
(三)訓み仮名が不詳のものもあるが、仮に付けた。

かったのであろうと推察される。仮にもしどうしても必要であれば、作成することはできる筈である。

系図2の方は、これも神統譜自体は古くから伝承されたものではなく、早くとも六世紀以降、遅ければ七世紀中頃に形成されたものではないかと考えられる。しかしこの神統譜上の個々の神々についていえば、これは前述のように古代社会に深く根づいた、人びとに古くから伝承され親しまれた神々であって、豊富な神話や説話をみなその背後に背負っている。

そこでこちらの神統譜の場合は、それらの神々が負っている神話世界の内容に押される形で、男・女神が同等に神話世界を支える、母系についても詳しい系譜が自ずから作成されたのではないかということが一つ考えられる。つまりイザナキ・イザナミやアマテラス・スサノヲの神話にみるような、女神の存在を抜きにできない物語世界がこれらの神々の背後にはあり、それがこのような系譜を作らせる上に働いたのではないかということである。

もう一つは、この地祇系神統譜の作成者である地方豪族層がもっていた、当時の彼らのもつ系譜観念や社会の実態が反映しているということも考えられる（当時の系譜観念に関する私見は第四章で述べる）。なおこの神統譜中には、⑦の代のサシクシフトヒメ――サシクシワカヒメのように、出自が母系で記されている例もあり注目される。水神オカミもおそらく女神であって、この場合も母系出自ということになる。

このように、系図1と系図2の間には、系譜の形式の上での違いが一つある。

第二点は神名の類型、神名のタイプの相違である。系図1の場合、⑨コゴトムスヒ以前は見事に「ヒ」型の類型のみで占められている。これに対して系図2の方は、「ヲ・メ」「ヒコ・ヒメ」「ヌ（ノ）」「ネ」「ミミ」等の類型で占められている。「ヒ」型は一例もみられない。

この神名の類型の差は、きわめて重要な問題を提示していると思うが、筆者はこの問題に関しては、すでに別の機会に何度か述べたことがある(22)ので詳述をさし控える。要するに系図2にみられる名称は、いずれも弥生から古墳時代にかけての時代に、首長号として実際に広く用いられていた代表的なタイプの名称である。古い神・人名にきわめて多くの例が見出せる。

しかし系図1の「ヒ」型は、それらとは明らかに性格が異なる。旧稿で詳述した(23)ように、この類型は用例も少なく分布が片寄っており、タカミムスヒと何らかの点で関連をもつ神名がほとんどだという特色をもっている。

ここで系図1について一つ注目されることとして、この系図で「ヒ」型はコゴトムスヒまであって、⑩のアメノコヤネ以下の先祖名は、「ネ」や「ミ」のタイプで占められているということがある（⑪のアメノオシクモは他の文献にアメノオシクモネとあり、⑫のアメノタネキも、『尊卑分脈』に「一説天多祢伎祢」という注がついている。また⑮「伊賀津臣」、⑯「梨迹臣」などは語尾が「臣」の字で表記されているが、他の文献には「伊香刀美」「那志等美」とあって、これらはもともと「ミ」型の人名である）。

すなわち系図1では、アメノコヤネ以下とそれ以前との間に断絶があって、名前のタイプがそこを境にがらっと変っている。その分岐点に位置するアメノコヤネは、中臣氏独自の古くから伝えた奉斎神である。つまりこの藤原氏系図の神・人名は、コヤネ以下は系図2にみられるものと共通で、それ以前は「ヒ」型という構成をもっており、その性格の差を見事に示している。

第三点としては、両系図がそれぞれその背景にもつ、神話・伝承の量や質の相違がある。

すでに述べたように系図1の方は、観念的に机上で造作されたとみられる神名が羅列されているのみで、具体性をもった創造の物語りを背景にもつものはない。

ただしタカミムスヒについては、この神が「天地」を「熔造」したという神話が残されている。このことについては第二章で詳述するが、簡単に触れると、筆者はこの伝承の内容は異色であるだけにむしろ信憑性があり、ヤマト王権の初期の段階には、タカミムスヒがこのような大陸的な金属器文化を背景にした創造神話を伴っていた可能性が十分あると考えている。しかしこのような神話は日本の伝統や風土には合わず、わずかに痕跡を残すのみで消え去ったのである。

一方、系図2の神々がもつ神話・伝承の豊富さ、潤沢さ、多彩さ、そして古代社会にしっかりと根を下ろしたその基盤の厚さは系図1の神々とは比較にならない。そこでそこに展開する神話世界の二系間の相違については、次に一項目立てて考えることにする。

第四点として、両系図の神話世界が示す宇宙観・世界観、価値観の相違を挙げたい。

系図1の神話世界は、上述のように多分に観念的で厚みに欠けるが、しかし天を最高に価値あるものとして絶対視する一つの宇宙観・世界観は、確固としてこの神統譜に表現されている。

これに対して系図2の神話世界は複雑・多様で、その中にさまざまな世界観・価値観が入り交っており、一つにまとめることは難しい。しかし系図1の世界との比較で言うならば、こちらは天の絶対視ではなく、むしろ海彼にある「トコヨノクニ」や、あるいは地底の「根ノクニ」に価値の源泉としての世界をみており、日・月をはじめ山川草木などあらゆる自然の働きに畏敬の念をもち、とりわけ身近な山を信仰の中心に据えるなど、あえて特徴づければ海洋性・在地性の濃厚な、多神教的な世界観であるということができる。

また「イザナキ・イザナミ」、「アマテラス（大日神）・スサノヲ」のように、系図2の神話世界はつねに男女のペアを主人公として構成されている。この点も、系図1との大きな相違点であり、両者の価値観の相違の一つといえる。

次に第五点として、両系図の担い手の相違を挙げることができる。

本節のはじめに表2で示したように、系図1が属する天神系には、『姓氏録』に記載された範囲だけでも二百六十に余る伴造系の氏が連なっている。実際にはもっと多数の氏があったと推測される。

系図1の如き延長型のムスヒ系神統譜を掲げる氏は多くはなかったと思われるが、ともかくムスヒの神を冒頭に置いた氏の系譜は、当時これだけ多数存在していた。

一方、系図2の地祇系（イザナキ・イザナミ系）を掲げる氏は、『姓氏録』所載ではわずかに十三氏を数えるのみであった。こちらは旧姓でいえば「君」系である。

このような両系図の担い手の相違を、上述してきた両系図の特徴と重ね合わせて考えると、数の上からみて奇妙な逆転現象があると言わねばならない。すなわち古くから広く人びとに親しまれ信仰された、豊富な神話・伝承をもつ神々を自己の系譜の冒頭に掲げる氏はその数がきわめて少なく、逆に一般には殆ど馴染みのない、神話・伝承を殆どもっていない神々をその冒頭に掲げる氏が圧倒的に多数だという現象である。なぜこのようなことが起っているのか。しかしこの問題の解明は後章に持ち越すことにしたい。

以上、氏の系譜書における二系の神統譜について、最初まず『姓氏録』によって当時の氏族社会全体の中での分布のあり方を概観し、次に個々の系譜におけるその描かれ方を具さに見てきた。

そこでその上に立って、最後にこの二系の神統譜、すなわち二系の創成神話が、互いにどのような関係にある神話なのか。果して相互補完的な神話であるのかどうかという点の検討を行うことにしたい。

さて本節のはじめにみたように、二系の神々は、『姓氏録』の分類では同じ「神別」に属する「天神」と「地祇」であった。天神・地祇といえば、一方は天に関わる神、他方は地に関わる神として、それぞれその領域や機能に従って分けられた神々の分類であろうと受け取るのがふつうである。両者は補い合って一つの大きな神話世界を構成する。『姓氏録』は、枠組みとしては表面上そのような形態をとっている。

ところが、実際に天神系・地祇系の個々の系譜について見てみると、その実態はけっしてそうではないことが判明した。上述してきた二系の神統譜の考察から、この天神系・地祇系二系の神々、あるいはそれらの神々をめぐる神話が、けっして相互補完的な関係にある神々や神話ではなく、互いにまったく異質で、それぞれ独立した、別系の神々や神話であることが明らかになったといってよいだろう。

「地祇」として分類されている氏の神統譜、つまり系図2は、実際は地上世界にのみ限定された神話ではなく、一つの独立し完結した神話世界である。このことについては述べるまでもないと思うが改めて理由を挙げるならば、次のような点が指摘できる。

すなわちそれは、イザナキ・イザナミの創造にはじまるこの神話世界には、日神や月神など天に関わる神も存在し、天上界においても物語りが展開するという点である。

日・月神以外にも、スサノヲ後裔系譜や、また大国主後裔系譜（これは本書には載せていない）には、天に関わる神である可能性のある神が相当数存在する。イザナキ・イザナミ系の神話世界は、地上に関わる神々ばかりの世界ではないのである。

ムスヒ系の方は、これに対してたしかにすべて天の神で占められている。したがってムスヒ系を天神系と称するのは誤りではない。しかしこれらの神々とイザナキ・イザナミ系の神々とが合体して、一つの完全な神話世界が形成されるのかというとけっしてそうではない。ムスヒ系系譜に存在する絶対的権威をもつ天の神は、イザナキ・イザナミ系とはまったく異質な世界像をその背景にもっている。

さてさきに考察した『記・紀』をはじめ、『古語拾遺』・『旧事本紀』、また今回考察を加えた『姓氏録』など八・九世紀の歴史書や氏族書は、いずれも枠組みとして、あるいは建前としては一元的な世界像を提示しようとしている。『古事記』は最も綿密に、神話の内部に立ち入って統合・合体を図っているし、『日本書紀』は『古事記』とはまた別の方法であるが、しかし全体としてみるとやはり一元的な世界を形づくろうとしている。『古語拾遺』や『旧事本紀』

も同様である。『姓氏録』の場合は、「神別」や「天神・地祇」という枠組みの設定がその一元化の方法である。

しかしながらそれらの試みにもかかわらず、八・九世紀段階では、二つの神話世界、すなわち二つの世界像は、まだ基本的には融合することなく、それぞれ独立して別個に存在していた。そのことを、氏の系譜書は目に見える分かりやすい形で示している。つまり二つの系譜書にられる二元的な神話世界は、かつて一元的であったものが分かれて

表3　天神系（ムスヒ系）と地祇系（イザナキ・イザナミ系）二系の神統譜の比較

| 項目＼神統譜の種類 | | 天神系（ムスヒ系）の神統譜 | 地祇系（イザナキ・イザナミ系）の神統譜 |
|---|---|---|---|
| (1) | 系譜の形式 | 父系の直系のみを記載した系譜。 | 父系系譜であるが、各代ごとに母系についても記載した系譜。 |
| (2) | 神名のタイプ | すべて「ヒ」型の類型で占められる（アメノミナカヌシとアメノコヤネ以外）。 | 「ヲ・メ」「ヒコ・ヒメ」「ノ（ヌ）」「ネ」「ミ・ミミ」など古い神・人名に多くの類例をもつ類型で占められる。 |
| (3) | 神統譜の背景にある神話 | 具体性をもった神話をもっていない。 | 豊富・多彩な人びとに親しまれた神話群を背景にもつ。 |
| (4) | 宇宙観・世界観 | 天に絶対的価値を置く天優位の世界観。 | 海洋性・在地性が濃厚で、あらゆる自然に価値を認める世界観。 |
| (5) | 系譜の担い手 | 二百六十氏を超える伴造系の氏（『姓氏録』所載）。 | 十三氏の旧姓「君」系の氏（『姓氏録』所載）。 |

二つになったのではなく、『古事記』をはじめとする歴史書の一元化の試みにもかかわらず、依然として民間に残り続けている二元性として捉えられるべきものである。

以上で氏の系譜書におけるムスヒ系、イザナキ・イザナミ系二系の二元的対立に関する考察をいったん終る。二つの神統譜の比較を通して取り出した二系の特徴を、要点のみ表3として掲げておく。

以上本節では、『記・紀』をはじめ『古語拾遺』『旧事本紀』、そしてウヂの系譜書の創成神話について、順次考察を加えてきた。以上みてきたところから、イザナキ・イザナミ系とムスヒ系という二系の創成神話が『記・紀』の原資料段階に存在し、それが引き続き八・九世紀においても、独立した別系の神話として存在し続けていたことがほぼ明らかになったと思う。すなわち七〜九世紀を通して、創成神話は二元的であった。

では、日本古代の王権神話における、このような創成神話部分の二元的なあり方は何を意味するのか。なぜ上述してきたような現象が起きているのか。日本の古代にとってムスヒ系とは何で、イザナキ・イザナミ系とは何か、これらの点が解明されなければならない。

そこでその解明にとって是非とも必要だと考えられる、天孫降臨神話の二元構造についての考察を、次に行うことにしたい。天孫降臨神話の二元性は、第二節でみるように、創成神話の二元性ときわめて密接な関係をもっている。この二つを結びつけて王権神話全体の構成を問い直す中で、その解明の糸口は見つかるはずである。

## 第二節　天孫降臨神話の二元構造

## はじめに

王権神話の冒頭を飾る創成神話部分について、そこに二元的構造が見えることを前節でみてきたが、本節では王権神話のまさに中枢部分である天孫降臨神話のもつ二元的構造について考察を行うことにしたい。

創成神話の場合とは違い、天孫降臨神話に存在する二元構造は研究者の間ではすでに周知の事柄となっている。すなわち主神をタカミムスヒとするムスヒ系の天孫降臨神話と、アマテラスとするアマテラス系の天孫降臨神話の二種類の降臨神話の存在である。

この問題については、三品彰英の研究[24]以来多くの研究が積み重ねられてきており、すでに多くの研究者が、この問題をめぐってはさまざまな形で発言してきている。それらの発言のすべてにここで目を配ることはできないが、本稿のテーマからみたいくつかの問題点について、関連する先行研究の成果を踏まえながら、以下論を運ぶことにしたい。

## 一　従来の研究の合意点

『記・紀』にみられるタカミムスヒ系・アマテラス系二種類の天孫降臨神話について、近年次に掲げるようなわかり易い表を作成して両者の関係を示されたのは西條勉氏である。[25]西條氏は、三品彰英をはじめ、直木孝次郎、梅澤伊勢三、松前健ら先学諸氏や、毛利正守、高橋美由紀氏らによる近年の研究、その他にも、ここでは省略するが多数の先行研究を種々検討された上で、これまで広く用いられてきた三品氏作成による天孫降臨神話の異伝表を修正して、

表4　降臨神話所伝系統表

| 系統 | | タカミムスヒ系 | | | アマテラス系 | | 統合 |
|---|---|---|---|---|---|---|---|
| 要素 | 所伝 | 紀本文 | 第六書 | 第四書 | 第二書 | 第一書 | 記 |
| 司令神 | | タカミムスヒ | タカミムスヒ | タカミムスヒ | アマテラス | アマテラス | タカギノカミ・アマテラス |
| 降臨神 | | ホノニニギ | ホノニニギ | ホノニニギ | オシホミミ←ホノニニギ | オシホミミ←ホノニニギ | オシホミミ←ホノニニギ |
| 降臨の様態 | | 真床追衾に包まれる | 真床追衾に包まれる | 真床追衾に包まれる | | | |
| 降臨地 | | 日向襲高千穂峯 | 日向襲高千穂添峯 | 日向襲高千穂槵日二上峯 | 日向槵日高千穂峯 | 筑紫日向高千穂触峯 | 竺紫日向高千穂久士布流多気 |
| 随伴神 | 東征系 | | | アマノオシヒ<br>アメクシツノオホクメ | | | アメノオシヒ<br>アマツクメ |
| | 石屋戸系 | | | | アマノコヤネ<br>フトタマ<br>諸部神 | アマノコヤネ<br>フトタマ<br>アマノウズメ<br>イシコリドメ<br>タマノヤ | アメノコヤネ<br>フトタマ<br>アメノウズメ<br>イシコリドメ<br>タマノヤ<br>オモヒカネ<br>タヂカラヲ<br>イハトワケ |
| 神宝 | | | | | 宝鏡 | 三種神宝 | 三種神宝 |
| 神勅 | | | | | 同床共殿<br>斎庭稲穂 | 天壌無窮 | 瑞穂国統治<br>宝鏡奉斎 |
| 伊勢神宮 | 先導神 | | | | | サルタヒコ | サルタヒコ |
| | 鎮座 | | | | | 伊勢之狭長田五十鈴川上 | 佐久久斯侶伊須受能宮<br>外宮之度相 |

（西條勉氏の作成による）

表4の如き対照表を提示された。

西條氏はこのような表を示して、「要するに降臨神話には、司令神を軸にして言えばタカミムスヒ系とアマテラス大神系の二種類があり、古事記はこの二系を統合しているのである」と明快に述べ、さらに「この表によって、古事記のテクストがタカミムスヒ系とアマテラス系の資料を統合しているという編成上の特質は、より全体的に把握することができる筈である」と述べておられる。

さらに、もう少し具体的に書かれた箇所を引いてみると、「書紀の所伝は、司令神をタカミムスヒとするものとアマテラス大神とするものに二分されるのである。そうすると、古事記が高木神（タカミムスヒ）とアマテラス大神を並べて司令神にするのは、これらふたつの系統を統合したかたちであることが明らかになる」「随伴神についても、古事記は総勢で十柱の神になるが、これらは、表に示すように、書紀の第一・二・四のそれをすべて寄せ集めた神々である」「随伴神の要素も、石屋戸系と東征系のふたつの系統に分かれるわけである。古事記に多数が記されるのは、それらをすべて統合したからにほかならない」とある。

ところで右に引用した西條氏の文の中に、「石屋戸系」「東征系」という言葉がみられる。表4によって、それはアマテラス系とタカミムスヒ系にきれいに対応していることがわかる。西條氏以前にも、降臨神話と石屋戸神話との結びつきや、あるいはまた降臨神話と東征伝説との関連について、それぞれ指摘されたことはある。というより、降臨神話と石屋戸神話の結びつきは周知のところと言えよう。しかしこのように「石屋戸系」「東征系」を対立するものとして置き、それをアマテラス系・タカミムスヒ系の対立と明確に対応させて示したものは、管見の限りではこれまでなかった。この観点は、『記・紀』神話の成立過程の解明にとってきわめて重要な問題を提起するものである。

さて以上紹介したような降臨神話についての西條氏の論は、細かい点での異論はあるにせよ、おおよそのところではほぼ承認されてよいものではないかと筆者は考える。右の論の中の多くの部分は、さまざまな形で多くの研究者によってすでに指摘されてきたものが少なくない。したがって研究の現時点での一つの到達点・合意点としてこの論を置くことには、大方の賛同が得られるのではないかと思う。そこで本節はその上に立って、降臨神話に関わるいくつかの問題点の検討を行うことにしたい。

## 二　本節の意図、および異伝表

天孫降臨神話にタカミムスヒ系・アマテラス系という二種類の神話が存在することは、いま述べたように研究者の間ではすでに周知のところとなっている。しかし従来このことは、もっぱら〝主神の交替〟といった観点からのみ捉えられてきた。

はじめ三品彰英氏は、これを弥生時代から古墳時代にかけての頃の、王権の発展に伴う主神の変化として捉え、タカミムスヒという弥生以来の古い神格が、アマテラスという、より高い政治性をもった、新しい神格の中に発展的に解消したものと理解した。しかしこのように、その交替を『記・紀』成立の時点からみて遥か遠い昔の出来事として捉える見方は、その後、金井清一氏(26)や三宅和朗氏(27)ら多くの論者から批判を受けた。タカミムスヒ系はけっしてそのような古い時代に消え去った神話なのではなく、『記・紀』成立時に、いわばまだ現役の神話として機能していた神話であることがそれら論者により論証されている。

近年ではその交替劇は意外に新しく、律令国家が成立する七世紀後半の天武朝の時期、つまり『古事記』の編纂が開始される直前の時期に起ったのではないかという見方が、かなり広い範囲の研究者の間でもたれるようになってきている（この問題は、第三章で取り上げる）。

しかしいずれにしてもそれらの論は、あくまでこの問題を〝主神の交替〟としての観点からのみ捉えるものであって、『記・紀』神話全体の構成を、そのことによって見直すといった方向には動いていない。

つまり神話自体については、やはり『記・紀』にみられるような形のイザナキ・イザナミ神話からアマテラス・スサノヲが活躍するウケヒ神話や天石屋戸神話へと展開し、さらに国譲り神話を経て天孫降臨神話へと移る形で、原資料の段階から存在していた、ただその中で天孫降臨神話の主神が、ある時期にタカミムスヒからアマテラスへと交替したのだという理解である。

しかし前述の西條氏によって指摘された「石屋戸系」とアマテラス系との結びつき、そして「東征系」とタカミムスヒ系との結びつきという事実は、この主神の二元的対立が、単に主神のみの対立に止まらず、アマテラス系のブロックと、タカミムスヒ系のブロックという、神話群の二元的対立に発展する可能性を示唆している。主神の対立は、それぞれの神の背後にある、それぞれの神の属する神話群の対立に基盤があるのではないか。

そこで本節は、そのあたりの問題を解明して、最終的には、タカミムスヒ系とアマテラス系という互いに異質な二つの神話群が、「帝紀・旧辞」段階では基本的に対立しつつ並存していたという、原資料段階の神話に関する一つの仮説を提出しようとしている。

しかしその論証のためには、最初やはり降臨神話の異伝の全体に考察を加えておく必要がある。「帝紀・旧辞」段階の神話のあり方を探る史料は、『記・紀』の異伝以外にはないからである。

降臨神話の異伝をめぐる問題はこれまで繰返し取り上げられて、すでに明らかになっている部分が少なくない。しかし見落されている点もあり、また従来の解釈とはやや見解を異にする点もある。それらを含めて、降臨神話をめぐ

## 表5　天孫降臨神話の異伝

| 要素／異伝 | (1) 司令神 | (2) 降臨神 | (3) 降臨神の容態 | (4) 降臨時の形状 | (5) 随伴神 |
|---|---|---|---|---|---|
| 『紀』本文 | タカミムスヒ | ホノニニギ | 真床追衾に覆われる<br>(嬰児ではない) | 天磐座をおしはなち、天八重雲をおし分けて、いつのちわきちわきて | |
| 第六の一書 | タカミムスヒ | ホノニニギ | 真床追衾に覆われる | 天八重雲をおしわけて | |
| 第四の一書 | タカミムスヒ | ホノニニギ | 真床追衾に覆われる | 天磐戸を引き開け、天八重雲をおしわけて | アメノオシヒ<br>アメクシツオオクメ |
| 第二の一書 | タカミムスヒおよびアマテラス | オシホミミ、後にホノニニギに代る | 降臨間際に出誕 | | アメノコヤネ<br>フトタマ<br>諸部神 |
| 第一の一書 | アマテラス | オシホミミ、後にホノニニギに代る | 降臨間際に出誕 | 天磐座をおしはなち、天八重雲をおしわけて、いつのちわきちわきて | アメノコヤネ<br>フトタマ<br>アメノウズメ<br>イシコリドメ<br>タマノヤ |
| 『記』 | アマテラスとタカミムスヒ | オシホミミ、後にホノニニギに代る | 降臨間際に出誕 | 天石位はなち天八重雲をおしわけて、いつのちわきちわきて | アメノコヤネ<br>フトタマ<br>アメノウズメ<br>イシコリドメ<br>タマノヤ<br>オモヒカネ<br>タヂカラヲ<br>イワトワケ<br>アメノオシヒ<br>アマツクメ |

| | | | | | | | |
|---|---|---|---|---|---|---|---|
| (6) | 降臨地 | 日向の襲の高千穂峯、吾田長屋の笠狭碕 | 日向の襲の高千穂の添山峯、吾田の笠狭御碕、長屋の竹嶋 | 日向の襲の高千穂の槵日の二上峯、吾田の長屋の笠狭の御碕 | 日向の槵日の高千穂峯 | 日向の高千穂の槵触峯 | 日向の高千穂の久士布流多気、韓国に向い、笠沙の御前をまき通り |
| (7) | 国覓《ま》ぎ | そししの空国をひた丘より国まぎとほり | | そししの空国をひた丘より国まぎとほり | そししの空国をひた丘より国まぎとほり | | (笠沙の御前をまき通り) |
| (8) | 奉迎神 | コトカツクニカツナガサ | コトカツクニカツナガサ | コトカツクニカツナガサ | コトカツクニカツナガサ | サルタヒコ | サルタヒコ |
| (9) | 国譲りの問答 | 国ありやいなや。此に国あり、ねがはくは任意に遊せ。 | こは誰が国ぞ。是はナガサが住む国なり、然れども今は天孫に奉る。 | 国ありや。あり、勅の随に奉らむ。 | 是に国あり、取捨勅の随に。 | | |
| (10) | 神宝の授与 | | | | アマツヒモロギ 宝鏡 ユニハノ穂 服御ノ物 | 三種の宝物 (ヤサカニノ曲玉 ヤタノ鏡 クサナギノ剣) | ヤサカノ勾玉 鏡 クサナギノ剣 |
| (11) | 瑞穂国統治の神勅 | | | | | 皇孫による瑞穂国統治を命じる天壌無窮の神勅 | 天孫ホノニニギに水穂国統治を命じる神勅 |

る問題の輪郭をひと通り押さえるという意味もあり、改めて異伝表を掲げてその全般的考察を行うことにする。

表5として掲げた異伝表は、従来から広く使われてきた三品彰英氏作成の表に一部修正を施し、さらに二、三点新たな項目を加えたものである。さきに示した西條勉氏作成の表4と重なる部分があるが、降臨神話の全般的考察を行うため改めて載せた。(28)

さて表5によって異伝の全体を観察すると、『書紀』にはタカミムスヒ系とアマテラス系の二種類の異伝があり、『古事記』はそれを合わせた形になっていることがわかる。すでに西條氏の論文によって見てきたところである。

次に『書紀』の二系の異伝のあり方をみると、本文を含む五つの異伝中、タカミムスヒ系が三つ、アマテラス系は一つ、両者の混合が一つと、分量的にタカミムスヒ系の方が圧倒的に多いことがわかる。

なお「混合」とした第二の一書について、この異伝の構成をみると、ここで詳述する余裕はないが第二の一書の叙述の大部分は明らかにタカミムスヒ系である。しかし天孫に命令を下す部分はアマテラスになっている。したがって表4が「司令神」の項目にアマテラスとしたのは誤りではないが、しかし第二の一書を全体としてみた場合は混合がよいと思う。

『書紀』の異伝にみられるこのようなあり方は、『書紀』編纂時に編纂者の手元にあった原資料のあり方を反映したものとみてよいと筆者は考える。すなわち降臨神話の原資料の大半はタカミムスヒを主神とするタカミムスヒ系であった。このことは、前節でみたムスヒ系創成神話の氏々の間における分布のあり方、つまりムスヒ系創成神話がきわめて多数の氏の系譜に取り入れられていた事実と結びつけて考えられるべき事柄である。

次はタカミムスヒ・アマテラス二系の新旧関係についてであるが、これについて三品氏以来タカミムスヒ系が本来的な古い降臨神話で、アマテラス系はそれをさらに政治神話として発展させたものだという見方が一致してもたれている。主神の転換時期については前述のように三品説は否定されているが、しかし二系の新旧関係については、これが現在も一致した見方になっている。

そのことをもう少し押し詰めて考えてみると、要するにアマテラス系降臨神話が新たにつくられる以前の段階には、降臨神話はタカミムスヒ系しかなかった。降臨神話といえば、それは唯一タカミムスヒを主神とするタカミムスヒ系の神話のことであったということになる。だとすれば、降臨神話が二元的になるのはアマテラス系成立以後であるから、もしアマテラス系の成立が天武朝以降であるとすれば、降臨神話は天武朝以降にはじめて二元的になるわけである。これらの点はまたあとで改めて検討するが、ともかく二系の新旧関係についていえば右のような見方が一致した見方であり、筆者も異論のないところである。では二系は、主神の他には神話のどの部分がどのように異なるのか、そしてその相違は、二系についてどのような問題を提示しているのか。それらの点についての具体的な考察は、これまでまだ必ずしも十分に行われているとはいえない。しかしそれらの検討は、降臨神話の二元構造の解明にとって必要な基礎作業だと思われるので、次は二系の相違点につき検討を加えることにする。

## 三　二系の天孫降臨神話の相違点

はじめに、二系の降臨神話の相違点を表5から拾い出して、表6として掲げる。

このように拾い上げてみると、二系の降臨神話は話の大筋では一致しているものの、かなり多くの部分にわたって相違点のあることがわかる。ではこれらの相違はどのような性格の相違であり、またそれは何を意味しているのか、そういった点を、以下項目ごとに検討していくことにする。

なお、いま二系は話の大筋では一致していると述べたが、これは二系の降臨神話の関係をみる上で基本的に重要な点である。そのことは、つまり二系の降臨神話がそれぞれまったく別のタイプの神話なのではなく、同一の神話に、一方があとで部分的に変改を加えたり新しい要素を追加したりしてできたものだということを示している。その一致する部分を念のために挙げてみると、天の主神（＝司令神）が、ある時子孫に地上世界を統治させようと考えて、そ

表6　タカミムスヒ系・アマテラス系、二系の降臨神話の相違点

| 要素＼所伝 | タカミムスヒ系 | アマテラス系 |
|---|---|---|
| (1) 司令神 | タカミムスヒ | アマテラス |
| (2) 降臨神 | ホノニニギ | オシホミミ、後にホノニニギに代る |
| (3) 降臨時の容姿（真床追衾の有無） | 有 | 無 |
| (4) 随伴神 | アメノオシヒ<br>アメクシツオホクメ | 五部神<br>アメノコヤネ<br>フトタマ<br>アメノウズメ<br>イシコリドメ<br>タマノヤ |
| (5) 国覓《ま》ぎの有無 | 有 | 無 |
| (6) 奉迎神 | コトカツクニカツナガサ | サルタヒコ |
| (7) 国譲り問答の有無 | 有 | 無 |
| (8) 神宝の有無 | 無 | 有 |
| (9) 神勅の有無 | 無 | 有 |
| (10) 伊勢神宮関連事項の有無 | 無 | 有 |

の子孫を天降らせる。天界の玉座とも言うべき「天《あま》磐座《のいわくら》」を離れて天孫は威風堂々と天降る。その時の様子を表現した詞章や、またいよいよ地上に到着した到着地点の地名などすべて同じである。このように二系の降臨神話は、話の最も肝要な骨格の部分は完全に一致している。したがって二系が同一タイプの神話であることは明らかだといえよう。

　さて話を元に戻して相違点の検討に移ると、まず(1)の司令神の相違は、いうまでもなく最も重要な点である。しかしなぜアマテラスが新たに司令神の座についたのかという問題は、後章で詳しく取り上げるのでここでは省略する。そこで(2)の降臨神から順次みていくことにしたい。

　表6にみるように、降臨神は、タカミムスヒ系では最初からホノニニギである。しかしアマテラス系ではオシホミミがいったん降臨神になり、後にホノニニギに代ることになっている。つまりアマテラス系ではオシホミミが介在する形に変ったわけである。

このオシホミミとホノニニギとの関係については詳述を要する問題があるので、あとでもう一度取り上げる（八六頁以下）が、結論からいえば、要するにアマテラス系では主神がアマテラスに変ったために、アマテラスの血統を受け継ぐものを降臨神にする必要が生じたということである。

オシホミミは、アマテラスとスサノヲとのウケヒ（誓約、呪術行為の一種）によって生まれた神で、血縁の子ではないがアマテラスの子の中の一神とされている神である。

次は、(3)の真床追衾の有無であるが、これもタカミムスヒ系にのみあってアマテラス系にはなく、二系の間で見事に相違している。

なお表5の異伝表の当該欄に、筆者は「嬰児ではない」とわざわざ書き入れたが、これは「嬰児」とある三品氏作成の表の誤りを現在もそのまま引き継いでいるものが少なくないので、注意をうながす意味で書き入れたものである。タカミムスヒ系の降臨神ホノニニギは、『書紀』によってみるとけっして「嬰児」ではない(29)。

このことは、天孫降臨神話の本質をどのようにみるか、つまり「穀霊誕生神話」とみるか否かといった点に関わる、ないがしろにできない問題を含んでいる。

ところで「真床追衾（マドコオフクスマ）」の要素がタカミムスヒ系にあって、アマテラス系にない理由であるが、これは二系の相違のうち、筆者にとって唯一理由が判然としない点である。西條氏は前掲論文で、真床追衾は死と再生に関わる呪術的な寝具であって、それに覆われることは「胎児への復帰による再誕」を意味するが、アマテラス系は降臨間際に出誕するという形で誕生のモチーフを表現するので、真床追衾は不要になったとされている。説得力のある説明である。しかし海神の宮での用例などを考え合わせると、筆者にはまだ多少落ち着かない部分が残る。今後なお考えたい。

(4)の随伴神の相違に移ると、これはタカミムスヒ系では、大伴氏や久米氏の先祖で東征伝説に結びつく「東征系」の神々、アマテラス系では石屋戸神話で活躍する「石屋戸系」の五部神ときれいに分かれている。さきに表4で見たとおりである。すなわちこの場合は主神がアマテラスに変ったことにより、随伴神も石屋戸神話に関係深い神々、つまりアマテラスに関係深い神々が登場することになったとみて間違いない。

(5)の国覓《ま》ぎの有無、(6)の奉迎神、(7)の国譲り問答の有無の三項目は、筆者が独自に掲げたものである。この三項目は、表5の異伝表に見るとおりタカミムスヒ系とアマテラス系できれいに分かれている。両系をそれぞれ特徴づける、明確な対立点の一つである。

さらにいえばこの三項目は、従来天孫降臨神話について論じられる際殆ど問題にされたことがなかった要素であるが、筆者は本来の降臨神話を復原する上でポイントとなる、きわめて重要な要素だと考える。

まず国覓ぎの要素、つまり降臨神が、やせた不毛の地をよい国を求めて探し歩くという要素であるが、これはタカミムスヒ系には欠かせない附帯要素であったらしく、すべての異伝にある。しかしアマテラス系にはみられない。その理由は次の奉迎神とも関連するが、要するにアマテラス系では奉迎神がサルタヒコという衢神《ちまたのかみ》、つまり道案内をする神に変ったからである。国まぎと先導神の奉迎とは両立しない。国まぎは必要がなくなったのである。

そこで(6)の奉迎神（先導神）であるが、タカミムスヒ系では「事勝国勝長狭《ことかつくにかつながさ》」と名乗る神が、降臨神ホノニニギが到着した国の土着神として、降臨神と問答を交わすことになっている。この話もさきの国まぎ同様、タカミムスヒ系には欠かせない重要な要素であったらしく、すべての異伝に載っている。ところでこの項目を「奉迎神」と筆者は一応名付けたが、実際はこの神はお迎えに参上したわけではなく、ただ自分の国にいて、突然の来訪者である降臨神と問答を交わすだけである。

「事勝国勝長狭」という神名についても、これまで殆ど注目されたことがないが、神名の中でもとりわけ重要な一つであったのではないかと考える。九州の一地方神というのは物語上の設定であって、一書にイザナキの子とあるところからみても、天つ神側に対する国つ神側の代表として選ばれた、かつて古い時代においては重要な役割を担った有力な神であった可能性がある。この神名の意義についての私見は、長くなるので注に廻すことにする。(30)

さて一方アマテラス系では、前述のようにサルタヒコが、これはまさしく奉迎神の字義通り天孫をお迎えに参上することになっている。サルタヒコは伊勢の地の土着神であるから、主神がアマテラスに変更されるのに伴って、奉迎神もアマテラスに関係深い神に変更されたのである。しかしこの変更は、話の筋の上で相当な無理があり、明らかに矛盾を引き起している。

すなわちアマテラス系である『書紀』の第一の一書で、天孫のお供をして降りてきたアメノウズメは、天孫を出迎えたサルタヒコに対して、「あなたはどこに行くのですか。そして皇孫はどこに行かれるのですか」という何とも奇妙な質問をしている。ところがこれに対してサルタヒコは、「天つ神の子は筑紫の日向の高千穂の槵触峰《くしふるたけ》に行かれるでしょう。私は伊勢の狭長田《さなだ》の五十鈴《いすず》川の川上にまいります」と答えるのである。

道案内をかって出た者が、自分にとって全く不案内な遥か遠い九州の地に天孫を送り、しかもそのあと自分はさっさと伊勢の地に戻るというのである。これは明らかに、天孫の降臨地がすでに九州に定められてあって動かすことができないところから生じた矛盾である。

これと同じような奇妙さは『古事記』にもある。『古事記』では天孫に陪従していったん九州に天降ったアメノウズメは、サルタヒコを伊勢に送るとまた天孫のいる日向に帰るとされている。そしてそこで大小の魚を集めて天孫への奉仕を誓わせたアメノウズメは、ひとり返事をしないなまこの口を小刀で裂いた。そのことの縁で、現在でも志摩、から献上される新鮮な海産物を、朝廷はウズメの子孫に代々下されるのだと『古事記』は書いている。しかしなぜ日向ではなく伊勢の海産物なのか。これもやはり天孫降臨とアメノウズメとを無理矢理結びつけたことからくるちぐはぐさである。

このようにアマテラス系には筋書きの上で不自然さが多く、日向と伊勢に話が引き裂かれている。

(7)の国譲りの問答に移ると、表5に見るようにこれはタカミムスヒ系の異伝にはすべてに載っている。問答の内容からみて、これは明らかに国の支配権を天孫に移譲する話である。すなわち国譲り神話がここに一つ載っているわけである。後節で述べるように、筆者は大国主の国譲りの話は、建国神話（天孫降臨と神武東征を一続きの話として語る神話）が成立した後で、第二段階として形成されたものとみるのであるが、その見方にとって、この「事勝国勝長狭」による国譲りの話は、それを裏づける一つとして貴重である。

そもそも大国主の国譲りは、天孫が何の障害もなく無事地上世界を統治できるように、それまで地上の国を治めていた大国主に支配権を移譲させる話であるが、そのあとで語られる天孫降臨と神武東征の物語の中には、そのことは影も落していない。そんなことはまるでなかったかのようにその後の話は進行する。そこに『記・紀』神話の筋書きの上での大きな破綻があるということは、これまでも指摘されてきたことである。

いまこの問題に深入りすることはやめるが、もし大国主が天孫降臨に先立って国譲りをしたのなら、その譲られた場所へ天降りをすればよいのであって、九州の地で新たに国まぎをしたり、また国を譲ってもらったりする必要はないといえよう。そのような矛盾がよりはっきりと露呈してくるという意味でも、このタカミムスヒ系における国譲りの要素の存在は貴重である。

(8)と(9)の神宝・神勅の問題は、これは従来から多くの論者によって論じられたきた問題である。これらについてもまだ論点は残っているが、しかしそれらについてはまた別の機会に譲ることにしたい。

ともかくアマテラス系における神勅の存在は、これがアマテラス系の降臨神話を、タカミムスヒ系より新しい、発達した段階の降臨神話とみる上での最も有力な決め手となってきたわけである。その点はやはり動かないところであろう。

最後に(10)の伊勢神宮関連の事項についていえば、これは主として『古事記』に見られるものである。この要素があることによって、『古事記』の降臨神話はいっそう複雑で入り組んだものになっている。

すなわち『古事記』は基本的にアマテラス系を中心に据えたが、しかしタカミムスヒ系をも取り込んで両者の統合を図っている。そこへさらに伊勢神宮関連の要素を加えて降臨神話の中で同時に伊勢神宮の創始をも語ろうとしている。そのことが『古事記』の叙述をきわめて難解なものにしているわけである。このような『古事記』の降臨神話の性格については、直木孝次郎氏の実証的な分析[31]をはじめ多くの研究が積み重ねられてきており[32]、その合成的性格からくる複雑さについてはかなり解明が進んでいる。

以上、タカミムスヒ系・アマテラス系、二系の相違点について検討を加えてきた。不十分な考察ではあるが、しかし以上見てきたところから、二系の相違点の大部分が、タカミムスヒからアマテラスへという主神の交替にともなってもたらされたものであることが跡づけられたと思う。

また二系のうち、タカミムスヒ系の方が本来の古い神話であり、アマテラス系は、それを部分的に変改したり、あるいは新しい要素を附加したりして作られたものであることも、従来から言われてきたことではあるが、よりいっそう明確になったと言えるだろう。

# 四　タカミムスヒ系降臨神話と岩屋戸・ウケヒ神話の不連続

タカミムスヒ系とアマテラス系、二つの天孫降臨神話につき、前節で両者の関係や相違のあり方を異伝の全体に亘って考察した。そしてタカミムスヒ系がやはり本来の古い降臨神話であり、アマテラス系はそれに部分的に変改を加えたものであることを、いくつかの新見を加えて改めて確認した。

ところで筆者は前節のはじめに、本章における降臨神話考察の目的は、単に主神の交替を問題にするのではなく、最終的には、タカミムスヒを中心とするタカミムスヒ系の神話ブロックと、アマテラスを中心とするアマテラス系の神話ブロックの、「帝紀・旧辞」段階における対立・並存を明らかにすることにあると述べた。そこで本節では、前節に確認された二系の降臨神話の関係や相違のあり方を前提にした上で、問題をさらに先に進めて、その最終目的である神話ブロックの検証に入ることにしたい。

| | |
|---|---|
| 国生み・ウケヒ・岩屋戸神話<br>＋<br>〈アマテラス系天孫降臨神話〉 | （古神話群） |
| タカミムスヒ系天孫降臨神話<br>＋<br>東征伝説 | （王権中枢および伴造による建国神話） |

さて筆者の考える神話ブロックを、結論を先取りして仮に図示すると右の通りである。アマテラス系降臨神話を括

弧に入れて示したのは、アマテラス系降臨神話はもともとは存在せず、アマテラスがタカミムスヒに代って主神の座に就いたあとで、新たにつくられた後出の神話だということを意味している。国生み・ウケヒ・岩屋戸各神話はひと続きのもので、旧辞段階にはすでにこれらの神話は切り離し難く結びついて一つの神話群を形成している。

タカミムスヒ系降臨神話と神武東征伝説は、『記・紀』では神代と人代に分かれているが、しかしもともとひと続きの建国神話であり、支配者起源神話であった。このことは、古く津田左右吉が指摘しており、賛同する人が多い。表4にあった随伴神の共通性は、それを証明する一つである。

ほぼ右のような見通しがもたれるのであるが、いまますここで明らかにしたいのは、タカミムスヒ系降臨神話と、ウケヒ・岩屋戸神話との不連続である。それがもし論証されるならば、〈建国神話系〉と〈古神話群系〉は、基本的に切り離されることになり、『記・紀』神話は大きく二つのブロックに分断されることになる。以下はそのテーマをめぐって考察を行うことにする。

ところで「タカミムスヒ系降臨神話とウケヒ・岩屋戸神話との不連続」という命題であるが、これは従来行われてきた『記・紀』神話の解釈にとってきわめて重大な問題を内包している。前述のように、タカミムスヒ系降臨神話とは要するに本来の降臨神話であって、アマテラス系がその変化形として新たに出現するまではこれこそが唯一の降臨神話であった。その唯一の降臨神話が岩屋戸神話と本来関連をもたないということは何を意味するのか。これまで天孫降臨と岩屋戸神話やウケヒ神話は、一連のものとしてつねに関連づけて考えられてきた。例えば、天孫降臨の中に岩屋戸神話のモチーフを投影して解釈したり、あるいは岩屋戸神話を、次の場面で降臨の司令神として活躍するアマテラスが、最高神・主権神として新たに生まれ変わる神話であると捉えたり、あるいはまたウケヒ神話を、やがて天降る天孫の誕生を、何よりも重要な主題とする神話だとしてみるなどである。降臨神話と岩屋戸・ウケヒ神話を密接・不可分のものとする前提が従来は疑う余地のないものとしてあって、両神話相互の影響関係の中でつねに解釈が行われてきたという状況がある。

しかしもしこの命題の正しさが論証され、両神話が本来無関係なものとして分断されることになれば、そのような見方は根本的な見直しを迫られることになる。とくに岩屋戸神話やウケヒ神話は、これまでとは大きく異なる、まったく別の枠組みの神話として捉え直すことも可能になってくる。

このような種々重大な問題をこの命題は内包しているわけであるが、ここから本論に入って、まずタカミムスヒ系降臨神話と岩屋戸・ウケヒ神話を見比べてみる。そうすると、岩屋戸・ウケヒ神話は長いので引用は省略するが、両者の間にはまったくといってよいほど接点のないことがわかる。前掲西條氏作成の表4にも示されていたように、登場する神々や、またいわば小道具である神器などにも、――アマテラス系降臨神話との間には共通するものが多いが――タカミムスヒ系降臨神話との間には共通点がまったくない。

ただし『古事記』と『書紀』の第一の一書には、岩屋戸神話に、思兼神《おもいかねのかみ》の祖としてタカミムスヒの名が記されており、これが岩屋戸神話とタカミムスヒ系降臨神話とをつなぐ一つの共通点となっている。しかしここでタカミムスヒの名はただ単にオモイカネの系譜上の祖神として挙げられているにすぎず、何ら活躍をするわけではない。

これは、オモイカネがタカミムスヒ系に属する阿智祝部氏らの奉祭神であることによると思われるが、また『古事記』の場合、神話の重要な場面、場面にムスヒ系の神を登場させて両系統を統合・合体しようとする、『古事記』神話全体を貫く編集方針の一環としても置かれたものであろう。

従来われわれは、岩屋戸神話から天孫降臨神話への展開を、その間に断絶があるといった意識をもつことなく、筋の展開にそれ程不自然さを感じることなく読んできた。それには後で取り上げる国譲り神話の存在が大きいと思われるが、また一つには、『古事記』が記すアマテラス系降臨神話の存在も大きく影響を与えている。アマテラス系降臨神話は、岩屋戸神話を母胎にした神話でもあり、そのことが、『記・紀』を読む者に無意識のうちに両神話を結びつけて受けとらせる接着剤の役割を果している。

前掲論文で西條氏は、

　アマテラス系の降臨神話は、タカミムスヒ系を抱き込むようなかたちで編成されていることが分かる。アマテラス系の本来の母体は石屋戸神話であり、それが膨張しながらタカミムスヒ系の文脈に割り込んできたのであろう。

と述べておられるが、これは筆者が抱いているのにきわめて近いイメージである。

しかしタカミムスヒ系降臨神話にのみ目を据えて見てみると、タカミムスヒ系には、岩屋戸神話との間に接点がまったくない。両者はどう見ても不連続なのである。

もちろん神話は場面の展開につれて話題や登場人物ががらりと変ることもあり、登場する神々や、あるいは神器などの小道具に共通点がないことは、必ずしも不連続の理由にならないかもしれない。しかしその場合でも両神話の主人公の間には、つながりがなければならないだろう。タカミムスヒ系降臨神話と岩屋戸神話との間にはそれがない。つまりタカミムスヒ系降臨神話の主人公であるタカミムスヒと、岩屋戸神話の主人公であるアマテラスやスサノヲとの間には、何ら結びつきがないということが最大の問題である。

このように、岩屋戸神話とタカミムスヒ系降臨神話は明らかに不連続なのであるが、しかしここに――さきのオモイカネ以外で――一つだけ、タカミムスヒとアマテラスとの間の結びつきが用意されている箇所がある。それは天孫ホノニニギをめぐる次の系譜である。

アマテラス——オシホミミ
　　　　　　　　　　‖——ホノニニギ
タカミムスヒ——ヨロヅハタヒメ（タクハタチヂヒメ）

タカミムスヒ系降臨神話である『書紀』本文は、降臨神話の冒頭に次のように記している。（なおこれと同じ系譜関係が『古事記』にも同様に記されている。）

天照大神《あまてらすおほみかみ》の子《みこ》正哉《まさか》吾《あ》勝勝速日《かつかちはやひ》天忍穂耳尊《あめのおしほみみのみこと》、高皇産霊尊《たかみむすひのみこと》の女《みむすめ》栲幡千千姫《たくはたちぢひめ》を娶《ま》きたまひて、天津彦彦火瓊瓊杵《あまつひこひこほのににぎのみ》尊《こと》を生《あ》れます。故《かれ》、皇祖《みおや》高皇産霊尊、特《おぎろ》に憐愛《めぐしとおもほすみこころ》を鍾《あつ》めて、崇《かた》て養《ひだ》したまふ。遂《つひ》に皇孫《すめみま》天津彦彦火瓊瓊杵尊を立《た》てて、葦原中国《あしはらのなかつくに》の主《きみ》とせむと欲《おもほ》す。

（日本古典文学大系『日本書紀』上）

『書紀』本文は右のように、降臨神話の冒頭で降臨神であるホノニニギの出自について説明し、降臨神ホノニニギはアマテラスの子オシホミミの子であり、またタカミムスヒの孫でもあると述べている。このアマテラスとタカミムスヒがホノニニギの祖母・祖父として並び立つ形の系譜が、要するに二神間を結ぶ——さきに筆者は両者の間には結びつきがないと述べたが——唯一の接点となっている。

しかし筆者はこの冒頭の系譜は、二系の統合を図りアマテラスの皇祖神化に降臨神話を適合させるために作られた、いわば苦肉の策であって、本来のタカミムスヒ系降臨神話にはなかったものであろうと推測する。なぜならこの系譜には、種々の点で不自然さや矛盾があるからである。それを以下に列挙してみる。

(1)　右に引用した『書紀』本文の冒頭部分をみると、「皇祖高皇産霊神」とある。しかし「皇祖」は皇室の先祖に対して用いられる語であって、その母系に用いる語ではない。したがってタカミムスヒが、もしこの系譜の言うようにホノニニギの母方の祖父、つまり外祖父であるのなら「皇祖」はおかしい。

(2)同じく右の引用文中に、タカミムスヒはホノニニギを「葦原中国の主」にしようと思ったとある。つまりタカミムスヒは、ここで完全に皇孫に地上世界統治を命ずる主権神・最高神として振舞っている。これも外祖父という系譜上の地位とは矛盾する。

さらにこのあとの叙述の中でも、タカミムスヒはつねに単独で、最高神として度々命令を発している。アマテラスやオシホミミに相談をするといったことすら一度もない。そもそもアマテラスやオシホミミは、冒頭の系譜部分以後まったく登場しないのである。

(3)降臨神ホノニニギの父であるオシホミミは、天皇系譜の始点として重要な地位にある神である。ところがこの神とアマテラスとの関係は、伝承上きわめて不安定である。

すなわち『古事記』や『書紀』の本文では、この神をアマテラスとスサノヲのウケヒ（誓約）の際、アマテラスの身につけていた玉を、スサノヲが嚙み砕き吹き出した息吹きから化生した神とするが、『書紀』の第一と第三の一書では、スサノヲの玉からスサノヲ自身が生み出したことになっている。つまりこれらの異伝によれば、アマテラスはオシホミミと全く関係をもたないのである。系譜からみたアマテラスとオシホミミの関係の重要さを考えるならば、このような異伝の存在はきわめて疑問である。

(4)またオシホミミがアマテラスの玉から化生したとされる異伝の場合でも、オシホミミとアマテラスとの関係は、装飾品の玉とそれを身につけている神の関係にしかすぎない。

つまりウケヒ神話の世界は、いってみれば血統意識とは無縁な、血統には関心のない世界である。血のつながりを何より重視する天皇系譜の世界とは異質だと言うことができよう。

(5)　オシホミミとホノニニギは、系譜上父子の関係にある。そこで両者が共有する「ホ」の語は、ともに稲穂を意味するホであろうと考えられてきた。筆者自身もかつてそのような解釈をしたことがある[33]。ところが両者の「ホ」をよく見ると、その表記の仮名がまったく異なっているのである。次の表7にみるように、オシホミミのホの表記はすべての異伝において――複数回記されている場合もその全ての箇所において――「穂」で表記されている（「骨」「踏」などは除く）。しかしホノニニギのホが「穂」で表記された箇所は一箇所もない。ホノニニギのホには、『書紀』では本文・一書を通して「火」字が用いられ、『古事記』では「番」字が用いられている。

このようなホの表記にみられる両神間の明確な相違は、両神の間に伝承上の断絶があることを示唆しているといえるのではあるまいか。すなわち、オシホミミは本来アマテラス神話に属する神であるが、ホノニニギはタカミムスヒ神話に属する神であって、両者はもともとその所属を異にしている。このように両者を分断して別の系統の神として考えることを可能にする。そしてそれは「ホ」の意義についても、両者を別様に考える可能性を示すものである。筆者は『書紀』の表記から、後者すなわちホノニニギの「ホ」は稲穂ではなく、太陽の属性としての、字義通り「火」の意義のホではないかと考える。

(6)　オシホミミの妃ヨロヅハタヒメ（ヨロヅハタトヨアキズシヒメ『記』、タクハタチヂヒメ『紀』本文、その他異伝が多い。ここでは仮にヨロヅハタヒメとした）は、系譜上タカミムスヒの娘でオシホミミの妃であることになっている。

しかしこの機織りの神であるヨロヅハタヒメは、タカミムスヒよりむしろ伊勢神宮と関係が深い。この神は伊勢神宮において、アマテラスの相殿神として手力男神と並んで祭られている。さきの系譜から言えばこの神は、アマテラスにとっていわば息子の嫁に当る神であるが、それが岩屋戸神話で活躍した神とともに相殿神となっているのはその組み合わせも奇妙であるし、日本古代の婚姻の習俗からみても不自然に感じられる。

伊勢神宮は太陽信仰の聖地であり、かつ機織りと関係が深い。したがって、もともと太陽祭祀の呪具であるハタを織る神が、アマテラスの相殿神として祭られていたということではないかと推測される。タカミムスヒの娘とするのは後の造作であろう。

岡田精司氏は、この神について、タクハタヒメは「機織りを以て仕える巫女神であり、ヒルメの分身とみられる」としておられる。筆者はヒルメに関しては岡田氏と見解を異にするが、この点は賛成である。このことについては、次章のアマテラスの箇所でまた取り上げる。

以上六点挙げてきたが、このようにこの系譜にはいくつもの矛盾点や不自然さがあり、作為性が強く感じられる。とりわけ(1)～(5)として挙げた点は、いずれも無視できないきわめて重大な矛盾点であり問題点である。

しかしこれらの矛盾点・問題点は、この系譜を後次

表7　オシホミミとホノニニギの表記

| | | 異伝＼神名 | オシホミミ | ホノニニギ |
|---|---|---|---|---|
| ウケヒ神話 | 『記』 | | 天之忍穂耳 | |
| | 『紀』 | 本文 | 天忍穂耳 | |
| | | 第一の一書 | 天忍骨 | |
| | | 第二の一書 | 天忍骨 | |
| | | 第三の一書 | 天忍穂耳 | |
| 天孫降臨神話 | 『記』 | | 天忍穂耳(2) | 日子番能邇邇芸(6) |
| | 『紀』 | 本文 | 天忍穂耳 | 彦火瓊瓊杵(4) |
| | | 第一の一書 | 天忍穂耳(2) | 彦火瓊瓊杵(2) |
| | | 第二の一書 | 天忍穂耳(3) | 彦火瓊瓊杵(2) |
| | | 第四の一書 | | 火瓊瓊杵 |
| | | 第六の一書 | 天忍穂根 | 火瓊瓊杵根(2)<br>彦火瓊瓊杵 |
| | | 第七の一書 | 天忍骨 | 天之杵火火置瀬<br>火瓊瓊杵(2) |
| | | 第八の一書 | 天忍穂耳 | 火瓊瓊杵 |

(一)　括弧内の数字は記載されている回数を示す。複数回のもののみ記した。

(二)　神名の一部（「正勝吾勝勝速日」など）や、「命」「尊」などの尊称は省略した。

的・作為的なものとして退けた場合、すべて完全に解消する。つまり本来の降臨神話は、タカミムスヒがその子ホノニニギを天降らせる形であって、アマテラスやオシホミミはそれとは関係がなかった。

このようにみてくると、タカミムスヒとアマテラスを結ぶ唯一の接点である天孫ホノニニギをめぐるさきの系譜は、二系の神話の統合を図って、後次的に――『記・紀』編纂間近い頃――作られたものと考えて、まず誤りないところと考えてよいと思われる。

なおこの系譜に関して、結論的には私見とほぼ同じ見方を、西條勉氏が前掲論文(34)ですでに述べて、その作為性を端的に指摘しておられる。

降臨神の交替は、あくまでも、アマテラス系の神話をタカミムスヒ系の神話に統合するための編成上の手続きなのである。

『記・紀』成立時においては、アマテラスはすでに確固として国家神・最高神の地位にあった。したがって、旧い降臨神話や、旧い主神タカミムスヒと、アマテラスとの関係づけは、国家の正史である『記・紀』にとって是非とも果さねばならない重要課題の一つであった。その課題にとって、このような系譜的接合による解決方法は、最も簡便で安易な方法であったと思われる。しかしそのことによって生じる多くの矛盾の縫合にまでは、編纂者の手が廻らなかったわけである。

タカミムスヒ系降臨神話と、ウケヒ・岩屋戸神話という二つの神話の不連続を論証しようとして、以上考察を行ってきた。このようにしてその唯一の接点であるホノニニギをめぐる系譜の後次性がほぼ明らかになると、この二つの神話群の不連続は、けっして荒唐無稽な夢物語ではなく、成立の可能性の高い仮説になってきたと言ってよいだろう。むしろ本節のはじめに図示したような形での、二つの神話群の対立・並存という状況が『記・紀』以前にはあったと考えた方が、例えばウケヒ神話の異伝の問題にしても納得のいく解釈ができるし、その他にも種々の点で合理的な説明のつく部分が少なくない。

そこで次に節を改めて二つの神話群の対立と並存の問題を正面に据えて、『記・紀』神話の構成全体を眺めてみることにする。その前に本節で述べた内容の要約を次に記しておく。

## むすび

天孫降臨神話にタカミムスヒを司令神（＝最高神）とするものと、アマテラスを司令神とするものの二種類があることは、従来からよく知られている。近年、その二種類のうち、前者は神武東征伝説と、後者はこの岩屋戸神話と結びつく要素のあることがさらに明らかになってきた。そこでそのような研究成果の上に立って、本節では従来の説を改めて確認しながらさらに踏み込んだ考察を行った。

第一点は、タカミムスヒ系・アマテラス系二系の降臨神話の関係についての確認である。この二系は、それぞれ独自に、別個に形成された降臨神話であるのか、それともどちらか一方が、他の一方に変改を加えてつくったその変化形であるのか。

この点について改めて考察を行った結果、二系の関係は後者であり、アマテラス系が、タカミムスヒ系の枠組み、骨格をそのままに、その内容の一部に変更を加えて作った二次的降臨神話であることが明らかになった。

このことは、すでに従来から指摘されていることであるが、本章の立論の基礎になるきわめて重要な点なので、いくつかの新見を加えて確認したわけである。

アマテラス系による変更点のうち最大のものは、むろんタカミムスヒからアマテラスへという、司令神の変更・入れ替えである。そこでそれに伴って、降臨神、随伴神、奉迎神、国まぎ、国譲りの要素などが変更されている。すなわち二系の相違点は、殆どみな司令神の変更に伴う事項であることが確かめられた。また従来殆ど取り上げられてこなかったタカミムスヒ系における国まぎ、国譲りの要素のもつ問題点にとくに注目した。

第二点は、天孫降臨神話と、ウケヒ・岩屋戸神話との関係についてである。

先述のように、タカミムスヒ系は東征伝説とは結びつく要素があるが、ウケヒや岩屋戸神話とは結びつかない。一方、アマテラス系はウケヒや天岩屋戸神話と結びつく要素はあるが、東征伝説とは結びつかない。このような事実がすでにこれまでに指摘されている。本節では、さらに他の要素にも目を向けて、タカミムスヒ系降臨神話と、ウケヒや岩屋がくれ神話との不連続性を、よりいっそう確かなものにした。

その一つに、降臨神であるホノニニギやオシホミミの問題がある。

アマテラス――オシホミミ
　　　　　　　　　‖――ホノニニギ（降臨神）
タカミムスヒ――タクハタチヂヒメ

右の如き系譜関係を、『記・紀』はともに降臨神話の冒頭に掲げている。要するにこれは『記・紀』成立時における、二神の関係に関する国家の公式見解ともいうべきものである。

そこでもしこの系譜が、実際に古くから伝承されたものであるとすれば、タカミムスヒとアマテラス、そして降臨神話とウケヒ・岩屋戸神話とは、この系譜を接点にして結びつくことになる。

しかしこの系譜関係には、さまざまな点で不自然さや矛盾点があって、その後次性・作為性は、推測してまず間違いないことが明らかになった。おそらく両系接合の最も簡便な方法として、このような系譜関係が案出されたのである。

なおこの問題に関連してもう一点、オシホミミとホノニニギに関する問題を取り上げておくと、さきに示した系譜関係の作為性が明らかになると、両者が共有する「ホ」の語の仮名の相違がいっそう重大な意味をもってくる。つまりオシホミミとホノニニギは本来父子ではなく、一方はアマテラス系、他方はムスヒ系として別々に伝承されてきた、それぞれ別個の神話体系に属する神である可能性が高くなった。

以上天孫降臨神話の異伝の考察を通して、タカミムスヒ系とアマテラス系という降臨神話の二元性の問題は、単に司令神（＝最高神）の二元性に止まらず、ブロックとしての神話群の二元性につながることがかなりはっきりしてきたと思う。

## 第三節　『記・紀』神話の構成と二元構造

### はじめに

第一・二節で、われわれは創成神話と天孫降臨神話の考察を通して、日本の王権神話がその根底に二元的性格を蔵していることをみてきた。『記・紀』神話は一見、統一のとれた一体的な神話のようにみえるが、しかしよくみるとその中に裂け目をもっている。

本節ではその二元構造が、創成神話や、あるいは天孫降臨神話といった部分にだけあるのではなく、『記・紀』神話全体にかかわる二元性であることについて考察を行うことにする。

さらにその原資料のもつ二元性が、『古事記』と『日本書紀』との間の基本的な構成の差を作り出していることや、あるいはまたその二元構造のそれぞれの体系がもっている神話世界の差についても、概略見ておくことにしたい。またこの見方にとっての最大の障壁と考えられる国譲り神話の問題にもここで触れることにする。

## 一　イザナキ・イザナミ系とムスヒ系

創成神話についての考察で、われわれはそこにイザナキ・イザナミ系とムスヒ系という、互いに独立した異質な神話体系が対立・並存していることを確認した。次いで天孫降臨神話には、アマテラス系とタカミムスヒ系の二系が存在することを見てきた。この二つの神話における二元構造の間に関連があるであろうことは、両者がともに、一方はイザナキ・イザナミ〜スサノヲ・アマテラス、他方はタカミムスヒと、共通する神々の対立であるところからみても直ちに推察されるところである。すなわち創成神話と天孫降臨神話という二つの神話における対立は、要するにイザナキ・イザナミ〜アマテラス・スサノヲ系とムスヒ系という、同じ二元的対立の別々の現われに他ならないといえそうである。

ではイザナキ・イザナミ系―正確にはイザナキ・イザナミ〜アマテラス・スサノヲ〜大国主系であるが、適宜その場によってイザナキ・イザナミ系と略称したり、アマテラス系と略称したり、大国主系と略称したりする。しかしこれらはいずれも同一の神話体系を指している―とはどのような神話体系で、ムスヒ系とはどのような神話体系であるのか。まずひと通りその点について、私見の見通しを述べることにしたい。

「イザナキ・イザナミ系」とは、イザナキ・イザナミ、あるいはさらに遡ってクニノトコタチに始まり、大国主に至る一大神話体系のことである。『記・紀』の原資料段階でこれらはすでにひと続きの神話として体系化されていた。このようにみることについてはおそらく異論はないであろう。

この見方にもし異論があるとすれば、その一つは、イザナキ・イザナミ神話が最初から「神世七代」を伴っていたかどうか、つまりクニノトコタチ、あるいはウマシアシカビヒコヂに始まる形であったのかどうかという点であり、もう一つはスサノヲと大国主（オオナムチ）との間に最初から結びつきがあったのかどうかという点であると思う。しかしこれは両者ともに、旧辞形式途上における問題であって、『記・紀』の原資料段階においては、すでにその加上や接続はなされていたことが、第一節で詳述したように確かである。

このイザナキ・イザナミ系の神話体系は、きわめて豊富・多彩な神話群を擁する一大神話体系であるが、ここでアマテラスが、この中にしっかりくるみ込まれた存在であることに注意を払っておきたい。

次にムスヒ系であるが、これはイザナキ・イザナミ系が豊富・多彩な神話を擁する一大神話体系であるのに比して、量的にはやや貧弱な体系だといえよう。まず神話の主人公として活躍する神はタカミムスヒ・カミムスヒの二神にしかすぎない。もう一神アメノミナカヌシがあるがこれは名前が挙げられているだけである。神話も、ムスヒ系に属する神話としては天孫降臨神話があるのみである。もっとも天孫降臨神話は東征伝説と一体となって「建国神話」を形成していたと考えられるので、その観点からみると量的にそれほど少ないとは言えないかもしれない。また後述する国譲り神話も、これは私見では後から付加された神話部分であるが、系統としてはムスヒ系である。したがってこれらを加えると、結局ムスヒ系も相当大きな神話群を抱えていることになる。

なお上述した他に、『旧事本紀』の巻三・五に記された、ニギハヤヒに関わる伝承もムスヒ系の神話である。また第一節でふれた、顕宗紀三年の「天地熔造」伝承も、これは断片的なものであり、また『記・紀』の中で正伝として扱われてはいないが、やはりムスヒ系に属する神話である。

しかし量的な面でどうであるかはともかくとして、とにかくムスヒ系は、王権神話の中での位置づけや政治的重要度からいえば、イザナキ・イザナミ系より遥かに高い位置を占める神話体系である。天孫降臨神話が、天皇（大王）の支配の起源やその正当性を語る、王権にとって最重要の神話であることについては、改めて述べるまでもないであろう。

以上がイザナキ・イザナミ系とムスヒ系のアウトラインである。両者は旧辞段階では、基本的に、それぞれ独立した神話体系として対立・並存していた。このことは、第一・二節で見てきたところからほぼ認められてよいことだと思う。イザナキ・イザナミ系をみると、この神話体系に属する主だった神々は、緊密に結びついて一つの大きな神々の家族を構成している。しかしムスヒ系の神は、そのどれとも結びつきをもっていない。ムスヒ系の神はあきらかにそれら神々の家族の圏外にある。両者の間には基本的には関連がない。

ところで王権神話についての以上のような捉え方は、かつて岡田精司氏が提出された『記・紀』神話の形成に関する説[35]に大局的に見ると一致する点が多い。そのことにここで簡単にふれておきたい。

まず岡田説を紹介すると、岡田氏は『記・紀』神話を、次の三つのグループに分けて考えておられる。

(1)　日向神話・イワレヒコ物語を含んだ高天原系の神話群。これが宮廷神話の原型。伴造の奉仕本縁としての祭儀神話の性格をもっている。

(2)　出雲神話の素材となる地方諸神の古詞群。

(3)　地方神の神名を含みこんだ皇別氏族系譜群。

この三群のうち、(3)は欠史八代に繰り込まれたとされるグループである。したがっていわゆる『記・紀』神話としては、(1)と(2)の二群があるということである。

上述してきた筆者のいう王権神話の二元構造は、まさしくこの岡田説の(1)と(2)に当る。岡田説は(1)について、これは「宮廷神話の原型」であり、「伴造の奉仕本縁」だとしているが、筆者の言うムスヒ系も、まさにこれが王権神話の原型であり、伴造の奉仕本縁であると考えられるものである。この他にも成立時期の問題等、氏の(1)のグループに関する見解には、賛同できる点が少なくない。また(2)は、岡田説で「地方諸神の古詞」とするが、これもやはり筆者の言うイザナキ・イザナミ系に当てはまる。「地方諸神」の「地方」は、この場合、王権中枢の奉ずる神ではないという意味での地方である。

すなわち岡田氏の分類の(1)と(2)についていえば、岡田説と私見は次のように対応する。

（岡田説）　　　　　　　　　　（私　見）

(1)　宮廷神話の原型、伴造の奉仕本縁――ムスヒ系

(2)　地方諸神の古詞群――――――イザナキ・イザナミ系

右のように、『記・紀』神話に対する大局的な見方において、岡田説と私見とは一致する点が少なくない。

筆者はこれまでこの二元構造を、神話の主神の名をとって、ムスヒ系、イザナキ・イザナミ系と呼んできたが、このような名称は、おそらく一般には馴染みにくく、耳馴れない名称であろうと思われる。しかしこれを岡田氏のように、「宮廷神話の原型・伴造の奉仕本縁」、「地方諸神の古詞群」といった名称で呼ぶと、それぞれの神話体系の本質や性格が非常に捉えやすくなる。まさにムスヒ系とは「宮廷神話の原型・伴造の奉仕本縁」であり、イザナキ・イザ

ナミ系とは、古い由来をもつ「地方諸神の古詞群」である。

ところでしかし、岡田説と私見との間には、相当大きな開きがあることもまた事実である。その最大のものは、岩屋戸神話やアマテラスを、どちらに属するものとみるかという点である。岡田説はこれを王権神話に入れるが、筆者は「古詞群」に入れる。この問題は、二元構造の焦点となる最も重要な点である。そこで、神話に関する基本的な点での分析は本章ですでに終えたが、次章のタカミムスヒとアマテラスの項でさらに別の面からこの問題の考察を行い、十分に解明していくことにしたい。

## 二　二元構造と国譲り神話

国譲り神話は、『記・紀』神話を二元構造で捉えようとする上述の如き仮説にとって、いわば試金石とも言うべき部分である。

周知のように国譲り神話とは、タカミムスヒの側が、大国主（オオナムチ）に地上世界の統治権を譲らせる話であり、ムスヒ系の代表タカミムスヒと、イザナキ・イザナミ系の代表大国主とが主人公となっている。つまりここで両系統は、神話上で一つになっているわけである。別の言い方で言えば、ムスヒ系はこの国譲り神話を通して、イザナキ・イザナミ系をそっくりそのまま懐の中に抱え込む形になっている。

国作りをして支配していた地上世界を、大国主はムスヒ系の天孫に譲るのであるが、上述のように大国主は、イザナキ・イザナミ系神話の全体と密接に繋がっている。したがってムスヒ系は、国譲り神話によって大国主と結びつくことにより、一挙にイザナキ・イザナミ系神話の全てに繋がりをもつことになるわけである。

したがってもし国譲り神話が、神話形成の最初の時点から不可分の部分として神話体系に嵌め込まれていたのだとしたら、二系を別々の神話体系として切り離すことは不可能になる。その意味で国譲り神話の解釈如何は、二元構造論にとって、その当否に影響を与える重大な問題になるわけである。

さて結論から言えば、私見では、国譲り神話の成立は、上述のムスヒ系「王権神話」やイザナキ・イザナミ〜大国主系「古詞群」神話の成立より後だと考える。すなわち初期の段階の天孫降臨神話は、大国主に国を譲らせてから天孫が天降るという筋立てではなく、天降ってから国まぎ国譲りが行われる形になっていた。また一方のイザナキ・イザナミの国生みや大国主の国作りの神話も、国譲りを前提にして最初から神話が作られたわけではない。国生みや国作りの話が体系づけられたあとで、国を譲る神話は作られた。ただし国譲り神話は、『記・紀』成立直前といった時期ではなく、遅くも七世紀の中頃にはすでに成立していたと考える。

このように、国譲り神話の成立を二系の成立よりあととみる根拠として、筆者は次のような点をあげることができると思う。その一つは、ムスヒ系降臨神話と国譲り神話との、物語りの筋立ての上での喰い違いである。

さきに降臨神話を考察した際にも触れたところで繰返しになるが、国譲り神話においてタカミムスヒの側は、再三にわたって大国主側に使者を派遣し、やっとのことで地上世界の統治権を譲り受ける。天孫が安心して統治に入ることのできる態勢を地上世界に整えるために、天つ神側がいかに大きな努力を払ったかが、この神話で念入りに語られている。ところがいざ天孫が降臨する段になると、それらのことはいっさいなかったかのように物語が進行するのである。これは明らかに重大な矛盾といえよう。もう少し具体的に述べると、一つは前述のムスヒ系降臨神話の異伝に必ず付随している九州における「国まぎ」「国譲り」の話との間の矛盾である。次にその後に続く東征伝説は、さらに大がかりな第二次の国まぎであって、ここで天神の御子は、各地で土着軍との間に大激戦を繰り広げ、神武の兄の死という大きな犠牲を払いながらやっとの思いで建国に漕ぎつける。しかしこの時、大国主からの国譲りについては、そんなことはまるでなかったかのように一言半句も触れられていない。さらに大きな矛盾といえよう。

そしてまた大国主との国譲りは出雲で行われたにもかかわらず、東征伝説は出雲には一顧も与えないなど、これらはすでに従来から指摘されてきた点であるが、あらゆる面にわたって矛盾が大きい。これらの矛盾は、ムスヒ系降臨神話や東征伝説が、国譲り神話の成立以前にすでに形成されていたと考えた時、はじめて氷解する矛盾である。国譲り部分が最初からムスヒ系降臨神話に組み込まれていたとみるのは、このような点からみて到底無理ではないかと筆者は考える。

この他にも、東征伝説と国譲り神話との先後関係に関連する問題にはいくつか指摘できる点があると考えるが、それらはいずれも細かい考証を必要とし、種々複雑な問題を抱えているので、すべて別の機会に譲ることにしたい。

要するに国譲り神話は、二系の神話体系の原型がそれぞれ別個に形成されたあとで、ムスヒ系の側が、イザナキ・イザナミ系の側の大国主を取り込み支配下に置いて、タカミムスヒを頂点とする一元的な王権神話を構成しようとして構想されたものであろうと考える。

## 三　二元構造と『記・紀』神話間の構成の差

『記・紀』神話は、話の大筋では両書ほぼ同じといってもよいほど似た内容をもっているが、しかし部分的にみるとかなり相違する点もある。どの部分がどのように異なるのか。それは両書のどのような編集方針の差に基づいているのか。二元構造の観点から、この問題を見てみることにしたい。

まず『日本書紀』の構成を、原資料がもっていた二元構造の観点からみると、『書紀』は（煩雑になるのでここでは本文についてのみ問題にする）、このイザナキ・イザナミ系、ムスヒ系二系の神話を、それぞれ完全に別個に載せる方針をとっている。すなわち、『書紀』は巻一と巻二が神話部分であるが、その構成は、

巻一（神代上）－イザナキ・イザナミ～アマテラス・スサノヲ～大国主系の神話

巻二（神代下）－ムスヒ系の神話

というように、二系をそれぞれ巻一と巻二に配した、きわめて単純・明快でわかり易い構成になっている。『書紀』のその方法は徹底しており、巻二で主神として登場し華々しく活躍するタカミムスヒについてすら、巻一ではいっさい触れることをしていない。前もってどのような素性の神であるのか、何らかの説明を加えておくといったことすらまったくしていないのである。そこで『書紀』では、タカミムスヒは巻二に入って突如主神として登場することになる。

これに対して『古事記』の方は、二系をきわめて複雑な方法で統合・合体して、一体的な神話を作り上げている。創成神話部分と天孫降臨神話部分については詳しく見てきた通りである。つまり『古事記』の場合、タカミムスヒは創成神話の冒頭にイザナキ・イザナミ神話に接続する形で別天神として登場している。降臨神話部分では、アマテラス・タカミムスヒの二神が、ともに天上界の主神として並び立って、異口同音に天孫に命令を下す形になっている。その他の部分についても、『古事記』は実にきめ細かな配慮を隅々にまで加え、工夫をこらして巧みに二系の融合・合体を図っている。

このように『記・紀』の構成上の差を、二系対立の観点からみてみると、両書の構成の差とは、要する両書が二系をどのような方法で扱おうとしたかという編纂方針の差によるものであることが、鮮明に浮彫りになってくる。

『記・紀』両書を比較した場合、一般に文章表現や人物造型の上で、『紀』より『記』の方に日本固有の古い文化が表現されていることは誰しも感じるところである。しかしこのように神話の骨組みについていえば『紀』の方がはるかに原資料に忠実なのである。

古くからの通念とは異なり『古事記』の方がむしろ『書紀』より新しいという見方は、すでに早く梅澤伊勢三氏が提起されたところであり、他の多くの研究者によっても種々の面から指摘されてきているが、上述のように神話の構成の基本的な骨組みに関してたしかにそのことがいえる。

これは逆にいえばイザナキ・イザナミ系（古詞群）とムスヒ系（王権神話）の原資料段階における対立は、このような『記・紀』二書の構成の差を通しても明らかだということである。

## 四　二系の神話世界

イザナキ・イザナミ系（古詞群）と、ムスヒ系（伴造系王権神話）という、神話の二元的構造が『記・紀』成立以前に存在したことがほぼ明らかになった。そこで、この二つの体系がそれぞれにもっている神話世界の特徴を、両者の差異に着目しながら、最後に大まかに捉えておくことにしたい。

さて『記・紀』神話を、イザナキ・イザナミ系とムスヒ系という二つの神話体系に分離した上で、改めてこの二つを眺めてみると、それぞれのもつ神話世界がきわめて異質であることに気付く。

宇宙観・世界観、価値観、自然観、あるいは男女観、首長観など、種々の面にわたって二つの間には大きな質的相違がある。イザナキ・イザナミ系からみてみよう。

## 1　イザナキ・イザナミ〜大国主系神話世界の特色

この体系は、それ自体が、古く遡ればさらにいくつもの系統に分かれる多元的世界である。また発展段階の上からみても、縄文時代を背景にもつ要素、弥生時代を背景にもつ要素、そして古墳時代を背景にもつ要素と、段階を異にする文化要素が幾重にも重なる重層的世界でもある。しかし、それらはすでにかなりの程度まで混淆し合っていて、少なくともムスヒ系との対比でいえば、この体系全体に共通する特色を取り出すことも不可能ではない。

〈海洋的・水平的世界観〉

イザナキ・イザナミ神話によると、太古の昔、世界で最初に出現した島は、青海原の潮の滴が凝り固まってできたオノゴロジマ（自凝島）である。この島で、男女の創造神イザナキ・イザナミは万物を生み出す。『日本書紀』本文は、最も尊い神である日神（アマテラス）、月神（ツクヨミ）、そしてスサノヲの三神も、他の神々と同じく、この時イザナミの胎内から生まれたとする。『古事記』と『日本書紀』の一書では、男神イザナキが黄泉国から帰って禊《みそぎ》をした際に三神は誕生する。しかしこの場合も、三神誕生の場所は河口の水中であって、いずれの場合も創造の場は、つねに潮の香の立ちこめる海辺である。

このことは、たまたま物語の舞台に海辺が選ばれたということではなく、この神話体系における世界把握の原点が海にあることを示している。

このような海洋的性格は、オオナムチ・スクナビコナの神話などにも色濃くみられるところで、この体系全体に通じる特色といってよい。

ところで表題に「水平的」としたが、天の世界も、この神話体系において物語が展開する重要な舞台である。海で生まれたアマテラスは、太陽神としての職分を全うするために天に登る。そしてあとからやって来た弟スサノヲとの間に天上界で闘争劇が繰り広げられる。このように天上界は、この体系においても重要な領域の一つである。そのことをけっして否定するわけではない。

しかしこの体系の天への関心の寄せ方は、次にみるムスヒ系のそれとは大きく異なっている。この体系にとっての天上界は、農耕社会に生きる人びとにとって何よりの関心事である、自然神としての太陽の住む世界であり、自然神としての太陽の動向にもっぱら注意が払われている。そしてそこは上下の秩序や価値の源泉としての、権威ある世界ではない。

不老不死、永久不変、充実した魂、この上なく美味な酒や果実など、生命力の充実や豊饒さの源泉としての価値高い国は、この体系の場合、海上遥か彼方にある「トコヨ（常世）の国」である。大国主（オオナムチ）による国作りも、この海彼の異界からやってきたスクナビコナの助けを得ることによってはじめて成功する。

この他にも地底の国である「根の国」や、水を司る海神《わたつみ》の住む海底の国などがある。また人びととの居住地に近い山も、生活に関係深い神の住むきわめて重要な領域としてあるなど、さまざまな価値が多様に分散的に存在している。しかしこれらは、ムスヒ系との対比で言えば、総じて海洋的であり、横の広がりがあるという点で水平的であるということができる。

〈男・女の働きを等価にみる男女観〉

この神話体系は、「イザナキ・イザナミ系」、あるいは「アマテラス・スサノヲ系」といった名称が象徴的に示しているように、男・女神がペアで主役を演じるのが一つの大きな特色である。

「ムスヒ系」との対比でみると、とりわけ女神の存在の大きさが目立っている。さきにも述べたが、大地母神イザナミは、日本の国土である大八嶋国をはじめ、海、山、川、草、木、それに太陽や月も、その胎から生み出している(『紀』本文)。この神は火神を生んだ時に火傷をして死ぬが、その時この神の体内から流れ出た排泄物は、鉱石を採取する鉱山や、土器を作る粘土、そして農作物を育てる水になったという(『記』及び『紀』の一書)。

このようにイザナミは、世界をその胎内から生み出した偉大な創造の女神である。しかし彼女はけっして一人だけで世界を創造したわけではない。その多くはイザナキとの結婚によって、二人の子どもとして生んでいる。このように創造神を通してみると、つねに男女のペアで自然の原理を捉えるのが、この体系の特色だといえる。

さらにイザナミが生んだ子どもである自然神たちにも、男女ペアの神が多い。あるいはまた火や風や雷は男神、野や水や食物(穀物)は女神というように、男・女の特性——と古代の人びとが考えたもの——によって自然現象や自然の要素が男・女神に振り分けられている場合もある。いずれにしてもこれら男・女神は、ともに協同して世界を構成し、担っている。なお前述のように日本古代では、太陽は女神で、月は男神であった。これについてはさらに後章で詳述する。

イザナキ・イザナミに続く、太陽神アマテラスとその弟であるスサノヲをめぐる神話が、やはりペアの男・女神を主役にした神話であることはいうまでもない。

ただしイザナキ・イザナミ系も、オオナムチ(大国主)神話になると、ここでは女神の働きはやや後方に追いやられている。ここで表立って活躍するのは、もっぱら男性の英雄神であるオオナムチ(大国主)である。しかしこのオオナムチ神話においても、この英雄神は女神の助けなしには何もできない。いったん死んだこの神を二度にわたって生き返らせたのは母神であるし、数々の危難をなんとか無事乗り越えることができたのも、みな妻の助けによるものである（『記』）。つまりここでもやや蔭に廻ってはいるが、しかしまだ女神の働きが物語の半分を支えている。したがってこの神話体系を全体として捉えた時、そこには男・女の働きを等価にみる男女観があるといって差支えないだろう。

〈能力・資質を重視する首長観〉

スサノヲとオオナムチを、この神話体系の示す一つの首長像として捉えてよいとすれば、まずスサノヲは並はずれた資質をもつ英雄的首長である。住民が誰一人として手を出せない巨大な怪物の大蛇に、智恵と勇気で立ち向って見事にこれを切り屠り首長になる。しかしスサノヲの場合は、首長像の投影というより、やはりどちらかといえば英雄神としての像に比重がかかっている。

これに引きかえオオナムチの物語は、これは従来から言われているところであるが、間違いなく理想的首長像の投影としての性格をもっている。『古事記』によると、彼は最初、袋をかつぐ従者の身分からスタートする。そして他の神々から散々いじめ抜かれる。

古代では旅の際、さまざまな生活の用具を持ち運ぶ必要があるが、それを大きな袋に入れてかついで行く役目は賤民や身分の低い者の仕事とされていた(36)。この物語でオオナムチが、最初他の神々からあなどられ軽んじられて、袋をかつぐ〝袋かつぎ〟から出発したとされていることはきわめて重要である。なぜならそのことは、血統や身分による首長観との違いを鮮明に、象徴的に示す(37)からである。

この〝袋かつぎ〟を、首長就任儀礼における試練の一つと解釈するにしても、そのような試練を乗り越え得た者だけが首長に就任できるという思想を表現しているわけでやはり基本的には変りはない。

オオナムチは、しかしそのような立場にあっても、他の意地の悪い神々とは違い他者への思いやりや優しさを失わなかった。素兎《しろうさぎ》の傷を直したオオナムチの行為は、いわれているように彼が医師としての知識や能力をもった、いわゆる巫医神の側面をもつ神であることの表現であろう。しかし同時に彼の人格的な資質をも表わしている。このような人格的資質が、望ましい首長の条件の一つとされていることは注目に値する。またオオナムチは、前述のようにつねに女神の援助によって、さまざまな試練を乗り越え運命を切り開いていく。このように女神の助けをつねに得られるということも、古代では英雄王の資質や能力の一つとされていたのかもしれない。

そして最終的にオオナムチは、「根の国」という異界の呪器を手に入れ、その呪器を用いることによってライバルたちを打ち負かし王の地位に就く。

このようにオオナムチの成功物語にはさまざまな要素が含まれており、従来から古い共同体儀礼の反映や、呪術王的側面がみられることが指摘されている。それらは無論重要な点である。しかしこの物語の基本的な思想は、前述のように最初はうだつの上がらない地位にいた者でも、人格的資質や能力、そして幸運に恵まれ、さまざまな試練を乗り越えてライバルとの競争に打ち勝つことができれば王の地位を獲得できるという思想である。

オオナムチについてはこの他にも、周知のように稲作をはじめて人びとに教えた神、山を刳り抜き池を作るなど自然を改造した神、各地に温泉を掘った神等々、さまざまな功績が付託されている。このような、人びとの生活を豊かにする上で大きな功績をあげた神こそ、神々の王なのだとする観念もまた人びとの間にあったのだろう。

次のムスヒ系神話にみる血統重視の首長観とはまったく異質な首長観が、イザナキ・イザナミ系の世界に存在したことに注目しておきたい。

## 2　ムスヒ系神話世界の特色

イザナキ・イザナミ系で挙げた上述の三点に対応するムスヒ系の特色を次に述べよう。

〈天に絶対的優位性をみる世界観〉

ムスヒ系の神話は、イザナキ・イザナミ系に比べると物語としての厚みに欠け、その神話世界についての十分な描写や説明はみられない。したがって表題に掲げた天上界の絶対的優位性についても、直接的な言葉で語られているわけではない。しかしながら物語の筋立てや構造から、そのことは疑いのないところである。

ムスヒ系の神話体系とは、前述のように、天孫降臨を中心とする建国神話に他ならないが、天孫が降臨して地上世界の統治者になるという物語の構造自体、天の絶対的優位を前提としていることは明らかであって、そのような世界観がなければ、そもそも成り立たない神話だといえる。

前節でみたように、天の主神タカミムスヒは、ある時突然きわめて高圧的に、地上世界は天孫が治めるべきだと宣言する。ムスヒ系の神話体系では、世界は天上界と地上界からなっており（筆者は、海幸・山幸神話の部分はあとから付加されたとみる見方に立っている）、絶対的優位に立つ価値高い天上界に対して、地上世界は秩序のない、価値低い世界とされている。

この二つの世界は、正・邪、黒・白のようなきわめて強いコントラストをもって描かれており、この神話では「天つ神」「天つ神の御子」「天孫」といった、「天」を冠する言葉は、つねに有無を言わさぬ絶対的な権威と尊厳のひびきをもって語られている。そこにはあきらかに明確な価値の高低、上下の感覚がある。

イザナキ・イザナミ系にも、アマテラスやスサノヲの劇が繰り広げられる天上界があるが、そこでの天上界とこれとはまったく異質である。日本神話には二つの高天原があると早くから上田正昭氏が指摘しておられるし、[38]近年では水林彪氏が高天原には「表と裏」があると言われるなど、[39]日本神話における二つの天上界の存在には以前から気付かれている。しかしそれぞれの神話世界がもつこのような質的な相違については、これまで明確には指摘されたことがない。

ムスヒ系の天上界には「天磐座《あまのいわくら》」という聖なる座があって、天孫はそこを離れて威風堂々天降る。その座はまさに天上界の権威の源泉としての座である。一方、地上界には天皇が即位の際に着する「タカミクラ（高御座）」という座がある。これは「天《あま》つ日《ひ》嗣《つぎ》高御《たかみ》座《くら》の業《わざ》」という、宣命に頻用される常套句がよく示しているように、同時に、天皇の地位を意味する語でもある。この天上と地上の二つの座は、観念的・神話的に直結して捉えられている、つまり天上のアマノイワクラは地上のタカミクラの投影である。このことは従来から指摘されてきた。

しかしイザナキ・イザナミ系の天上界にはそのような場所はない。こちらの天上界には、アマテラスやスサノヲが耕す田があったり、収穫祭を行う時に建てられる新嘗屋があったり、機殿があったりする。しかし「天磐座」のような、天上界の権威を象徴するいかめしい聖なる座などはないのである。アマテラスの隠れた岩窟が、けっしてそのような場所でないことはいうまでもあるまい。

〈男性優位の男女観〉

ムスヒ系の建国神話では、イザナキ・イザナミ系のように、女神が主役として活躍することはまったくない。降臨する天孫ホノニニギはもちろん男神であるし、お供をして天降るアメノオシヒやアマツクメも男神である。（アマテラス系の五部神の中にアメノウズメがあるが、これは前節でみたように本来イザナギ・イザナミ系に属する神である。）また、ホノニニギに先駆けて天降ったとされる先着の天孫ニギハヤヒ（『古事記』は天孫の後を追って降ったとする）も男神であり、東征の際、神武を扶けて建国の事業に貢献するミチノオミやオオクメも、いうまでもなく男性である。山の神の娘であるコノハナノサクヤヒメや、海の神の娘であるトヨタマヒメなど、天孫の結婚相手の女神が物語を彩っているが、これらの女神と天孫との関係は対等とは言えない。それにトヨタマヒメをめぐるいわゆる海幸・山幸神話は、先述のように建国神話の原型にはなかった部分であろうと考える。このようにして、ムスヒ系神話の世界は、圧倒的に、男性中心、男性優位の世界だといってよい。

〈出自・血統重視の首長観〉

天孫降臨神話は、先述のように天の優位を物語る神話であるが、また同時に出自や血統が王たる者の最重要の要件であることを語る神話でもある。

つまり天上界の主神の血を受け継いだ者のみが、地上の国を統治する資格がある。このような血統重視の思想がこの神話のもう一つのテーマである。天孫ホノニニギは、天の主神の血を受けた者であるが故に、生まれ落ちた瞬間から地上世界の王たるべき資格をもっている。資質や能力は、ここではまったく問題にされていない。

天孫ホノニニギは、天降ると、山神オオヤマツミの娘コノハナノサクヤヒメと結婚するが、サクヤヒメが一夜で孕んだのに疑いをもって、「これは私の子ではあるまい。きっと国つ神の子であろう」という。そこで、生まれる子の血統を証明するために、サクヤヒメはウケヒ（呪術的誓約）をして産殿に火をつけて産むといった話がそのあとに展開する。血の継承の有無が、ここではもっぱら問題となっている。

以上イザナキ・イザナミ系とムスヒ系の双方について、その神話世界の特色を、世界観、男女観、首長観の三つの観点から大まかに捉えてきた。『記・紀』神話をこのように二系に分割した上で、改めて二系を対比的に見てみると、従来『記・紀』神話として一体的に捉えられてきたものが、実はあらゆる点で異質な二系統の神話の混合であったこと、そして二系を別個に考察することによってはじめてそれぞれの特色を十分に把握できることなどが明らかになったと思う。

先廻りして述べるならば、この二系の対立は、私見ではヤマト王権時代の王権中枢が、その成立当初、すなわち五世紀段階で取り入れた、その当時における新来の外来文化と、弥生以来の土着の文化との対立に由来するものである。

そして神話にみられるこのような二元構造は、ヤマト王権時代の支配層が全体としてもっていた思想と文化の二重構造を、象徴的に表わすものだと考えられる。

注

（1）『本居宣長全集』九、「古事記伝三之巻、神代一之巻（天地初発の段）」（筑摩書房、一九六八年）。

（2）神野志隆光・山口佳紀『古事記注解』2、上巻その一（笠間書院、一九九三年）、神野志隆光『古事記――天皇の世界の物語――』（NHKブックス、一九九五年）など。

（3）西宮一民「『古事記』冒頭神話の撰録過程上の考察」（『萬葉』一六九号、一九九九年四月号）。

（4）梅澤伊勢三『古事記・日本書紀』（三一書房、一九五七年）、『記紀批判』（創文社、一九六二年）、『続記紀批判』（同、一九七六年）。

（5）本項と次の「二　『古語拾遺』と『先代旧事本紀』の創成神話」は、拙論「開闢神話の異伝と古事記の編纂意図」（『梅澤伊勢三先生追悼　記紀論集』続群書類従完成会、一九九二年三月）と重なる部分がある。本章の「第一節　創成神話の二元構造」は、全体がこの論文を下地にしてそれをさらに発展させたものである。

（6）『日本書紀』には以前から指摘されているように、アマテラス（天照大神）系の異伝と日神系の異伝がある。次節「三　ウヂの系譜書の創成神話」で取り上げる大三輪氏系の氏の系譜書『粟鹿大神元記』の冒頭部分は日神系であり『古語拾遺』によく似ている。

（7）西宮一民校注『古語拾遺』（岩波文庫、一九八五年）の解説「四　内容」に、「本文の㈠㈡（神代の古伝承と神武天皇以降の古伝承）は、ほとんど日本書紀を下敷きとし、まれに養老令の条文を用い、また中臣祓詞を引用し、あるいは祝詞の慣用句を挿入し（ここのみ宣命書きとなっている）、あるいは歌謡を記載する」とある。

（8）鎌田純一『先代旧事本紀の研究』研究の部、九八頁（吉川弘文館、一九六二年）。なお鎌田氏の研究についての私見の一端は、拙著『日本古代氏族系譜の成立』二〇四頁（学校法人学習院、一九八二年）で述べている。

（9）津田博幸「聖徳太子と『先代旧事本紀』——日本紀講の〈現場〉から——」（『祭儀と言説——生成の〈現場〉へ——』所収、森話社、一九九九年）が、この問題に触れている。

（10）周知のように佐伯有清氏の『新撰姓氏録の研究』（全九冊、吉川弘文館、一九六二—八四年）によって、氏族系譜研究の基礎が築かれている。また田中卓氏は早くからこの方面の研究と発掘に努めておられる。他にも個々にいくつかの研究は行われている。しかし全体としていえばこの分野はまだきわめて手薄だといってよいだろう。

（11）拙著『日本古代氏族系譜の成立』（学校法人学習院、一九八二年）。

（12）前掲注(11)、なおニギハヤヒは『旧事本紀』の巻三・五にみられるように、神話上タカミムスヒと密接な関係がある。

（13）田中卓「『丹生祝氏本系帳』の校訂と研究」（『日本国家の成立と諸氏族』田中卓著作集2、国書刊行会、一九八六年）。

（14）拙著『古代氏族の系譜』（吉川弘文館、一九八七年）。

（15）『群書類従』巻六二、系譜部三「中臣氏系図」等参照。

（16）「藤原氏系図」では、始原神の「天御中主尊」に対して「国常立尊御事是也」という注記があり、この部分に関してはイザナキ・イザナミ系との混淆がある。この注記が書かれた時期は判明しないが、おそらく後世に国初の神として有名なクニノトコタチ伝承との習合を試みたものであろう。

（17）前掲注(13)。

（18）周知のように、『古語拾遺』の諸本には二系統がある。一つは中臣氏をカミムスヒ裔とし、もう一つはツハヤムスヒ裔とするもので、前者の方が古い写本である。このことについては西宮一民校注『古語拾遺』（岩波文庫、一九八五年）の解説参照。

（19）前掲注(11)。

(20) 二種の写本のうち、田中卓氏は後者を原形に近いものと推定しておられる（田中卓『日本国家の成立と諸氏族』田中卓著作集2、国書刊行会、一九八六年）。筆者もそれに賛同している。

(21) この神名に関しては、前掲注(11)の拙著二六二頁で私見を述べている。この神名に限らず、神統譜上の他の神名についてもそこで触れている。

(22) 拙論「記紀神話解釈の一つのこころみ――『神』を再検討する――」（『文学』一九七三年十・十二月号、一九七四年二・四月号）、および前掲注(14)の拙著。

(23) 前掲注(22)。

(24) 三品彰英「天孫降臨神話異伝考」（『建国神話の諸問題』三品彰英論文集第二巻、平凡社、一九七一年）。

(25) 西條勉「〈皇祖神＝天照大神〉の誕生と伊勢神宮――古事記の石屋戸・降臨神話の編成――」（『国士館大学国文学論輯』一五号、一九九四年三月）。

(26) 金井清一「降臨神話の原型と展開」（『講座日本文学』神話上、至文堂、一九七七年）。

(27) 三宅和朗『記紀神話の成立』（吉川弘文館、一九八四年）。

(28) 三品彰英作成の異伝表は、「天孫降臨神話異伝考」（前掲注(24)）所載のものと、「記紀の神話体系」（『日本神話論』三品彰英論文集第一巻、平凡社）所載のものとの二種類があり、後者が一般に広く用いられている。後者は「降臨時の容姿」の項目に、「真床追衾に包まれた嬰児」とある点に特色がある。「嬰児」の語は前者にはない。

(29) この問題については、拙論「古代王権と大嘗祭」（『日本研究――言語と伝承――』角川書店、一九八九年）でも述べている。

(30) 神名「事勝国勝長狭《ことかつくにかつながさ》」の意義について、日本古典文学大系本『日本書紀』上の頭注に「事に勝れ、国に勝れた者の意。長狭のサは神稲の意か」とあり、日本古典文学全集本『日本書紀』一の頭注にもほぼ同様に「事に勝れ国に勝れた長い稲の意か」とある。しかし語尾の「長狭」は、おそらく「長根」の誤写だと思われる。同様の誤写の例として、「甘美韓日狭」（崇神紀六十年七月十四日条）がある。これは「可美乾飯根」（『新撰姓氏録』右京神別下、土師宿祢条その他）と明らかに同一人物で、こちらの方が正しい。カラヒネの兄に「出雲振根」「飯入根」があり、「―ネ」のタイプは神名や豪族の先祖名にきわめて例が多い。日本古代における代表的な首長号の一つである。これについては前掲注(22)の拙論を参照されたい。「―サ」という形式の神人名は他にない。「サ」の語は、サヲトメ、サニハ、サツキ、サルヒコなど、すべて語頭にあり、語尾につく例はみられない。また前引の注釈書に

「神稲」とあるが、サに「稲」の意味があるとは考えにくい。「神聖な」「呪力に満ちた」といった意味の形容語であろう。「長根」の「長」は、「大《おお》」「足《たら》（帯《たらし》）」「豊《とよ》」「振《ふる》」などと同類の、神や首長をほめ称える定形の美称の一つで、生命力がいつまでも長く絶えることなく続く意のほめ言葉である。『山城国風土記』逸文に、「天忍穂長根命」がある。「事勝国勝」のコトやクニは、コトシロヌシやヒトコトヌシ、オオクニヌシなど、代表的な神々の名に含まれている語であって、日本古代の人びとが最も関心を寄せた重要な概念である。そのコトやクニに「勝《かつ》」とはどのような意味か。コトやクニに秀れる、抜きんでるという前引の解釈は、いまひとつわかりにくい。むしろあらゆる攻撃や妨害をはねのけて、コトやクニをしっかりとあるべきかたちに保ち続ける意、その繁栄や持続を願う意味ではないかと考える。

(31) 直木孝次郎「『古事記』天孫降臨条の構成」（『日本古代の氏族と天皇』塙書房、一九六四年）。

(32) 前掲注(25)の西條勉氏の論文に、従来の研究が多く紹介されている。

(33) 前掲、序論注(3)。

(34) 前掲注(25)。

(35) 岡田精司「記紀神話の成立」（『岩波講座日本歴史』2、古代2、岩波書店、一九七五年）。

(36) 『日本書紀』雄略天皇十四年四月条に、罪を犯した人の子孫を「負　者《ふくろかつぎびと》」にしたとある。時代は下るが、保立道久『中世の愛と従属』（平凡社、一九八六年）に、中世の「袋持」に関する絵巻物を使った考察がある。

(37) 石母田正「日本神話と歴史——出雲系神話の背景——」（『日本古代国家論』第二部、岩波書店、一九七三年）に、「大事なことは、大国主は、王＝族長たるべき血統によって、その資格を得たのではないという点である」「ここには、記紀特有の天皇制デスポティズムの理念は一片もみられず、古代人の生活に即した物語的行為と神々への形象がつくりだされている」とある。

(38) 上田正昭『日本神話』（岩波新書、一九七〇年）。

(39) 水林彪『記紀神話と王権の祭り』（岩波書店、一九九一年）。

# 第二章　最高神（皇祖神）の二元構造

## はじめに

日本神話における最高神は誰かと問われれば、誰もが天照《あまてらす》大神《おおみかみ》と答える。アマテラスこそが日本古代における神界の最高神・主神であり、皇室の先祖神であり、国家神でもあったと長く信じられてきた。

しかし早く岡正雄氏が、「最高人格神、あるいは命令神として活躍した神は、天照一人ではなく、これと並び、むしろこれにまさって活躍した高皇《たかみ》産霊《むすび》が、（ママ）従来かかる神として閑却されていたことに気がつく」と述べた[1]ように、日本神話には実はもう一神タカミムスヒがある。この神が、アマテラス以前に最高神の地位にあったことは、現在日本神話を研究対象とする研究者の間ではほぼ周知のこととなっている。

われわれもそのことについては前章の天孫降臨神話についての考察で具さにみてきた。すなわち、『記・紀』神話にはタカミムスヒを司令神とするタカミムスヒ系の降臨神話と、アマテラスを司令神とするアマテラス系の降臨神話の二種類があり、そのうちタカミムスヒ系の方が本来的な古い降臨神話で、アマテラス系はそれを一部改変してつくった新しい神話だということである。

ところでこの「司令神」という語は、三品彰英氏以来使われてきた用語で、天孫の天降《くだ》りと、その瑞穂国（＝日本国）統治を命令する神という意味である。したがってこの語は、この場合用法の上でけっして間違っているわけではない。しかし「命令する神」という言い方には、単に命令のみ行う神といったニュアンスがありやや軽い印象を与える。が、いうまでもなくこの場合の「司令神」とは天界の主神のことであり、最高神・主権神と同義の語である。したがって「司令神」を異にする二種類の神話があるということは、最高神・主権神を異にする二種類の神話があるということに他ならない。

さて、『記・紀』神話における司令神、すなわち主神・最高神の二元性は、すでにかなり多くの人びとの間で認知され、また二系のうちタカミムスヒの方が、主神として古い神だということも共通の認識になっている。

しかし、にもかかわらずこの問題はその後これ以上には発展せず、なぜ二元的なのか、タカミムスヒとアマテラスとの関係はどのような関係なのか、ヤマト王権時代の国家神・主権神は、結局のところどちらの神なのかといった重要な問題が、筆者のみるところでは相変らず曖昧のままに置かれている。

さきに引用した文章のすぐ前で、岡氏は次のようにも述べておられる。「日本神話、特に皇室神話において、もっとも重大な意味をもつ神は、天照《あまてらす》と考えられていた。事実、天照は、皇室の祖神として、現実的に崇拝の対象であった」（傍点、溝口）。

つまり岡氏は、一方でタカミムスヒは日本神話における最高神であったと主張されながら、同時にアマテラスが「皇室の祖神」であったことも認めている。このような、両者をともに主神・皇祖神として認めようとする見方は、現在においてもなお大勢を占めているといってよい。

しかしながら、一つの国家の中で、同時代に二つの最高神＝皇祖神が並び立つことは考えにくい。また文献にみる限り、日本古代では最高神と皇祖神が別個の神に分裂したこともなかった。皇室は天界の主神の子孫であるところに支配者として君臨できる根拠があるとされている。本論で詳述するように、『記・紀』神話や祝詞・宣命などをみると、天界の主神は、つねに自分の子孫に地上世界を統治させると宣言している。

『記・紀』神話が、仮に古くからの言い伝えを蒐集して載せた単なる神話集成の如きものであれば、最高神が二元的であれ、あるいは多元的であれ一向に差支えない。しかし『記・紀』神話がそうしたものではないことについて改めて縷説する必要はあるまい。

事実私見ではヤマト王権時代を通して、最高神・国家神が二元的であったことは一度もなかった。ヤマト王権時代における最高神＝国家神＝皇祖神は、一貫してタカミムスヒであった。しかし七世紀後半、律令国家の成立と時を同じくして、最高神（＝皇祖神）の地位はアマテラスに移行する。

つまり『記・紀』神話にみられる最高神の二元的な並立現象は、まさしくその一度だけの大転換の時期を映し出しているのである。古い最高神タカミムスヒから新しい最高神アマテラスへと転換・移行する、その過渡期の様相が『記・紀』に映し出されている。

本章は標題に「最高神（皇祖神）の二元構造」としたが、それはあくまでこのような意味合いにおける二元構造である。したがって前章で取り上げた神話の二元構造と、その点でまったく同じではない。つまり神話の場合は、前章でみてきたように、ムスヒ系神話群と、イザナキ・イザナミ系神話群という二つの互いに異質な神話群が、ヤマト王権時代を通して対立・並存していた。しかし最高神の場合は、二神が同時にその地位に就いたことはない。『古事記』の天孫降臨神話は二神を司令神として並記しており、部分的にそれに近い表現がとられているが、しかし『古事記』における最高神は終局的にはアマテラスである。

ただし二神は、最高神・国家神としてではなく太陽神的性格の神として、あるいは二つの神話群のそれぞれ主神格の神（アマテラスは、イザナキ・イザナミ系の主神ではなく有力神の一人であるが、仮にこのように書いておく）としてであれば、並存していたことがある。二神は自己の属する神話群のそれぞれ中核をなす神であるから、神話群の並存がある以上、当然二神もヤマト王権時代を通して並立・並存の関係にあった。しかし最高神・国家神の地位は、ムスヒ系の主神タカミムスヒのものであって、そこから後にイザナキ・イザナミ系のアマテラスへと移動したのである。前章で行った神話の分析や、その結果明らかになった二つの神話体系の並存、そして天孫降臨神話の異伝の状況等を総合すると、右のように推理するのが最も合理的だと考えられる。

そこで本章は、このように現在なお曖昧な点が多く議論の多い、タカミムスヒとアマテラスという古代の日本がもった二つの最高神について、改めてその特質・機能・性格を明らかにし、また従来から議論されてきたいくつかの争点にも検討を加えて二神に纏わるさまざまな問題を解明し、そのことを通して上述の如き仮説の当否をさらに詳しく検証しようとするものである。

## 第一節　タカミムスヒ

タカミムスヒ（『記』―高御産巣日神、『紀』―高皇産霊尊）という神は、日本の古代において果したその役割の大きさの割には、一般にほとんど知られていない。研究者の間ですら、筆者に言わせれば必ずしも正しい理解がもたれているとはいえず、むしろこの神ほど勝手な思い込みや誤解に取り巻かれている神はないと言ってもよい。

そこで本節では、最初まず『記・紀』をはじめとする八・九世紀の主要な文献のタカミムスヒに関する記載例をすべて掲載し、それを通覧するところからはじめる。後述するようにタカミムスヒについての論議はこれまでも行われてきたが、その多くが神名の語義の問題に終始するなど、タカミムスヒ像のごく一部を取り上げて論じられることが多く、文献が示す全体像を問題にされることは少なかった。そこで本節は、この神が古代社会において果した役割や機能をできる限り立体的に捉えて、その全体像を描くように心掛けたい。

（なおこの神に関しては筆者は旧稿ですでに取上げたことがある。(2) 基本的な考えは変っていないしまた重複はできる限り避けて述べたいと考えているので、そちらの拙論も併わせて参照していただけると幸いである。

またカミムスヒは、宣長が「其《ノ》御名は異《カハ》れども、唯同神の如聞えたり」といっているように、タカミムスヒの分身的存在である。したがって本来ならばこの神も取り上げる必要があるのであるが、あまりに煩雑になるので本書では省略した。この神に関する私見の一端は拙論「カミムスヒ——出雲の神説批判——」(3) で述べている。）

## 一　文献からみたタカミムスヒ

主要な古文献、すなわち『古事記』『日本書紀』『続日本後紀』『日本三代実録』『風土記』『古語拾遺』『新撰姓氏録』『先代旧事本紀』『延喜式』（順不同）などにおけるタカミムスヒの記載例を通覧して、それぞれの文献が示すタカミムスヒ像の特徴点や問題点をまずひと通り把握することにする。なお六国史のうち、『続日本紀』『日本後紀』『日本文徳天皇実録』にはタカミムスヒに関する記載はない。文献における全記載例の掲揚は、あまりにも煩雑で迂遠な方法であるかもしれないが、先述のようにタカミムスヒは、その存在が一部の専門の人びと以外にはほとんど知られていないと言ってもよい神なので、いわばその復権のために、あえて煩雑さを恐れず載せることにした。

『古事記』から順次、はじめに訓み下し文、あるいは原文を挙げ、次にそれら記載例を通して得られる特徴点・問題点の概略を述べることにする（傍点は溝口）。

〔古事記〕

(1) 天地《あめつち》初《はじ》めて発《おこ》りし時に、高天《たかあま》の原《はら》に成りませる神の名は、天之御中主《あめのみなかぬし》の神（高の下の天を訓《よ》みてアマといふ。下《しも》これに效《なら》へ）。次に高御産巣日《たかみむすひ》神、次に神産巣日《かむむすひ》の神。この三柱の神は、みな独神《ひとりがみ》と成りまして、身を隠したまひき。　〈天地初発条〉

(2) ここをもちて、八百万《やほよろづ》の神、天《あめ》の安《やす》の河原《かはら》に神集《かむつど》ひ集ひて（集を訓みてツドヒといふ）、高御産巣日の神の子、思《おも》金《ひかね》の神に思はしめ（金を訓みてカネといふ）て、常世の長鳴鳥を集めて鳴かしめて、　〈天の石屋戸条〉

(3) しかして、高御産巣日の神・天照大御神の命《みこと》もちて、天の安の河原《かはら》に、八百万《やほよろづ》の神を神集《かむつど》へに集へて、思金《おもひかね》の神に思はしめて詔《の》らししく、　〈国譲り条〉

(4) ここをもちて、高御産巣日の神・天照大御神、また、もろもろの神等《かみたち》に問ひたまひしく、　〈同条〉

(5) かれしかして、天照大御神・高御産巣日の神、また、もろもろの神等に問ひたまひしく、　〈同条〉

(6) しかして、その矢、雉の胸より通りて、逆に射上げらえて、天の安の河原に坐す天照大御神・高木《たかぎ》の神の御所《みもと》に逮《いた》りき。この高木の神は、高御産巣日の神の別名《ことな》ぞ。かれ、高木の神その矢を取りて見そこなはせば、血その矢の羽に著けり。ここに、高木の神の告《の》らししく、

「この矢は、天の若日子に賜へる矢ぞ」

と詔《の》らして、すなわちもろもろの神等に示《み》せて詔らししく、

「もし、天の若日子、命《みこと》を誤たず、悪しき神を射つる矢の至《きた》りしならば、天の若日子に中《あた》らざれ。もし邪《きたな》き心あらば、天の若日子、この矢にまがれ」〈同条〉

(7) ここをもちて、この二はしらの神（建御雷神と天の鳥船神―溝口）、出雲国の伊耶佐《いざさ》の小浜《をばま》に降《くだ》り到りまして、十《と》掬剣《つかつるぎ》を抜き、逆に浪の穂に刺し立て、その剣の前《さき》に趺坐《あぐみゐ》て、その大国主《おほくにぬし》の神に問ひて言《の》らししく、

「天照大御神・高木の神の命もちて問ひに使はせり。汝《な》がうしはける葦原の中つ国は、我が御子の知らす国と言依さし賜ひき。故《かれ》、汝《な》が心いかに」〈同条〉

(8) しかして、天照大御神・高木の神の命もちて、太子《ひつぎのみこ》正勝《まさかつ》吾勝《あかつ》勝速日《かちはやひ》天《あめ》の忍穂耳《おしほみみ》の命《みこと》に詔《の》らししく、

「今、葦原の中つ国を平らげつと白《まを》す。故《かれ》、言依《ことよ》さしたまひしまにまに降りまして知らしめせ」〈天孫降臨条〉

(9) しかして、その太子正勝吾勝勝速日天の忍穂耳の命の答へ白《まを》したまひしく、

「僕《あ》は、降らむ装束《よそひ》しつる間に、子生《うま》れ出でぬ。名は、天邇岐志国邇岐志天津日高日子番能邇邇芸の命、この子降すべし」

この御子は、高木の神の女《むすめ》、万幡豊秋津師比売の命に御合ひまして、生みたまへる子、〈同条〉

(10) しかして、日子番能邇邇芸の命、天降りまさむとする時に、天の八衢《やちまた》に居て、上《かみ》は高天の原を光らし、下は葦原の中つ国を光らす神ここにあり。故《かれ》しかして、天照大御神・高木の神の命もちて、天の宇受売の神に詔らししく、

「汝《な》は手弱女《たわやめ》人にはあれども、いむかふ神と面勝《おもか》つ神ぞ。故《かれ》、もはら汝《なれ》往きて問はまくは、『吾《あ》が御子の天降りしたまふ道を、誰ぞかくて居る』」〈同条〉

(11) 故《かれ》、天つ神の御子、その横刀を獲《え》しゆゑを問ひたまへば、高倉下《たかくらじ》が答へ曰ししく、

「おのが夢に云はく、天照大神・高木の神二柱の神の命もちて、建御雷《たけみかづち》の神を召して詔らししく、『葦原の中つ国は、いたくさやぎてありなり。我御《あがみ》子《こ》等《たち》やくさみますらし。その葦原の中つ国は、もはら汝《いまし》の言向けし国ぞ。故《かれ》、汝《いま》建御雷の神降《くだ》るべし』とのらしき」　〈神武東征条〉

⑿　ここに、また高木の大神の命もちて覚《さと》して白《まを》ししく、
「天つ神の御子、これより奥つ方にな入《い》り幸《いでま》さしめそ。荒ぶる神いと多《さは》にあり。今、天《あめ》より八《や》咫烏《たからす》を遣はさむ。故《かれ》、その八《や》咫烏引道《たからすみちび》きてむ。その立たむ後より幸行《いでま》すべし」　〈同上〉

（西宮一民校注、新潮日本古典集成『古事記』）

タカミムスヒの『古事記』における記載例は以上の通りである。⑴〜⑿の記載例の、神話中における記載箇所をまとめて書き出してみると次頁の表8のようになる。

表にみるように、『古事記』におけるタカミムスヒの記載例は、⑴・⑵の天地初発条と天の岩屋戸条を除けば、あとは国譲りから天孫降臨、そして神武東征に至る一連の王権起源神話において、アマテラスと並んで天上界から指示を与える神としての例によってすべて占められている。

⑴の天地初発時における、「神世七代」に先だつ始原神としての例は、前章のはじめに詳しくみたとおり『古事記』独自の構成であって、『古事記』による新たな試みであることがはっきりしている。しかしこの造化三神の一として冒頭に記されたタカミムスヒが、従来読者に最も強い印象を与え、タカミムスヒについての議論は、もっぱらこの箇所に焦点を当てて論じられてきたといってもよいほどである。しかしタカミムスヒの本質は、その箇所よりも⑶以下の神話における例を中心にして論じられるべきである。そのことは左表をみれば一目瞭然といえよう。

⑵の岩屋戸条の例も、単に系譜上の祖神として名が記されているにすぎない。ただしこれらの例も、『古事記』が

タカミムスヒをどのように位置づけようとしているかという、『古事記』の編纂方針を問題にする上では注目される。『古事記』はこの他にも、「天神」という間接的な表現で、この神を、イザナキ・イザナミのオノゴロ島創成や国生みに関与させている。また同神の分身であるカミムスヒには、大国主の国作りに協力させている。すなわち『古事記』は、神話の前半部分で展開する国生みをはじめとするさまざまな物語にも、この神を天上界から見守り続ける神として、一貫して登場させており、『古事記』の基本的な方針がこれらを通して読みとれる。

表8 『古事記』におけるタカミムスヒの記載箇所

| | 記載箇所 | 備考 |
|---|---|---|
| (1) | 天地初発条 | 造化三神の一、高天原に出現 |
| (2) | 天の岩屋戸条 | 思金神の系譜上の親神 |
| (3) | 国譲り条 | 国譲りの司令神・アマテラスと並称、タカミムスヒが先 |
| (4) | 同 | 国譲りの司令神としてアマテラスと並称、タカミムスヒが先 |
| (5) | 同 | 国譲りの司令神としてアマテラスと並称、アマテラスが先 |
| (6) | 同 | 別名「高木神」が示される、以下高木神として記載 |
| (7) | 同 | アマテラスと並称、アマテラスが先 |
| (8) | 天孫降臨条 | アマテラスと並称、アマテラスが先 |
| (9) | 同 | 降臨神ホノニニギの外祖父 |
| (10) | 同 | アマテラスと並称、アマテラスが先 |
| (11) | 神武東征条 | 高倉下の夢、アマテラスと並称 |
| (12) | 同 | 高木の大神として、ヤタガラスの支援につき単独で神武に指令 |

しかしタカミムスヒにとって、どの部分がその本来的な場であるかは、後半の国譲り神話以降の同神が記載の回数も遥かに多く、また物語りの主人公として肉付けして語られていることからも明らかである。(6)にみるように、同神は天若日子の矢を取って投げ返したり、あるいは(12)のように八咫烏の派遣を自ら神武に告げたりしている。

ただし後半部分での同神は、物語りの主人公として、つまり天上界の主神としての地位を、『古事記』の場合、アマテラスとつねに共有している。しかも、(3)・(4)を除き、すべてアマテラスの名が先に記されている。したがって『古事記』を見る限り、天上界の主神はアマテラスである。しかしこのような形は『古事記』が新たにつくり出したものであることを、前章で天孫降臨神話の分析の際詳しく見てきた。

要するに『古事記』が描くタカミムスヒ像には、『古事記』の編纂者による手の込んだ造作が加えられており、解読には相当の配慮が必要である。が、ともかく国譲りから天孫降臨、そして神武東征へと続く王権起源神話が、やはり同神の主たる活躍の場であり、そこにおける天上界の主神的地位の一人であるということは、上述のように『古事記』の神話からも読みとることができる。

〔日本書紀〕

(1)　一書に曰はく、天地《あめつち》初《はじ》めて判《わか》るるときに、始めて倶《とも》に生《なりい》づる神《かみ》有《ま》す。国常立尊《くにのとこたちのみこと》と号《まう》す。次に国狭槌尊《くにのさつちのみこと》。又曰《い》はく、高天原《たかまのはら》に所生《あ》れます神の名を、天御中主尊《あまのみなかぬしのみこと》と曰《まう》す。次に高皇産霊尊《たかみむすひのみこと》。次に神皇産霊尊《かむみむすひのみこと》。皇産霊、此をば美《み》武《む》須《す》毗《ひ》と云ふ。（第一段、一書第四）

(2)　時《とき》に高皇産霊の息《みこ》思兼神といふ者《かみ》有《あ》り。思慮《おもひたばかり》の智《さとり》有り。（第七段、一書第一）

(3)　時に、高皇産霊尊、聞《きこ》しめして曰《のたま》はく、「吾が産《う》みし児《こ》、凡《すべ》て一千五百座《ちはしらあまりいほはしら》有り。其の中に一《ひと》の児最悪《いとつら》くして、教養《をしへごと》に順《したが》はず。指間《たま》より漏《く》き堕《お》ちにしは、必ず彼《かれ》ならむ。愛《めぐ》みて養《ひだ》せ」とのたまふ。此《これ》即ち少彦名命《すくなひこなのみこと》是《これ》なり。（第八段、一書第六）

(4)　天照大神の子《みこ》正哉《まさか》吾《あ》勝勝速日《かつかちはやひ》天忍穂耳尊《あまのおしほみみのみこと》、高皇産霊の女《みむすめ》栲幡千千《たくはたちぢ》姫《ひめ》を娶《ま》きたまひて、天津《あまつ》彦彦火瓊瓊杵尊《ひこひこほのににぎのみこと》を生《あ》れます。（第九段、本文）

(5) 故《かれ》、皇祖高皇産霊尊、特に憐愛《めぐしとおもほすみこころ》を鍾《あつ》めて、崇《かた》て養《ひだ》したまふ。遂に皇孫《すめみま》天津彦彦火瓊瓊杵尊を立てて、葦原中国《あしはらのなかつくに》の主《きみ》とせむと欲《おもほ》す。 (同段、本文)

(6) 故《かれ》、高皇産霊尊、八十《やそ》諸神《もろかみ》を召《め》し集《つど》へて、問ひて曰《のたま》はく、「吾《われ》、葦原中国の邪《あ》しき鬼《もの》を撥《はら》ひ手《む》けしめむと欲《おも》ふ。当《まさ》に誰《たれ》を遣《つかは》さば宜《よ》けむ。惟、爾諸神、知らむ所をな隠《かく》しましそ」とのたまふ。 (同段、本文)

(7) 故、高皇産霊尊、更《さら》に諸神《もろかみたち》を会《つど》へて、当に遣すべき者を問わせたまふ。 (同段、本文)

(8) 是に、高皇産霊尊、天稚彦に天鹿児《あまのかご》弓《ゆみ》及び天羽羽《あまのはは》矢《や》を賜ひて遣す。 (同段、本文)

(9) 是の時に、高皇産霊尊、其の久報《ひさしくかへりことまうし》に来《まうこ》ざることを怪《あやし》びて、乃《すなは》ち無名雉《ななしきぎし》を遣《つかは》して、伺《み》しめたまふ。 (同段、本文)

(10) 天稚彦、乃ち高皇産霊尊の賜ひし天鹿児弓・天羽羽矢を取りて、雉を射て斃《ころ》しつ。 (同段、本文)

(11) 其の矢《や》雉の胸を洞達《とほ》りて、高皇産霊尊の座します前に至る。 (同段、本文)

(12) 時に高皇産霊尊、其の矢を見《みそなは》して曰《のたまは》く、「是《こ》の矢は、昔我が天稚彦に賜ひし矢なり。……」とのたまふ。 (同段、本文)

(13) 是の後に、高皇産霊尊、更に諸神《もろかみたち》を会《つど》へて、当《まさ》に葦原中国《あしはらのなかつくに》に遣《つかは》すべき者《ひと》を選ぶ。 (同段、本文)

(14) 二神《ふたはしらの》、……大己貴神《おほあなむちのかみ》に問ひて曰《のたま》はく、「高皇産霊尊、皇孫を降しまつりて、此地《このくに》に君臨《きみとしたま》はむとす。故《かれ》、先づ我この神を遣して、駈除ひ平定めしむ。汝が意何如《こころいかに》。避《さ》りまつらむや不《いな》や」とのたまふ。 (同段、本文)

(15) 而《しかう》して高皇産霊の勅《みことのり》を事代主神に致《いた》し、且《かつ》は報《かへりことまう》さむ辞《ことば》を問ふ。 (同段、本文)

(16) 時《とき》に、高皇産霊尊、真床追衾《まとこおふすま》を以て、皇孫天津《すめみまあまつ》彦彦火瓊《ひこひこほのに》瓊杵尊《にぎのみこと》に覆《おほ》ひて、降《くだ》りまさしむ。 (同段、本文)

(17) 時に高皇産霊尊、乃ち二神《ふたはしらのかみ》を還し遣《かは》して、大己貴神に勅《みことのり》して曰《のたま》はく、「……夫《そ》れ汝が治《くら》す顕露《あらは》の事は、是《これ》

吾孫《すめみましら》治すべし。汝は以て神事《かみのこと》を治すべし。……」とのたまふ。（同段、一書第二）

(18)　時に高皇産霊尊、大物主神《おほものぬしのかみ》に勅《みことのり》すらく、「……八十《やそ》万神《よろづのかみたち》を領《ひき》ゐて、永《ひたぶる》に皇孫《すめみま》の為《ため》に護《まも》り奉れ」とのたまひて、乃ち還《かへ》り降《くだ》らしむ。（同段、一書第二）

(19)　高皇産霊尊、因《よ》りて勅《みことのり》して曰《のたま》はく、「吾は天津《あまつ》神籬《ひもろぎ》及び天津《あまつ》磐境《いはさか》を起し樹《た》てて、当《まさ》に吾孫《すめみま》の為《ため》に斎《いは》ひ奉《まつ》らむ。汝、天児屋命・太玉命は、天津神籬を持《たも》ちて、葦原中国に降《くだ》りて、亦《また》吾孫の為に斎ひ奉れ」とのたまふ。（同段、一書第二）

(20)　則ち高皇産霊尊の女《みむすめ》、号《みな》は万幡姫《よろづはたひめ》を以て、天忍穂耳尊に配《あは》せて妃《みめ》として降《あまくだ》しまつらしめたまふ。（同段、一書第二）

(21)　高皇産霊尊、真床覆衾《まとこおふすま》を以て、天津彦国光彦火瓊瓊杵尊《あまつひこくにてるひこほのににぎのみこと》に裹《き》せまつりて、則ち天磐戸《あまのいはと》を引《ひ》き開《あ》け、天八重雲《あめのやへたなぐも》を排分《おしわ》けて、降《あまくだ》し奉る。（同段、一書第四）

(22)　天忍穂根尊、高皇産霊尊の女《みむすめ》栲幡千千姫万幡姫命、亦は云はく、高皇産霊尊の児火之戸幡姫の児千千姫命といふ、を娶《と》りたまふ。（同段、一書第六）

(23)　皇孫火瓊瓊杵尊《すめみまほのににぎのみこと》を、葦原中国《あしはらのなかつくに》に降《あまくだ》し奉るに至るに及びて、高皇産霊尊、八十《やそ》諸神《かみたち》に勅《みことのり》して曰《のたま》はく、「葦原《あしはら》中国《のなかつくに》は、磐根《いはね》・木株《このもと》・草葉《くさのかきは》も、猶能く言語ふ。夜は熛火《ほほ》の若《もころ》に喧響《おとな》ひ、昼は五月蠅《さばえな》す沸《わ》き騰《あが》る」と、云云。（同段、一書第六）

(24)　時に高皇産霊尊、勅して曰はく、「昔《いむさき》、天稚彦を葦原中国に遣《や》りき。至今《いま》に久しく来ざる所以《ゆゑ》は、蓋《けだ》し是国神《これくにつかみ》、強禦《いむかふも》之者《の》有《あ》りてか」とのたまふ。（同段、一書第六）

(25)　是の時に、高皇産霊尊、乃ち真床覆衾《まとこおふすま》を用《も》て、皇孫天津彦根火瓊瓊杵根尊に裹《き》せまつりて、天八重雲を排披《おしわ》けて、降《あまくだ》し奉《まつ》らしむ。

(26) 高皇産霊尊の女《みむすめ》天《あめ》万《よろづ》栲幡《たくはた》千幡姫《ちはたひめ》。一《ある》に云《い》はく、高皇産霊尊の児《みこ》万幡姫《よろづはたひめ》の児《みこ》玉依姫命《たまよりひめのみこと》といふ。

（同段、一書第六）

(27) 正哉《まさか》吾《あ》勝勝速日《かつかちはやひ》天忍穂耳尊《あまのおしほみみのみこと》、高皇産霊尊の女天万栲幡千幡姫を娶《と》りて、妃《みめ》として生む児《みこ》を、天照国照彦火《あまてるくにてるひこほの》明《あかりのみこと》命と号《なづ》く。

（同段、一書第七）

(28) 昔我が天神《あまつがみ》、高皇産霊尊・大日孁尊《おほひるめのみこと》、此の豊葦原瑞穂国《とよあしはらのみづほのくに》を挙《のたまひあ》げて、我が天祖《あまつみおや》彦火瓊瓊杵尊《ひこほのににぎのみこと》に授《さづ》けたまへり。

（同段、一書第八）

（神武天皇即位前紀甲寅年）

(29) 今高皇産霊尊を以て、朕親《われみづか》ら顕斎《うつしいはひ》顕斎此をば于図詩怡破毗《うつしいはひ》と云ふ。を作《な》さむ。

（神武天皇即位前紀戊午年九月）

(30) 月神、人に著《かか》りて曰はく、「我が祖《みおや》高皇産霊、預《そ》ひて天地《あめつち》を鎔《あ》ひ造《いた》せる功《いさをしま》有します。……」とのたまふ。

（顕宗天皇三年二月一日条）

(31) 日神、人に著《かか》りて、阿閉臣事代に謂《かた》りて曰はく、「磐余の田以て、我が祖《みおや》高皇産霊に献《たてまつ》れ」とのたまふ。

（顕宗天皇三年四月五日条）

（日本古典文学大系『日本書紀　上』）

長くなったが、以上が『日本書紀』におけるタカミムスヒの記載例のすべてである。これについても『古事記』同様、その記載箇所を纏めると次頁の表9のようになる。

まず巻一・二の神代の部分について見ると、タカミムスヒに関する記載は、圧倒的多数が国譲りを含む天孫降臨条に集中している。それ以外に第一・七・八段に一例ずつあるが、これは本文ではなく一書である。

本文のレベルで見れば、タカミムスヒは神代下の天孫降臨条にのみ登場する神である。そしてここで同神は、一貫

表9　『日本書紀』におけるタカミムスヒの記載箇所

| | 巻　数 | 章　段 | 異　伝 |
|---|---|---|---|
| (1) | 巻一神代上 | 第一段天地開闢条 | 一書第四（又曰） |
| (2) | 同 | 第七段天石窟条 | 一書第一 |
| (3) | 同 | 第八段大国主の国作り条 | 一書第六 |
| (16)〜(4) | 巻二神代下 | 第九段天孫降臨条（含国譲り） | 本　文 |
| (20)〜(17) | 同 | 同 | 一書第二 |
| (21) | 同 | 同 | 一書第四 |
| (25)〜(22) | 同 | 同 | 一書第六 |
| (26) | 同 | 同 | 一書第七 |
| (27) | 同 | 同 | 一書第八 |
| (28) | 巻三神武天皇 | 即位前紀冒頭（神武東征） | |
| (29) | 同 | 即位前紀戊午年九月（神武東征） | |
| (30) | 巻十五顕宗天皇 | 三年二月 | |
| (31) | 同 | 三年四月 | |



して天上界の唯一の主神として振舞う。すなわち(5)〜(16)に見るとおり、葦原中国（地上世界）の平定と天孫の天降りを語る一連の物語りの中で、それを指示し命令する神として、十二ヵ所にわたって同神の名が明記されている。

　このように『日本書紀』本文は、『古事記』とは異なりきわめて明快に、曖昧さを残さず、主権神としての同神の性格を語っている。

　しかし『日本書紀』も巻三の人代の巻に入ると扱いに変化が起る。神武紀冒頭の(28)を見ると、皇室の先祖である降臨神ホノニニギに瑞穂国（日本国）を授けた神として、『日本書紀』は「我が天神、タカミムスヒノミコト・オホヒルメノミコト（アマテラス）」と、タカミムスヒ・アマテラス二神の名を並記している。これは巻二神代下、第九段の本文に描かれていたのとは矛盾する内容である。しかし、これはただちに推察されるように、神代の巻では『日本書紀』は異伝並記の方法を取ったために、タカミムスヒ系、アマテラス系を両者ともに別個に載せることが可能であったが、人代の巻に入るとその方法を取ることができず、『古事記』的に二神を並記する以外にはなかったということであろう。

しかしこの記事についてひとつ疑問に思われるのは、『日本書紀』が成立した養老四年（七二〇）にはアマテラスの国家神としての地位はすでに完全に確立していたのに、なぜ国家の正史である『日本書紀』が、『日本書紀』の正式見解として受け取られる神武紀の冒頭で、タカミムスヒを先に、アマテラスを後に記したのかという点である。先述のように和銅五年（七一二）成立の『古事記』は、アマテラスを上位に置いて記している。

このことについては、あるいは藤原氏など旧伴造系の氏による働きかけが考えられるかもしれない。しかし、筆者はそれよりも、『日本書紀』は神代巻との整合性を大切にしたのではないかと考える。アマテラスを上位に掲げると神代巻本文との間に明らかな喰い違いが生じる。では遡って神代の巻において、『日本書紀』はなぜタカミムスヒを主神とする伝承を降臨神話の正伝として置いたのかということになろうが、それは前章でも見たように、タカミムスヒ系降臨神話の資料が圧倒的に多数存在していて、その事実を編者たちは無視できなかったということではないかと思う。

またもう一つの理由として、『日本書紀』が成立する頃には、先述のようにすでに国家神としてのアマテラスの地位は確立しており、伊勢神宮を頂点にいただく神祇制度も完全に軌道に乗っていた。したがってむしろ逆にこの時期に入ると、古伝承の尊重という、いわば余裕のある態度を『日本書紀』はとることができたのではないかということも考えられる。

後章で述べるが、筆者は国家神のタカミムスヒからアマテラスへの転換を、七世紀後半に起った中央集権国家建設に向けてのさまざまな改革に伴う、伝統文化再編のためのいわば宗教改革の一種とみている。しかしその改革も一段落して、もはや後戻りすることはないという時期に入っていたからこそ、『日本書紀』はこのような古伝承尊重の編纂方針を取ることができたのではないか。

いずれにしても国家の正史である『日本書紀』が、タカミムスヒについて、このように皇室の先祖に日本の国を授けた天の主神として明確に記していることは、重く受け取るべき事実である。

『日本書紀』に引き続き、ここで六国史をまとめて通覧しておくと次の通りである。

〔続日本後紀〕

(1)　仁明天皇承和四年（八三七）二月五日。対馬嶋下県郡无位高御魂神に従五位下を授ける。

〔日本三代実録〕

(1)　清和天皇貞観元年（八五九）正月二十七日。神祇官无位高御産日神に従一位、山城国従五位下木嶋天照御魂神に正五位下、大和国従五位下鏡作天照御魂神・目原高御魂神・他田天照御魂神に従五位上、摂津国従五位下勲八等新屋天照御魂神に従四位下、対馬嶋従五位下高御魂神に従五位上をそれぞれ授ける。

(2)　同天皇同年二月朔、神祇官従一位高御産日神に正一位を授ける。

(3)　同天皇同十一年十月二十九日、忌部宿祢高善、忌部を改めて斎部とする。その出自は高御魂命である。

(4)　同天皇同十二年三月五日、対馬嶋従五位上高御魂神に正五位下を授ける。

『日本書紀』にはあれほど多くの記載例をもつタカミムスヒであるが、『日本書紀』に続く八世紀代の正史『続日本紀』にはもはや一例の記載例もない。六国史中タカミムスヒの名がみられるのは右の二書のみである。それに引きかえアマテラスの名（伊勢大神・伊勢神・伊勢大神宮を含む）は、『続日本紀』に六十数例載っており、時代の変化を実感させる。なお右の二書の例は、いずれも神階授与に関する記事である（ただし斎部氏の出自に関するものが一例含まれている）。『三代実録』によってみると、宮中所祭の皇室神であるタカミムスヒも、九世紀後半には神階叙授の対象になっていることがわかる。

次は『風土記』と『古語拾遺』の記載例を続いて挙げる。『風土記』逸文の例は、注記に「祇社《くにつやしろ》」とあることもあって、『記・紀』神話のタカミムスヒとは別神であろうとする説もある。しかし音の上で明らかに同名であり、やはり同神とみるべきだと思う。「天照」の称辞が冠された仮名書きの例として貴重である。

〔風土記逸文〕

(1) 山城国の風土記に曰はく、久世郡。水渡社祇社《くにつやしろ》。名《みな》は天照高弥牟須比命、和多都弥豊玉比売命なり。

（『釈日本紀』巻八）

〔古語拾遺〕

(1) 又、天地割判くる初に、天の中に生れます神、名は天御中主神と曰す。次に高皇産霊神。（古語《ふること》に、多賀美武須比《たかみむすひ》といふ。是《これ》、皇親神留伎命《すめむつかむるきのみこと》なり。）次に、神産霊神《かむむすひのかみ》。（是、皇親神留弥命なり。此の神の子天児屋根命《あめのこやねのみこと》は、中臣朝臣《なかとみのあそみ》が祖《おや》なり。）其の高皇産霊神の生みませる女《むすめ》の名は、栲幡千千姫命と曰す。（天祖《あまつみむや》天津彦尊《あまつひこのみこと》の母《いろは》なり。）其の男《を》の名は、天忍日命《あめのおしひのみこと》と曰す。（大伴宿祢《おほとものすくね》が祖《おや》なり。）又、男の名は、天太玉 命《あめのふとたまのみこと》と曰す。（斎部宿祢《いみべのすくね》が祖なり。）

(2)　高皇産霊神、八十万《やそよろづ》の神を天八湍河原《あめのやせのかはら》に会《つど》へ、謝《の》み奉《まつ》らむ方《さま》を議《はか》らふ。

(3)　大己貴神（一の名は大物主神。一の名は大国主神。一の名は大国魂神なり。大和国城上郡大三輪神是なり。）と少名彦名神《すくなびこなのかみ》（高皇産霊尊の子。常世国に遁《ゆ》きましき。）と共に力を戮《あ》せ心を一《ひとつ》にして、天下《あめのした》を経営《つく》りたまふ。

(4)　天祖吾勝 尊《あまつみおやあかつのみこと》、高皇産霊神の女《むすめ》、栲幡千千姫を納《い》れたまひ、天津彦尊を生みましき。皇孫 命《すめみまのみこと》（天照大神・高皇産霊神の二はしらの神の孫なり。故皇孫《かれすめみま》と曰《い》ふなり。）と号曰《まを》す。

(5)　天照大神・高皇産霊尊、皇孫を崇《かた》て養《ひだ》したまひ、降《くだ》して豊葦原《とよあしはら》の中国《なかつくに》の主《きみ》と為《せ》むと欲《おもほ》す。

(6)　天 祖《あまつみおや》天照大神・高皇産霊尊、乃ち相語りて曰《のりたま》はく、「夫《それ》、葦原の瑞穂国は、吾が子孫の王たるべき地《くに》なり。皇孫就《すめみまい》でまして治《をさ》めたまへ。宝祚《あまつひつぎ》の隆《さか》えまさむこと、天壌《あめつち》と与《とも》に窮《きはま》り无《な》かるべし」とのりたまふ。（中略）又勅曰したまひしく、「吾は天津神籬《あまつひもろき》〔神籬は、古語に、比茂侶伎といふ。〕及天津《またあまつ》磐境《いはさか》を起し樹《た》てて、吾が孫《みま》の為に斎《いは》ひ奉らむ。汝天児産命・太玉命の二はしらの神、天津神籬を持ちて、葦原中国に降り、亦吾が孫の為に斎ひ奉れ。（後略）」

(7)　爰に、皇天二《あまつかみふた》はしらの祖《みおや》の 詔《みことのり》に仰従《したが》ひて、神籬《ひもろき》を建樹《た》つ。所謂、高皇産霊・神産霊・魂留産霊・生産霊・足産霊・大宮売神・事代主神・御膳神。（已上、今御巫《みかむなぎ》の斎ひ奉れるなり。）櫛磐間戸神《くしいはまとのかみ》・豊磐間戸神《とよいはまとのかみ》。（已上、今御門《みかど》の巫《かむなぎ》の斎《いは》ひ奉れるなり。）生島《いくしま》。（是大八州《おほやしま》の霊《みたま》なり。今生嶋《いくしま》の巫の斎ひ奉れるなり。）坐 摩《みわすり》。（是、大宮地《おほみやどころ》の霊《みたま》なり。今坐摩の巫の斎ひ奉れるなり。）

（西宮一民校注『古語拾遺』）

『古語拾遺』についても、記載箇所を一覧表にすると表10のようになる。

(1)の天地割判条のもつ問題点については前章で詳述した。(2)〜(6)は基本的に『記・紀』に準じている。ただし、(2)

表10 『古語拾遺』におけるタカミムスヒの記載箇所

| | 記載箇所 | 備考 |
| --- | --- | --- |
| (1) | 天地割判条 | 天中三神の一、大伴・斎部の祖神 |
| (2) | 天石窟条 | 八十万神をアメノヤセノ河原に集める |
| (3) | オオナムチ(大国主)・スクナヒコナの国作り条 | スクナヒコナの親神 |
| (6)〜(4) | 天孫降臨条 | アマテラスと並称、アマテラスが先 |
| (7) | 神武天皇条 | 宮中八神の祭祀起源 |

の記事は『記・紀』にはなく、『古語拾遺』の他には『旧事本紀』が同様の内容を載せるなど、細かく見ると種々問題をもっている。しかし(2)〜(6)の大要は『記・紀』の総合といえる。

『古語拾遺』の記事でとくに注目されるのは、(7)の、タカミムスヒを筆頭とする宮中八神の祭祀起源伝承について記した箇所である。宮中八神の祭祀に関する私見は、後で月次祭の祝詞を分析する際に詳しく述べるが、ともかく『古語拾遺』のこの記事によって、天孫降臨の際、天皇家を末長く守護するために天祖が中臣・忌部の先祖に託した「神籬」が、宮中所祭の八神の起源であるとする伝承のあることがわかる。

ただ『古語拾遺』は、「神籬」を託した主体を「皇天二祖」、つまりアマテラスとタカミムスヒの二神としているが、神勅の主体は本来タカミムスヒ一神であったことが『日本書紀』第九段第二の一書(19)によって判明する。『日本書紀』(19)のタカミムスヒの神勅と『古語拾遺』(6)の該当箇所はほぼ同文である。『古語拾遺』は降臨の司令神としてつねに二神を並記する立場を取っているために、この箇所もその主語を「皇天二祖」としたのである。しかし『日本書紀』の方が本来の形であることは、祭られた神がすべてムスヒの神であって、アマテラスはまったく宮中の祭祀に関わっていないことからも明らかである。

〔新撰姓氏録〕

『新撰姓氏録』におけるタカミムスヒについては、本書の第一章第一節、三の1（三七頁以下）で概略を述べたのでここでは省略する。

〔先代旧事本紀〕

(1)　七代耦生天神
伊弉諾尊天降陽神
妹伊弉冉尊天降陰神
別高皇産霊尊亦名高魂尊　亦名高木命　独化天神第六之神也　（巻一、神代本紀）

(2)　高皇産霊尊児思兼神。有二思慮之智一。深謀遠慮。議曰。（巻二、神祇本紀）

(3)　高皇産霊尊児思兼神妹万幡豊秋津師姫栲幡千々姫命為レ妃。誕二生天照国照彦天火明櫛玉饒速日尊一之時。（巻三、天神本紀）

(4)　高皇産霊尊勅曰。若有下葦原中国之敵拒二神人一而待戦上者。能為二方便一誘欺防而。令二治平一。令下二三十二人一並為二防衛一。天降供奉上矣。（同）

(5)　高皇産霊尊詔《シテ》二速飄神一曰。吾《アガ》神御《ミ》子《コ》饒速日《ノ》尊所《セリ》レ使《ツカハ》二於葦原《ノ》中国一。而有二疑佐《ウタカハシキ》思一耶。（同）

(6) 高皇産霊尊以二為哀泣一。則使二速飄命一将二上於天上一。処二其神屍骸一。日七夜七以為二遊楽《えうき》。哀泣一。斂二於天上一。 (同)

(7) 高皇産霊尊召二集《メシツドヘテ》八百万神《ノ》於天八湍河《アマノヤスノ》之川原《カハラ》一而。問二思兼神《ノ》一以《シテ》二天照太神詔《テヲ》一曰。 (同)

(8) 高皇産霊尊賜《テ》二天稚彦《ニ》於天之鹿児《ノカコ》弓。天之羽々矢一而遣《マタス》レ之。 (同)

(9) 天照太神。高皇産霊尊。勅問二諸《モロノ》神等一曰。 (同)

(10) 高皇産霊尊復勅問。 (同)

(11) 高皇産霊尊詔《テ》曰。 (同)

(12) 矢達《トヲリ》二雉胸一逆《サカサマニイアケテ》射上。逮《イタル》下坐《マス》二天安河之河原《ニ》一。天照太神。高皇産霊尊御前《ミマヘニ》上矣。 (同)

(13) 高皇産霊尊取《テ》二其矢《ソノヲ》一見者。矢羽《ヤノハニ》著《ツケリ》レ血《チ》。 (同)

(14) 高皇産霊尊更会《ツドヘテ》二諸神《ノ》一。選下当レ遣二於葦原中国一者《ヲ》上。 (同)

(15) 天照太神。高皇産霊尊《ノ》。遣《シ》二経津主神。武甕槌神一。先行駈使除使レ平定《シヅム》二於葦原中国一之時。 (同)

(16) 天神《ノ》高皇産霊尊勅《テ》曰。天照太神詔《テ》曰。葦原中国者我御子之《ノ》可レ知之国詔寄《コトヨサシ》賜。故汝将三此国奉二天神一耶以不如何。 (同)

(17) 高皇産霊尊乃還《カヘシテ》二遣《シ》経津主武甕槌二神一。勅二大己貴神一曰《ク》。 (同)

(18) 高皇産霊尊詔二大物主神《ノ》一。汝若以二国神一為レ妻《ツマト》者。吾猶謂三汝有二疏《ウトキ》心一。 (同)

(19) 高皇産霊尊勅曰《テク》。吾則起《ヲコシタテ》二樹天津神籬《ヒモロキ》及《ヒ》天津磐境《イハサカヲ》於葦原中国一。亦為二吾孫一奉レ斎《イハヒマツラン》之矣。 (同)

(20) 正哉吾勝々速日天押穂耳尊。以二高皇産霊尊女《ノミムスメタク》栲幡千々姫万幡姫命《ツハタノ》一為レ妃《ミメト》。 (同)

(21) 高皇産霊尊女《ミムスメ》万幡豊秋津師姫命《ノ》。亦名栲幡千々姫命。為レ妃誕生《アレマス》二男《ノヒコカミヲ》矣。 (同)

(22) 高皇産霊尊聞《テ》レ之曰。吾所レ産児凡有二一千五百座《チアマリイホクラ》一。其中一児最悪。不二順教養一。自二指間一漏落者必彼矣。（巻四、地神本紀）

(23) 天照孁貴太子正哉吾勝々速日天押穂耳尊。高皇産霊尊女豊秋幡豊秋津師姫栲幡千々姫命為レ妃。誕二生天照国照彦天火明櫛玉饒速日《アマノホアカリクシタマニギハヤヒノ》尊一矣。（巻五、天孫本紀）

(24) 天照太神。高皇産霊尊《ノ》相共所レ生。故謂二天孫《アメミマト》一。亦称二皇孫一矣。（同）

(25) 饒速日尊《ノ》既神損去《カンサリ》坐矣。而不三復上二天之時。高皇産霊尊詔二速飄《ハヤチカゼノ》神《ニ》一曰。（同）

(26) 高皇産霊尊《ノ》以二為哀泣《ヲホシテアハレト》一。即使二速飄命一。以レ命将レ上二於天上一。（同）

(27) 高皇産霊《ノ》尊児《ノミコ》天富命率二諸《モロノ》斎（神）部一。擎二天璽鏡剣一。奉二安正殿一矣。（同）

(28) 高皇産霊尊《ノ》以二真床追衾《ヲフフスマヲ》一。覆二於皇孫天津彦々火瓊々杵《ノ》尊《ニ》一。（巻六、皇孫本紀）

(29) 昔我《カ》天神高皇産霊尊。大日孁尊《ノ》。挙《ノタマヒアケテ》二此豊《ノ》葦原《ノ》瑞穂国一而授《ヘリ》二我《カ》天祖彦火瓊々杵尊《ニ》一之時。（同）

(30) 今以二高皇産霊尊《ノ》一。朕《アレ》親作二顕斎《ウツシイハヒ》一。（同）

(31) 復仰《テ》従二皇天二祖詔一。建二樹神籬《タテマスヒホロキヲ》一矣。復所レ謂高皇産霊。神皇産霊。（巻七、天皇本紀）

(32) 粟国造。軽嶋〔応神〕豊明御世。高皇産霊尊九世孫千波足尼定二賜国造一。（巻十、国造本紀）

(33) 宇佐国造。橿原〔神武〕朝。高魂尊孫宇佐都彦命定二賜国造一。（同）

(34) 津嶋県直。橿原〔神武〕朝。高魂尊五世孫建弥己々命改為レ直。（同）

（新訂増補国史大系第七巻『先代旧事本紀』）

『旧事本紀』の記載箇所についても、一覧表を掲げる。

『旧事本紀』のタカミムスヒに関連する記載は、『記・紀』や『古語拾遺』と重なる部分が多い。しかし独自の内容

表11 『先代旧事本紀』におけるタカミムスヒの記載箇所

| | 記載箇所 | 備考 |
| --- | --- | --- |
| (1) | 巻一神代本紀 | 独化天神第六之神 |
| (2) | 巻二神祇本紀（アメノイワヤ条） | 思兼神の親神 |
| (3) | 巻三天神本紀（ニギハヤヒの出自） | ニギハヤヒの外祖父 |
| (4) | 同（ニギハヤヒの天降り） | 三十二神・五部神・二十五部神等の供奉 |
| (5) | 同（ニギハヤヒの死） | ハヤチの神派遣 |
| (6) | 同（ニギハヤヒの葬儀） | 天上界で七日七夜遊楽・哀泣 |
| (21)〜(7) | 同（天孫降臨、国譲りを含む） | タカミムスヒが単独で指令する箇所と、アマテラスとの並称箇所が入り混っている |
| (22) | 巻四地神本紀（オオナムチ・スクナヒコナの国作り） | スクナヒコナの親神 |
| (26)〜(23) | 巻五天孫本紀（ニギハヤヒの出自とニギハヤヒの死、および葬儀） | 巻三のニギハヤヒ記事と重複する内容 |
| (27) | 同（物部氏の系譜、ニギハヤヒの子ウマシマジの条） | 神武天皇建国時の伝承、斎部の先祖の出自 |
| (30)〜(28) | 巻六皇孫本紀（天孫降臨と神武東征） | 『日本書紀』と同文 |
| (31) | 巻七天皇本紀（神武天皇条） | 宮中八神の祭祀起源、『古語拾遺』と同文 |
| (34)〜(32) | 巻十国造本紀（国造の出自） | 粟・宇佐・津嶋の各国（県）造 |

をもつ部分もある。その中の一つである(1)の神代本紀の神統譜に関しては前章で考察を行った。

もう一つ『旧事本紀』独自の注目すべき記事として、物部氏の先祖神であるニギハヤヒ関連の伝承がある。当面のわれわれの関心からみて重要な点は、これらニギハヤヒの伝承がタカミムスヒを主神とする、つまりムスヒ系の神話世界に属しているという点である。が、このニギハヤヒの伝承については、まだ本格的な考察が行われておらず、その検討は今後に残された課題となっている。

巻十国造本紀は、『旧事本紀』の中でも、従来からその史料価値が高く評価されている部分である。ここに見られる氏の出目は、出自体系の成立時期を考える上での貴重な史料であるが、その本格的な検討も今後に残されている。なお細かい点になるがついでにいえば、(33)宇佐国造は、(4)の天神本紀ではニギハヤヒの天降りに供奉した三十二神の一人「天三降命」を先祖として挙げている。また(34)津嶋（対馬）県主は、同じく天神本紀で三十二神の一人「天日神命」を先祖として挙げている。詳述は避けるが要するにこれらの記事は、『記・紀』神話の体系からはみ出すムスヒ系の伝承が、かつて存在したことをうかがわせる史料の一つとして貴重なものではないかと思われる。

最後に『延喜式』に移ると、『延喜式』では次の箇所にタカミムスヒに関する記載が見られる。

〔『延喜式』におけるタカミムスヒの記載箇所〕

(1)　巻一、四時祭上、祈年祭
(2)　同　　　　　　月次祭
(3)　巻二、四時祭下、鎮魂祭
(4)　巻七、践祚大嘗祭

(5)　巻八、祝詞、祈年祭
(6)　同　　月次祭（六月・十二月）
(7)　同　　出雲国造神賀詞
(8)　巻九、神名上、宮中、神祇官西院坐御巫祭神八座
(9)　巻九、神名上、山城国、乙訓郡、羽束師坐高御産日神社
(10)　同　　大和国、添上郡、宇奈太理坐高御魂神社
(11)　同　　大和国、十市郡、目原坐高御魂神社
(12)　巻十、神名下、対馬嶋、下県郡、高御魂神社

右の通りである。このうち、(6)の月次祭（祈年祭も同文）の祝詞と(7)の出雲国造神賀詞、および(8)の御巫祭神八座についてだけ、該当箇所の訓み下し文を次に引用する。

〔延喜式〕

(6)　「大御巫《おほみかむなぎ》の辞竟《ことを》へまつる、皇神等《すめがみたち》の前に白《まを》さく、神魂《かむむすひ》・高御魂《たかみむすひ》・生《い》く魂《むすひ》・足《た》る魂《むすひ》・玉留魂《たまつめむすひ》・大宮《おほみや》のめ・大御膳《おほみけ》つ神《かみ》・辞代主《ことしろぬし》と、御名《みな》は白して、辞竟《ことを》へまつらば、皇御孫《すめみま》の命の御世《みよ》を手長《たなが》の御世と堅磐《かきは》に常磐《ときは》に斎《いは》ひまつり、茂《いか》し御世に幸《さき》はへまつるが故《ゆゑ》に、皇吾が睦神ろきの命・神ろみの命と、皇御孫の命のうづの幣帛《みてぐら》を称辞竟《たたへごと》へまつらく」と宣《の》る。

（巻八、祝詞、月次祭）

(7)　高天《たかま》の神王高御魂《かむみおやたかみむすひ》の命の、皇御孫《すめみま》の命に天の下大八島国を事避《ことよ》さしまつりし時に、出雲の臣《おみ》等が遠つ神天《あめ》のほひの命を、国体《くにかた》見に遣はしし時に、天の八重雲をおし別けて、天翔《あまがけ》り国翔《くにがけ》りて、（後略）

（巻八、祝詞、出雲国造神賀詞）

(8)　宮中神卅六座

神祇官西院坐御巫等祭神廿三座（並大。月次新嘗。）
御巫祭神八座（並大。月次新嘗。中宮。東宮御巫亦同。）
神産日神　高御産日神
玉積産日神　生産日神
足産日神　大宮売神
御食津神　事代主神

（巻九、神名上）
（新訂増補国史大系『延喜式　前篇』）

右に(1)〜(12)として挙げた、『延喜式』巻一〜九におけるタカミムスヒの記載例を通覧すると、宮廷祭祀における同神の位置づけ・役割がどのようであったか、およそのところが把握できる。

それによると、タカミムスヒは、祈年《としごひ》・月次《つきなみ》・鎮魂など、宮廷における最重要の祭りにおいて年間を通して祭られ、また践祚大嘗祭（天皇の代替りの年の新嘗祭）においても、重要な役割を果している。とりわけ(1)・(2)の祈年祭・月次祭は、恒例の公的祭祀の中でも特に重要視された祭りであり、「神祇令」について詳細な考察を行った井上光貞氏も、「神祇令は公的祭祀のうち特にこの二祭（祈年祭と月次祭—溝口）を重んじている、と考えられるのである」と指摘している[4]。神祇令によると、この二祭に限って百官が神祇官に参集し、中臣による祝詞の宣上、忌部による班幣が行われた。またこの祭りは、天皇が親ら神饌を供えて神と共食する、数少ない天皇親祭の祭りであった。

この月次祭は、大宝の神祇令にあったことが確実視されている由来の古い祭りで、「月次」という名称から令制以前には名の如く月ごとに行われたのではないかとも言われている。したがってこの祭りにおける主祭神が、タカミムスヒを筆頭とする（『延喜式』祝詞ではカミムスヒが先にきているが、本来はタカミムスヒが筆頭であったと考えられる。このことについては後述する）ムスヒの神であったことはきわめて重大な意味をもっている。

このようにタカミムスヒを宮廷祭祀の面からみる上で特に重要な意味をもつ月次祭については、後で改めて取り上げてその祝詞の分析を行う。

次に(7)として挙げた「出雲国造神賀詞」についてはこれまでに多くの研究がある。そこに「高天の神王タカミムスヒノミコト」（写本によって「高御魂神魂命」ともあるが、いずれにしてもムスヒの神であることに変りはない）とあることについても早くから注意が向けられている。この祝詞の原型の成立については七世紀後半以前とみる見方が有力であり、令制以前の時点において天の主神がタカミムスヒであったことをこの祝詞は明示している。

(8)は、すでにいく度か触れてきた、「宮中所祭の八神」について記載されている箇所である。このように、神祇官の西院に、御巫によって祭られている八神のうちの五神までがムスヒの神によって占められているということは、注目すべき事実である。従来これら宮中所祭のムスヒの神については、天皇の身体や精神の健康に関わりのある天皇家の身内的な神であろうといった受け取り方をされることが多かった。しかし筆者はそれには異議を唱えている。いずれにしてもこれら宮中所祭の八神に関しては、次の月次祭祝詞の分析の中で詳しく検討を加える。

以上『古事記』から『延喜式』まで、古文献にあらわれたタカミムスヒの記載例を文献ごとに拾って、そこに見られる同神の特徴や問題点などをみてきた。そこでそれら全体を通して同神の特徴をまとめることにするが、しかしその前に祭祀の面からタカミムスヒを捉える上で重要な位置にある月次祭祝詞の分析を次に行っておく。

## 二　宮廷祭祀とタカミムスヒ——月次祭祝詞の分析[5]——

宮廷祭祀の中でタカミムスヒがどのような位置を占めていたかについての概要は、さきに『延喜式』におけるタカミムスヒを考察した中ですでに述べた。ここでは宮廷祭祀の中でも特に重要視されていた月次祭に焦点を当てて、その祝詞を分析することにより、タカミムスヒが皇室本来の守護神であったこと、そしてアマテラスは後から月次祭の祭神に加わった後発の守護神であることを主として明らかにしようとしている。

### 1　宮廷祭祀と祈年・月次二祭

月次祭祝詞の分析を行うにあたって、この祭りの宮廷祭祀における位置づけをもう一度みておくことにしたい。八世紀の宮廷祭祀に関する基本史料はいうまでもなく「神祇令」であるが、「神祇令」は、一年間に朝廷がとり行う恒例の公的祭祀を、最初に季節ごとに列記している。その中には、もちろん大嘗や神衣祭（伊勢神宮の祭り）なども含まれているのであるが、それらを含めた一年間の恒例の諸祭の中で、最も重要なものとされていたのは、祈年《としごひ》・月《つき》次《なみ》の二祭である。

「神祇令」は、一年間の公的祭祀について記したあとで、次のように特記している。

前件諸祭供レ神調度及礼儀。斎日《ハ》。皆依《レ》二別式一《ニ》。其祈年月次祭者《ノニハ》。百官集《レ》二神祇官一《ニ》。中臣宣《ノタマヘノトコトヲ》二祝詞一。謂。宣者。布也。言祝者。賛辞也。以二告レ神祝詞一。宣二聞百官一。故曰レ宣二祝詞一。忌部班《アカテ》二幣帛《ヒヤクヲ》一。謂。班猶レ頒。其中臣。忌部者。当司及諸司中取用之。

（新訂増補国史大系『令義解』巻二神祇令）

すなわち一行目の「其祈年月次祭《ノ》者《ニハ》」以下をみると、祈年祭と月次祭の二祭に限って、百官が神祇官に参集し、中臣氏による祝詞の宣上と、忌部氏による班幣が行われるべきことが規定されている。

では祈年祭、月次祭とはどんな祭りか。『国史大辞典』(6)の西田長男氏による解説から一部を抜粋しながらみてみると、九世紀の太政官符で、この二祭に大嘗祭（＝新嘗祭）を加えた年四回の祭り（祈年祭は二月、月次祭は六月、十二月の二回、大嘗祭は十一月）を特に「四箇祭」といって、年中恒例の官祭のなかでも特に「国家之大事」と称されたという。祈年祭についていえば、『延喜式』に「祈年祭神三千一百卅二座」とあるように、『延喜式』巻十の神名帳に載せられているすべての神社（官社）がこの祭りにあたって国家より幣帛の供進に預かった。

祈年祭の主旨は、西田長男氏の解説をそのまま引くと、「年穀の豊穣と相まって、皇室の安泰・国土の繁栄を天社・国社の神々に祈ったのである。唐令に『正月上辛、祈レ穀、祀二昊天上皇於円丘一』『孟春辛日、祈レ穀、祀二感帝於南郊一』とあるのに従って、おそらくは『飛鳥浄御原令』において新定されたものであろう。『祈年』の二字の出典は、『周礼』春官条に『祈レ年承二豊年一』とあるのなどに求められようが、『年』はもと『季』に作り、穀物は年に一回稔るところから、転じて穀物の成熟する義、もしくは穀物そのものの意となった」とされている。なお、トシは、日本語の古語としても「年・歳」であると同時に、稲や、稲のみのりを意味している。

次に月次祭は、同じく『国史大辞典』における岡田精司氏の解説によると、「古代の宮廷と伊勢神宮で六月・十二月に行われた祭儀。『つきなみさい』ともいう。本居宣長以来、本来は毎月行われたものが、省略されて年二回になったものであろうとされているが、これは名称からの推定で、実証的な根拠はない。宮廷・神宮のどちらも旧穀の米飯を神饌とするところに特色があり、新穀による新嘗祭（宮中）・神嘗祭（神宮）とそれぞれ同じ神事が行われる。(一)宮廷の月次祭。神祇令（じんぎりょう）にも規定があり、六月・十二月の十一日に行われた。まず当日の昼間、神祇官斎院に畿内の大社を中心とした全国の三百四座の神々の神主・祝部を召集し、幣物を班（わか）つ行事があった。この時の祝詞（『延喜式』八所載）は、祈年祭の祝詞とほとんど同じである。当日夜、宮中の中和院（ちゅうかいん）神嘉殿で、天皇がみずから神饌を供え、神と共に食する神今食（かむいまけ・じんこんじき）の神事があった」とされている。

なおこの岡田氏の解説の冒頭に、「古代の宮廷と伊勢神宮で六月・十二月に行われた祭儀」とあるが、「神祇令」には、神祇官で行うとのみあって、伊勢神宮での祭儀は記されていない。『養老令』の段階では、まだ少なくとも公的祭祀としては、伊勢神宮での月次祭はなかったとみるべきではあるまいか。

また岡田氏の解説中にもあったように、神祇官における月次祭は、六月十一日と十二月十一日であるが、伊勢神宮のそれは外宮が同月十六日、内宮が同月十七日である。この日にちのずれも、あくまで神祇官における月次祭が基本であったことを示している（祈年祭は神祇官が二月四日、伊勢神宮は二月十二日）。『延喜式』に伊勢神宮における祈年・月次祭の祝詞が載っているが、内容はきわめて簡単でしかも新しい形式である。このことは古くから研究者たちにより指摘されているところで、これらの点はすべて、この二祭に関しては神祇官における祭儀が本来のものであって、のちに伊勢神宮でも行われるようになったことを指し示している。この点は、あとで検討する祝詞の内容と相まって転換問題にとり重要なので特に注目しておいた。またこの月次祭の主旨が、皇室の安泰、国土の繁栄を祈ることにあったということも、これはあとで詳しくみるところではあるがつけ加えておく。

以上、八世紀前半における恒例の国家的祭祀のうち、最も重んじられた祭りが祈年・月次の二祭であること、またその二祭の概略についてみてきた。さてその二祭でまつられた神々のうちの主祭神は――祈年祭における穀物神を除けば――あとでみるとおりまさに天皇に国家統治を委任した皇祖神なのであるが、その祝詞におけるタカミムスヒとアマテラスの扱われ方、両者の関係が大変興味深い。結論からいえば、そこにきわめてあざやかにタカミムスヒからアマテラスへの転換がみられるのである。さっそく次に祝詞の分析をとおしてそれをみることにしたい。

## 2　月次祭祝詞の分析

祈年・月次二祭の祝詞は、前節に引いた岡田精司氏の解説文中にもあったように殆ど同文である。両者の相違は、祈年祭祝詞の方には冒頭部分に「御年皇神等《みとしのすめがみたち》」（穀物神・稲神）に対する詞章があるということのみで、その部分を除くと以下は殆ど同文である。

この点に関して、祈年祭の祝詞は本来穀物神に対する詞章のみであったのが、のちに月次祭祝詞を加えていま見る形になったのであろうとする見解が従来から行われている。筆者はその見方に賛成であるが、いまはその問題には立ち入らない。ただ月次祭祝詞と同一の内容をもつことによって、祈年祭がより一層国家的祭儀としての体裁を整え、その重みを増したことはたしかである。

さてそこで、二祭の祝詞の共通部分ともいえる月次祭の祝詞について、以下に検討を加えることにする。長いが全文を次に掲げる。

〔月次祭祝詞〕

「集侍《うごな》はれる神主《かむぬし》・祝部《はふり》等《ら》、諸《もろもろ》聞《きこ》しめせ」と宣《の》る。

(1)「高天《たかま》の原に神留《かむづま》ります、皇睦神《すめむつかむ》ろきの命・神《かむ》ろみの命もちて、天《あま》つ社《やしろ》・国つ社と称辞竟《たたへごとを》へまつる、皇神等《すめがみたち》の前に白《まを》さく、今年《ことし》の六月《みなづき》の月次《つきなみ》の幣帛《みてぐら》を、十二月は、今年十二月の月次の幣帛といふ。明るたへ・照るたへ・和《にぎ》たへ・荒たへに備へまつりて、朝日の豊栄登《とよさかのぼ》りに、皇御孫《すめみま》の命《みこと》のうづの幣帛を称辞竟へまつらく」と宣る。

(2)「大御巫《おおみかむなぎ》の辞竟《ことを》へまつる、皇神等の前に白さく、神魂《かむむすび》・高御魂《たかみむすび》・生《い》く魂《むすび》・足《た》る魂《むすび》・玉留魂《たまつめむすび》・大宮《おほみや》のめ・御膳《みけ》つ神・辞代主《ことしろぬし》と御名《みな》は白して、辞竟《ことを》へまつらば、(A)皇御孫の命の御世を、手長《たなが》の御世と、堅磐《かきは》に常磐《ときは》に斎《いは》ひまつり、茂《いか》し御世に幸《さき》はへまつるが故《ゆゑ》に、(B)皇吾《すめらわ》が睦神《むつかむ》ろきの命・神ろみの命と、(C)皇御孫の命のうづの幣帛を称辞竟へまつらく」と宣る。

(3)「座摩《あかすり》の御巫《みかむなぎ》の辞竟へまつる、皇神等の前に白さく、生《い》く井《ゐ》・栄《さ》く井《ゐ》・つ長井《ながゐ》・あすは・はひきと御名は白して、辞竟へまつらば、皇神の敷《し》きます、下つ磐《いは》ねに宮柱太知り立て、高天の原に千木《ちぎ》高知りて、皇御孫の命の瑞《みつ》の御《みあ》舎仕《らか》へまつりて、天《あめ》の御蔭《みかげ》・日の御蔭と隠《かく》りまして、(A)四方《よも》の国を安国と平らけく知ろしめすが故に、(C)皇御孫の命のうづの幣帛を称辞竟へまつらく」と宣る。

(4)「御門《みかど》の御巫《みかむなぎ》の辞竟へまつる、皇神等の前に白さく、くし磐間門《いはまと》の命・豊磐間門《とよいはまと》の命と御名は白して、辞竟へまつらば、四方の御門にゆつ磐《いは》むらの如く塞《さや》りまして、朝《あした》には御門を開きまつり、夕べには御門を閉《た》てまつりて、疎《うと》ぶる物の下より往かば下を守り、上より往かば上を守り、(A)夜《よ》の守り日の守りに守りまつるが故に、(C)皇御孫の命のうづの幣帛を称辞竟へまつらく」と宣る。

(5)「生《い》く島《しま》の御巫《みかむなぎ》の辞竟へまつる、皇神等の前に白さく、生《い》く国《くに》・足《た》る国《くに》と御名は白して辞竟へまつらば、皇神の敷きます島の八十島《やそしま》は、谷蟆《たにぐく》のさ度《わた》る極み、塩沫《しほなわ》の留《とど》まる限り、狭《さ》き国は広く、嶮《さか》しき国は平らけく、(A)島の八十島堕《お》つる事なく、皇神等の寄さしまつるが故に、(C)皇御孫の命のうづの幣帛を称辞竟へまつらく」と宣る。

「辞別《ことわ》きて、伊勢に坐《ま》す天照らす大御神の大前《おほまへ》に白さく、皇神の見霽《みはる》かします四方の国は、天《あめ》の壁《かき》立つ極み、国の退《そ》き立つ限り、青雲の靄《たなび》く極み、白雲の向伏《むかぶ》す限り、青海《あをみ》の原は棹柁《さをかぢ》干さず、舟《ふな》の艫《へ》の至り留まる極み、大海《おほみ》の原に舟満ち続けて、陸《くが》より往く道は荷の緒《を》結《ゆ》ひ堅めて、磐《いは》ね木《き》ね履《ふ》みさくみて、馬の爪の至り留まる限り、長道間《ながぢひま》なく立ち続けて、狭《さ》き国は広く、嶮《さか》しき国は平らけく、遠き国は八十綱《やそつな》うち挂《か》けて引き寄する事の如く、(A)皇大御神《すめおほみかみ》の寄さしまつらば、(C)荷前《のさき》は皇大御神の前《おほまへ》に、横山の如くうち積み置きて、残りをば平らけく聞《きこ》しめさむ。（また(A)皇御孫の命の御世を、手長《たなが》の御世と、堅磐《かきは》に常磐《ときは》に斎《いは》ひまつり、茂《いか》し御世に幸《さき》はへまつるが故に、(B)皇吾《すめらわ》が睦《むつ》神ろきの命・神ろみの命と、鵜《う》じ物頸根《うなね》衝《つ》き抜きて、(C)皇御孫の命のうづの幣帛を称辞竟へまつらく）」と宣る。

(6)「御県《みあがた》に坐《ま》す皇神等の前に白さく、高市《たけち》・葛木《かづらき》・十市《とをち》・志貴《しき》・山辺《やまのべ》・曾布《そふ》と御名は白して、この六つの御県に生《お》ひ出づる甘菜《あまな》・辛菜《からな》を持ち参《ま》ゐ来て、(A)皇御孫の命の長御膳《ながみけ》の遠御膳《とほみけ》と聞しめすが故に、(C)皇御孫の命のうづの幣帛を称辞竟へまつらく」と宣る。

(7)「山の口に坐《ま》す皇神等の前に白さく、飛鳥《あすか》・石村《いはれ》・忍坂《おさか》・長谷《はつせ》・畝火《うねび》・耳無《みみなし》と御名は白して、遠山・近山に生ひ立てる大木・小木を、本末《もとすゑ》うち切りて持ち参ゐ来て、皇御孫の命の瑞《みつ》の御舎《みあらか》仕へまつりて、天の御蔭・日の御蔭と隠《かく》りまして、(A)四方の国を安国と平らけく知ろしめすが故に、(C)皇御孫の命のうづの幣帛を、称辞竟へまつらく」と宣る。

(8)「水分《みくまり》に坐す皇神等の前に白さく、吉野・宇陀《うだ》・都祁《つげ》・葛木と御名は白して辞竟へまつらば、皇神等の依さしまつらむ、奥《おき》つ御年《みとし》を、八束穂《やつかほ》の茂《いか》し穂に依《よ》さしまつらば、皇神等に、初穂は穎《かひ》にも汁《しる》にも、瓱《みか》の上《へ》高知り、瓱の腹満て双べて称辞竟へまつりて、遺《のこ》りをば、皇御孫の命の朝御食《あさみけ》・夕御食《ゆふみけ》のかむかひに、長御食《ながみけ》の遠御食《とおみけ》と、(A)赤《あか》丹《に》の穂に聞しめすが故に、(C)皇御孫の命のうづの幣帛を、称辞竟へまつらくと、諸《もろもろ》聞しめせ」と宣る。

(9)「辞別《ここわ》きて、忌部《いみべ》の弱肩《よわかた》に太襷《ふとだすき》取り挂《か》けて、持ち斎《ゆき》はり仕へまつれる幣帛を、神主・祝部《はふり》等受け賜はりて、事過《あやま》たず捧げ持ちて奉《たてまつ》れ」と宣る。

（武田祐吉校注、日本古典文学大系本による。傍線・罫線・括弧等は溝口）

まず右の祝詞全体の構成をつかむのに、金子武雄氏の『延喜式祝詞講』(7)（以下、『講』と略称する）に拠るのが便利なので、そのまま引用させていただくことにする。次のとおりである。なお本文に附した段落の番号はこれによっている。

第一　序の段
第二　大御巫の辞竟へ奉る皇神等の前に白す詞の段
第三　座摩の御巫の称辞竟へ奉る皇神等に白す詞の段
第四　御門の御巫の称辞竟へ奉る皇神等に白す詞の段
第五　生嶋の御巫の辞竟へ奉る皇神等及び伊勢に坐す天照大御神に白す詞の段
第六　御県に坐す皇神等の前に白す詞の段
第七　山口に坐す皇神等の前に白す詞の段
第八　水分に坐す皇神等の前に白す詞の段
第九　結の段

さらに各段の要旨についても、『講』の説くところを概略のみ引くと次のとおりである（第一・九段は省略）。

第二段は、所謂宮中八神をお祭りする詞であり、これらの神等は皇御孫命（天皇）の大御身に最も密接な関係がある。この中ムスヒの五神は大御身の御精神に関係があり、大宮売以下三神は、御住居、御食物、御行動に関係がある。

第三段では井戸と竈《かまど》の神等が祭られ、第四段では宮門の神、第五段では広く国土の神等が祭られている。ここまでは、大御身のお近くから次第に広いところに及んでいるが、以下はこれと異なり、第六段では野菜、第七段では材木、第八段では稲、即ち御食物と、宮殿造営のための材木の生産に関係のある神等が祭られている。

以上『講』の説明を借りながらざっとこの祝詞全体の構成をみてきた。第二段の要旨については異議があるが、それはあとで詳述する。そこで次はその上に立って、当面の課題にかかわりのある問題点を順次みていくことにしたい。


〈辞別段（アマテラスの段）の後次性〉

最初に取り上げたいのは、第五段落中の「辞別《ことわ》きて」に始まる、アマテラスに対する詞章（罫線で囲んだ）に関わる問題である。この部分について『講』は、これは月次祭祝詞にもともとなかった部分で、後次の挿入であるとしている。その見方ははたして妥当かどうか。

仮にもしそうだとすると、そのことは古代の宮廷祭祀について重大な問題を提示していることになる。すなわち、
① 宮廷で最も重んじられた祈年・月次二祭において、アマテラスは本来祭られていなかった。
② アマテラスは、後次的にその二祭の祭神に加えられた。
ということを、それは示していることになる。

そこで、この部分について以下やや長くなるが丁寧に検討してみることにしたい。

さて『講』が、この「辞別」段をのちの挿入であろうとした理由からまず紹介すると、『講』はその理由として、
① その後半は他と同じく感謝の形式であるが、前半は祈願の形式となっていてこれだけが異なる。
② この祝詞において祭られている神は、他はすべて精霊程度の素朴なものであるのに対し、ここだけ人格神的あ

るいは文化的性質の多く見られる天照大御神を祭っている。

③　他のところはすべて皇御孫命御一身の安泰について述べられているのに、ここだけは国家の繁栄という事柄について述べられている。

といった点をあげ、こういった点から「此の部分だけが、全体の上からみて、甚だ不調和なものを有ってゐる」（傍点、溝口）としている。これについて、筆者は②・③でいわれている内容には異論があるが、しかし全体としての結論には賛成である。

そこでこのような『講』の指摘を参照しながら、はじめにその形式に注目して、「辞別」段の詞章の基本的な構成をみてみることにしたい。

比較のため、最初まず(2)〜(8)の各段落に目を移し、その傍線部(A)・(C)をみてみる。そうすると(2)〜(8)の段落の後半部の文章構成は、どの段落もすべて同一であることがよくわかる。それを抜き出してみる。

(2)(A)茂《いか》し御世に幸《さき》はへまつるが故に、

（〈大御巫の祭る神が天皇の御世を〉豊かに繁栄する御世として栄え申し上げる故に）

(C)皇御孫の命のうづの幣帛《みてぐち》を称辞竟へまつらくと宣る。

（天皇の尊い幣帛を献り申し上げることであると宣る）

(3)(A)四方の国を安国と平らけく知ろしめすが故に、

（〈座摩の御巫の祭る神が天皇に立派な御殿をお造り申し上げ、そこに住まわれる天皇が〉四方の国を安らかな国として平和に治めなさいます故に）

(C)皇御孫の命のうづの幣帛を称辞竟へまつらくと宣る。

(4)Ⓐ夜の守り日の守りに守りまつるが故に、
〈御門の御巫の祭る神が、皇居の四方の御門を〉夜の守り昼の守りと昼夜を問わずお守り申し上げる故に）
Ⓒ皇御孫の命のうづの幣帛を称辞竟へまつらくと宣る。

(5)Ⓐ島の八十島堕つる事なく、皇神等の寄さしまつるが故に、
（たくさんの島々のどれひとつとしてもらすことなく、生く島の御巫の祭る皇神たちが天皇にお寄せ申し上げる故に）

Ⓒ皇御孫の命のうづの幣帛を称辞竟へまつらくと宣る。

(6)Ⓐ皇御孫の命の長御膳の遠御膳と聞しめすが故に、
〈御県に坐す神が天皇に甘菜・辛菜を献上し〉天皇がいつまでも絶えることのないお食料としてお召上がりになる故に）
Ⓒ皇御孫の命のうづの幣帛を称辞竟へまつらくと宣る。

(7)Ⓐ四方の国を安国と平らけく知ろしめすが故に、
（〈山の口に坐す神が、材木を献上して天皇に立派な御殿をお造り申し上げ〉以下、第(3)段落と同じ）

Ⓒ皇御孫の命のうづの幣帛を称辞竟へまつらくと宣る。

(8)Ⓐ赤丹の穂に聞しめすが故に、
（〈水分《みくまり》に坐す神がお寄せ申し上げた稲で作ったお酒を、とこしえの召し上り物として〉天皇が赤い頰となられて召し上がる故に）

Ⓒ皇御孫の命のうづの幣帛を称辞竟へまつらくと諸聞しめせと宣る。

以上のように、いずれも「(A)――の故に」、「(C)天皇の幣帛を献る」、すなわち、神々が天皇に対し、これこれのことをして下さるので、そのお礼として幣帛を献りますという形式になっている。最後の第(8)段落に、傍線部「諸聞しめせ」（皆のものうけたまわれ）という語が入っている以外は完全に同文である。

さてこのように(2)〜(8)段落の文章構成を押えたうえで、本論である第(5)段落の「辞別」以下の詞章に戻ると、ここは分量的にも他と比べて特別に長い段落になっていることに気付く。その中の括弧でくくった箇所以外の前半部をまずみてみる。つまり『講』が、後半は他と同じく感謝の形式だが、前半は祈願の形式でこれだけが異なるとしたその前半の箇所である。末尾の部分をみると次のようになっている。

(A)皇大御神の寄さしまつらば

（〈……遠い国は八十綱をかけて引き寄せるように〉皇大御神が国々を天皇にお寄せ申し上げるならば）

(C)荷前は皇大御神の前に、横山の如くうち積み置きて、残りをば平らけく聞しめさむ。

（諸国からくる貢物の、最初の荷は天照大御神の前に横山のように積み上げて、残りの貢物を天皇は安らかに召し上がるであろう）

「寄さしまつらば」アマテラスが天皇に、それらの国々を「もしお寄せ下さるならば」、諸国からの貢物をお供えとして山のように積み上げましょうとなっており、この前半部をもし独立した箇所としてみることができるならば、たしかにここだけが祈願の形式であって他と異なっている。ただしかし、この部分は実際はまだ段落の途中であって、この段落全体の末尾は「宣《の》る」で終る後半の括弧の部分であるから、形式が異なると単純に言い切れるかどうか問題であろう。しかしこの問題はしばらくおいて、次に前半部の内容を検討してみることにしたい。

さて辞別段（アマテラスの段）前半部の内容は、よくみると第(5)段落の生く島の御巫の祭る神に対する部分ときわめてよく似ている。まったく同文の箇所もある。しかし全体としてみるとこちらは表現がより複雑に高度になっていることが一読して感じられる。生く島の段と比較しながらそれをみてみよう。

次頁の表12にみるとおり、アマテラスの段の前半部は、生く島の段と明らかに酷似している。同一の内容をやや異なる表現で述べたものとみて差支えあるまい。その内容とは、世界の果ての果ての島々まで、残るところなく天皇にお寄せ申し上げる、つまり世界中の広大な国土を天皇統治の下に帰属させるということであり、そのような役割が双方の神に期待されている。

しかしアマテラスの段の方には、生く島の段にはない、表1の中の(C)の部分が余分に加わっている。あるいは別の言い方をすればアマテラスの段の前半部は、生く島の段の詞章を前後二つに分けて、その間に(C)の部分を挟んだ形になっている。

では(C)の部分とはどのような内容か。この部分は意味のとりにくいところがあって、古来解釈がさまざまに分かれている問題の箇所である。その問題とは要約すれば、この表現の中には中央から四方の国へという方向で捉えなければならない句と、逆に四方の国から中央へという方向で理解しなければならない句の両方が入り交っていて、どちらにとるべきか解釈の困難な箇所があるということである。

「舟の艫《へ》の至り留まる極み」「馬の爪の至り留まる限り」などの語句は、「棹柁《さおかじ》の乾く間もなく、漕ぎに漕いで、もうこれ以上は往けぬという海の果まで」「馬の爪が閊《くな》えて、もうこれ以上進むことが出来ないという陸の果まで」といった意味だと考えられ、これはどうみても中央から地方へ天皇の徳化があまねく行きわたるイメージである。しかし一方、「大海の原に舟満ち続けて」「荷の緒結ひ堅めて」「長道《ながぢ》間《ひま》なく立ち続けて」などの詞句は、貢物を満載した舟や馬が、陸続と絶えることなく諸国から天皇の下へやってくるイメージであって、このように相反するイメージを

表12　辞別段と生く島の神の段の比較

| 辞別段前半部 | 生く島の神の段 |
| --- | --- |
| (A)皇神の見霽《はる》かします四方の国は<br>（皇神《すめかみ》が見はるかしておいでになる四方の国は） | 皇神の敷きます島の八十島は<br>（皇神が治めていらっしゃる多くの島々は） |
| (B)天《あめ》の壁《かき》立つ極み、<br>国の退き立つ限り、<br>青雲の靄《たなび》く極み、<br>白雲の向伏《むかふ》す限り、<br>（天の壁が立っている地平線のはて、国土が退き去っているはて、青雲がたなびいているはて、白雲が向かい伏している地上のはてまで） | 谷蟆《たにぐく》のさ渡る極み、<br>塩沫《しほなわ》の留まる限り、<br>（ヒキ蛙が渡って行く陸地のはてのはて、海水の沫《あわ》が流れとどまる海のはてのはてまで） |
| (C)青海の原は棹柁干さず、舟の艫《へ》の至り留まる極み、大海の原に舟満ち続けて、陸より往く道は荷の緒結ひ堅めて、磐ね木ね履みさくみて、馬の爪の至り留まる限り、長道《ながぢ》間《ひま》なく立ち続けて、<br>（青海原は舟をこぐ棹柁が乾く間もなくこぎにこいで、舟の舳《へさき》が留まるはてまで大海原に舟を満たし続け、陸上の道は馬につけた荷の緒をゆいかためて岩や木の根を踏みつけ、馬の爪がこれ以上行けないというところまで長い道にすき間なく馬を立てて） | |
| (D)狭《さ》き国は広く、<br>嶮《さか》しき国は平らけく、<br>遠き国は八十綱うち挂けて引き寄する事の如く、<br>（狭い国は広く、けわしい国は平らに、遠い国はたくさんの綱をかけて引き寄せるように） | 狭き国は広く、嶮しき国は平らけく、島の八十島堕《お》つる事なく、<br>（狭い国は広く、けわしい国は平らに、たくさんの島のどれひとつとして洩らすことなく） |

もつ句が同居し錯綜している。

しかし結論からいえば、これはおそらくそれぞれ別箇の文脈で使われていた慣用句をひとつにしたために起きた混乱であって、この部分全体の意図としては、そのような世界の果ての果てから、陸続として貢物がやってくるという、後者の貢物の方にどちらかといえば主眼がおかれているとみるべきであると思う。

すなわち(C)の部分には、要するに世界の端々の国から貢物が絶えることなくやってきますようにというねがいが書かれている。そしてまさにそれを受けて、前半部の結句「荷前《のさき》は皇大御神の前に、横山の如くうち積み置きて」があるわけである。

以上アマテラスの段前半部の内容を、生く島の段と比較しながらみてきた。その結果その内容は、表12に明らかなように、生く島の段と同一の内容に、アマテラスの段独自の貢物にかかわる詞章を加えて構成されていることが判明した。すなわち、世界の果ての果てまで天皇の領土として確保されますようにという、第5段落のはじめに国土の神に対してなされているのと同じ祈願が、「辞別」段で繰り返してアマテラスに対してもなされ、それに加えて、世界の端々の国から貢物が絶えることなく陸続とやってきますようにという、これはアマテラスの段にのみある独自の祈願が入っている。

辞別段の前半部に関しては、以上でほぼその構成が明らかになったと思うので、次は後半部の考察に移ることにしたい。括弧でくくった部分である。

さて前半部はみてきたとおり生く島の段と酷似していたが、この後半部は、第2段落の大御巫《おほみかむなぎ》の祭る神の段の末尾部分と殆ど同文である。

重要な点なので、これも念のために対照表を表13として掲げる。

表13　辞別段と大御巫の祭る神の段の比較

| 辞別段後半部 | 大御巫の祭る神の段 |
| --- | --- |
| (A)（また）皇御孫《すめみま》の命《みこと》の御世を、手長《たなが》の御世と、堅磐《かきは》に常磐《ときは》に斎《いは》ひまつり、茂《いか》し御世に幸《さち》はへまつるが故に、（解釈は前述のとおりである） | 皇御孫の命の御世を、手長の御世と、堅磐に常磐に斎ひまつり、茂《いか》し御世に幸はへまつるが故に、 |
| (B)皇吾《すめらわ》が睦神《むつかむ》ろきの命《みこと》・神《かむ》ろみの命《みこと》と、（解釈については後述する） | 皇吾が睦神ろきの命・神ろみの命と、 |
| (C)（鵜《う》じ物頸根《うなね》衝《つ》き抜《ぬ》きて）皇御孫の命のうづの幣帛を称辞竟へまつらくと宣る。（鵜が水中に首をさし込むように首を深く前にさし出して、以下前述） | 皇御孫の命のうづの幣帛を称辞竟へまつらくと宣る。 |

表にみるとおり、アマテラスの段の後半部と、大御巫の祭る神、すなち第2段落のタカミムスヒを含む宮中所祭の神の段は、「また」と「鵜じ物頸根衝き抜きて」の二箇所を除けば、あとは完全に同一の文章である。その内容は、さきにも述べたがもう一度繰り返すと、天皇の御世がいついつまでも絶えることなく、永久にゆるぎなく続くように、またますます豊かに繁栄するようにと、お護りし幸あらしめて下さるので、（そのお礼として）天皇の幣帛をつつしんでささげますということであり、要するに皇室の繁栄、王権の守護への感謝をいっている。そしてアマテラスの段の方には「鵜じ物頸根衝き抜きて」（頭を深く乗れて）と、つつしみの意を示す語を入れて、わずかに変化がつけてある。（いま述べた訳の中には、「皇吾が睦神ろきの命・神ろみの命と」の部分を入れていないが、この語はあとで取り上げる。）

ではこの二つの同じ文章のうち、どちらがオリジナルでどちらがコピーか。最初の時点から、このように全く同文の文章が祝詞にあったとは考えにくいので、そういう問いを出してもよいだろう。そしてその答えは、もはや争うまでもないといっていいのではあるまいか。

すなわち辞別段が全体としてもっている文章構成の複雑さや合成的性格に加え、前半部のもっている文章の高度さ新しさなどを考慮に入れると、辞別段の方が新しい、つまりこちらの方がコピーであるとみてまず間違いないと思われる（さらに第2段のオリジナル性については、後述のように他の文献にそれを裏付ける史料がある。これについては後述する）。

以上、辞別段を前半部と後半部に分けて考察し、この段の性格を探ってきた。その結果、この段の構成や、またどのようにしてこの段の詞章が成立したかなどかなり明らかになったと思う。そこでその上に立って、改めてこの段を後次の挿入とみる『講』説の是非について考えてみることにしたい。すでに最初にも述べたように、筆者はこの説に賛成であり、この段の諸特徴は明白にその後次性を物語っていると考える。その理由を箇条書きにしてみる。

① この段のみ「辞別きて（また別に）」で始まっており、他の段と異なる。

② この段のみ分量的に多く、他の段とバランスがとれていない。

③ 他の段は、修辞がみな単純素朴であるが、この段はより複雑、高度である。

④ この段は、その前半部は第5段落の生く島の段とほぼ同一、後半部は第2段落のタカミムスヒの段と同一で、明らかに両者の詞章の合成になっている。

⑤ この段の前半部と生く島の段とを比較して、どちらにオリジナリティーがあるかといえば、それは国土の神としてその内容と固有の結びつきをもつ生く島の段の方だと考えられる。

⑥ この段の後半部と第2段落とを比較してどちらにオリジナリティーがあるかといえば、それは第2段落である。その理由はタカミムスヒと王権守護の関係は、後引の他の文献（『日本書紀』『古語拾遺』）にも記されていて、タカミムスヒに固有の役割であったことがたしかだからである（後述）。

⑦　この段は、生く島の段から国土の拡大と繁栄、タカミムスヒの段から王権守護にかかわる詞章をとって二つを合成し、それにアマテラスに固有の、貢物奉献の詞章を加えて作成されたとみることができる。その逆の方向、すなわちこの段の詞章をもとに、それを分解して第2段と第5段に置いたとは考えにくい。

以上の如き点である。①の「辞別」の語について補足すると、これは「コト（言・事）を分けて」、つまり「別に」といった意味であって、同じ語が終章の第9段にもみられる。この場合は、第8段迄がすべて神々への言葉であったのに対し、この第9段のみ神主・祝等への言葉なので、「別に」と断わったのだと思われる。この第5段の場合は、生く島の段に引き続き、内容的に同じような事柄が述べられるので、「また別に」と断わる必要を感じたのではあるまいか。なお『講』は、これが祝詞全体の「辞別」でなく第5段についての「辞別」であることについて詳細に論じている。九条家本の祈年祭祝詞では、この箇所は段落を変えず生く島の段に続けて書かれておりそれが古形であろうとしている。

辞別段について、以上『講』とはまた別の角度から検討を行ってきた。以上みてきたところから、この段の後次性はまず間違いのないところといってよいのではあるまいか。

さて、このようにして辞別段の後次性が確認されると、ではそのことは何を意味するのかが次に問題になる。この項の最初にも述べたように、そのことは要するに古代宮廷で最も重視されたこの二祭において、もともとアマテラスはまつられていなかったということ、言いかえれば、王権の守護神としてのアマテラスの後発性を、この祝詞のありようは端的に示しているということになろう。

アマテラスは、古い王権祭祀にはその対象として入っておらず、あとから加えられた。その際機能として、王権の永続と領土の拡大という、それまでタカミムスヒと生く島の神が担っていたものを合体して新たにアマテラスに付した。このような事情を、祝詞の文面は雄弁に語っている。

ところでこのような見方に対し、予想される一つの反対論として次のようなものが考えられる。次にその点にふれておきたい。その反対論とはアマテラスの入らない段階の月次祭を、王権祭祀とはいえ内廷的なもの、ウチウチのものとみる見方である。

はじめに祝詞全体の要旨として『講』の説明を引用したが、そこで『講』は第2段落について、これは天皇の「大御身」やご精神に関係があるとしていた。ムスヒについては従来からこのような解釈があり、このようにみると祝詞は多分に天皇家にとってウチウチの内廷的な性格のものということになる。これには義解の月次祭についての注「如二庶人宅神祭一也」も影響していよう。そこでもしそうであれば、国家神としてのアマテラスは別個に古くから存在したのだという見方も可能になってくるわけである。

しかしながら、月次祭に対するそのような見方は時代が下って出てきたもので、月次祭本来の性格はそのようなものではなかった。その理由として、一つにはタカミムスヒなど宮中所祭の神の機能を天皇の身体や精神にのみ限定して考えることは、『日本書紀』など古い文献に則した見方ではないということがある。これについてはあとで項目を改めて述べる。

さらにもう一つ、国家神、王権守護神としてのアマテラスを示す史料が、古い祝詞関係にはひとつも見当らないということも挙げられる。もしアマテラスが古くから王権守護神として存在したのなら、その片鱗をうかがわせる祝詞があってもよい。しかし、伊勢神宮関係の祝詞は、さきに触れた祈年・月次二祭のものを含めて九篇『延喜式』に収載されているが、そのような内容をもつものはひとつもない。また、仮にもしアマテラスに固有の古い詞章が伝えられていたとしたら、他の段（第2と第5）から切りとって合成するようなことをせずとも、それが使われただろうということもいえる。だいたい伊勢神宮関係の祝詞は内容がきわめて簡略で、成立の新しさを窺わせるものばかりである。

賀茂真淵は「祝詞考」(8)で祝詞の文章の巧拙や成立年代について論じているが、伊勢神宮関係の祝詞については、すべて降れる世の弱々しいもので論ずるまでもないと言い捨てている。敬神の念篤い江戸末期の学者鈴木重胤は、祝詞の巧拙をあげつらうこのような真淵のやり方に強く反撥して、『延喜式祝詞講義』(9)で「考の論悉く強説なり」と言い、祝詞の多くを皇祖の天降り以来の尊いものと主張している。しかしその重胤も神宮関係の祝詞に関しては、やはり「此の九條の詞の躰裁《サマ》……甚古くも非りける」と言わざるを得なかった。要するに神宮関係の祝詞は、近世の古典学者の目からみてもその新しさがはっきりしているということである。そのことはそのまま伊勢神宮の国家神としての歴史の新しさをあらわしていると筆者は考える。（なお祝詞の成立時期に関して近年三宅和朗氏が詳細な論を発表しておられる。(10)刊行が本稿〈初出時〉脱稿後であったのでその成果を取り入れ得ていないが、上述の論旨には影響を与えない。神宮関係祝詞の成立時期について私見は氏とやや見解を異にするところがあるが、令制以前ではないとされる点では同意見である。）

以上のような点を考え合わせると、アマテラスを対象とした国家的大祭が、令制以前から別個に行われていたとは到底考えられず、やはりこの二祭こそが王権の中核的な祭りであったとみるべきであると思う。

では、「辞別」段挿入以前のこの祭りの主祭神はどの神か。それは当然最初に置かれた宮中所祭の神々であり、なかでもその中心はタカミムスヒであったと考えられる。次に項目を改めてその点について述べることにしたい。

## 〈タカミムスヒと月次祭の主祭神〉

現在私たちが目にすることができる祝詞は『延喜式』の祝詞であり、そこではさきにみたように、宮中所祭の神は「神魂《かみむすひ》・高御魂《たかみむすひ》……」の順序で記されている。神名帳でも同じである。しかしながら、この順序は本来はそうではなかったと考えられる。本来はおそらく「タカミムスヒ・カミムスヒ……」の順序であった。そのことをまず明らかにしておきたい。その論拠として、成立の古い多くの文献が、すべて「タカミムスヒ・カミムスヒ」の順序で記しているということがあげられる。それを次に列挙してみる（傍点はすべて溝口）。

①『古語拾遺』（大同二年〈八〇七〉撰）

神武天皇条、宮中所祭の神の祭祀起源について述べた箇所で、「高皇産霊・神産霊、魂留産霊・生産霊・足産霊・大宮売神・事代主神・御膳神。」としている。

また、冒頭天地開闢について述べた箇所に、「天地割判之初、天中所レ生之神、名曰二天御中主神一。次、高皇産霊神。次、神産霊神。……」とある。

②『出雲国造神賀詞』

『高天能神王、高御魂神魂命能』とある（ただし九条本には「神魂」の二字はない）。

③『古事記』および『日本書紀』

「天地初発之時、於二高天原一成神名、天之御中主神。次高御産巣日神。次神産巣日神。」（訓注省略）（『記』）

「高天原所生神名、曰二天御中主尊一。次高皇産霊尊。次神皇産霊尊。」（『紀』）

④『延喜式』神祇七・践祚大嘗祭条

「於二斎院一祭神八座。御歳《ミトシ》神。高魂神《タカミムスヒノ》。庭高日神。（以下略）」

⑤『旧事本紀』巻一神代本紀

「七代耦生天神……別高皇産霊尊……次神皇産霊尊」（注記等省略）

右のうち、①『古語拾遺』の神武天皇条の例は、すでに前節で述べたように、この点に関してとりわけ注目される重要な例である。なぜならこの箇所は、まさにいま問題にしている宮中所祭の八神の起源について述べた箇所であり、また『古語拾遺』の作者斎部氏は、直接その祭祀にかかわった伝統的な祭祀氏族だからである。すなわち他ならぬ斎部氏の記述であるだけにこの記述内容はいっそう信憑性が高い。

それ以外にも、『記・紀』等古文献で二神（タカミムスヒ、カミムスヒ）が並称される際は常にタカミムスヒが先であることや、また右の項目にはあげていないが、『記・紀』で天の主神としてタカミムスヒはしばしば登場するがカミムスヒは主神としては登場しないことなどからみて、本来八神の筆頭にくるべき神がタカミムスヒであったことは殆ど疑いをさし挟む余地のないところだと思う。なおこれもすでに見たところであるが、『旧事本紀』天神本紀においても、ニギハヤヒを地上に派遣する天の神として、もっぱらタカミムスヒがあらわれている。

ではなぜ『延喜式』の祝詞（『出雲国造神賀詞』を除く）や神名帳ではカミムスヒが先に記されているのか。その理由について確かなことはわかっていない。しかしおそらくこの時期はタカミムスヒが皇祖神の地位を下りてすでに相当の年月が経っており、同神を第二位に記すことに抵抗がなくなっているということもあろう。しかしそのことと矛盾するようだが、にもかかわらずアマテラスを唯一至高の神とする上で、この神の存在はまだ多少障害として感じられるところがあって、より目立たない形にしようとする配慮が働いたのではないかといったことなどが考えられる。

しかしともかく『古語拾遺』以前の段階では、宮中八神の筆頭は、上述の種々の資料からみて明らかにタカミムスヒであり、したがって王権の中核的祭りである月次祭の主祭神が、八世紀以前においてタカミムスヒであったことは間違いのないところだと考えられる。

ここでもう一度、タカミムスヒが王権守護の神であることについて記す、『日本書紀』と『古語拾遺』の記載を引く。

〔『日本書紀』天孫降臨条第二の一書〕

高皇産霊尊《たかみむすひのみこと》、因《よ》りて勅して曰く、「吾は天津神籬《あまつひもろき》及び天津磐境《あまついはさか》を起し樹《た》てて、当《まさ》に吾孫《すめみま》の為に斎《いは》ひ奉《まつ》らむ。汝《いまし》天《あめ》児屋命《のこやねのみこと》・太玉命《ふとだまのみこと》は、天津神籬《あまつひもろき》を持《たも》ちて、葦原中国《あしはらのなかつくに》に降り、亦吾孫《またすめみま》の為に斎《いは》ひ奉《まつ》れ」とのたまふ。

（日本古典文学大系『日本書紀　上』）

〔『古語拾遺』天孫降臨条〕

因りて、又勅曰したまひしく、「吾《われ》は天津神籬《あまつひもろき》（神籬は、古語に比茂呂仮《ひもろき》といふ）及天津磐境《またあまついはさか》を起《おこ》し樹《た》てて、吾《わ》が孫《みま》の為《ため》に斎《いは》ひ奉《まつ》らむ。汝《いまし》天児屋命・太玉命二はしらの神、天津神籬を持ちて、葦原の中国《なかつくに》に降《くだ》り、亦吾《またわ》が孫の為に斎《いは》ひ奉《まつ》れ。

〔同書神武天皇条〕

爰に、皇天《あまつかみ》二はしらの祖《みおや》の詔《みことのり》に仰従《したが》ひて、神籬《ひもろき》を建樹《た》つ。所謂、高皇産霊《たかみむすひ》・神産霊《かむむすひ》・魂留産霊《たまつめむすひ》・生産霊《いくむすひ》・足産《たるむす》霊《ひ》・大宮売神《おほみやのめのかみ》・事代主神《ことしろぬしのかみ》・御膳神《みけつかみ》。（已上、今御巫《みかむなぎ》の斎《いは》ひ奉《まつ》れるなり。）

（西宮一氏校注、岩波文庫『古語拾遺』）

『日本書紀』の天孫降臨条と『古語拾遺』のそれは殆ど同文である。『古語拾遺』は『日本書紀』か、或いは『日本書紀』の原資料からとったのであろう。タカミムスヒはここで天孫を葦原中国統治のために天降らせるにあたってヒモロキとイハサカを与え、その祭りを中臣・忌部二氏の先祖に命じたとされている。（『古語拾遺』の場合、「勅曰」の主語はアマテラス・タカミムスヒとみるのが文脈上正しい。しかしこれは、本来タカミムスヒ一神であったことについて前節ですでに述べた。）

それを受けて『古語拾遺』の神武天皇条は、神武は東征のあと橿原で建国すると、まず真先に皇天二祖の命令どおりヒモロキを樹てたと記している。これが宮中所祭の八神の起源伝承であることは、『古語拾遺』の文面によって明らかである。さてここで注目されるのは、ここにタカミムスヒの言として「当に吾孫の為に斎ひ奉らむ」とあることである。

「いはふ」は、辞書に「忌《い》みつつしんで吉事を求める。ことほぐ、祈る」（『時代別国語大辞典　上代篇』）とあり、平安時代の漢和辞書『類聚名義抄』をみると、「崇・祝・栄・斎」などの漢字が当ててある。将来に吉いことがあるようにものいみをして祈る意味である。

タカミムスヒは、「吾孫」を葦原中国統治のため天降らせるにあたり、子孫の繁栄のために将来ずっと斎おう、つまり加護しようといっているわけで、ここに王権守護神としてのタカミムスヒの性格が明白に表われている。この『日本書紀』や『古語拾遺』における表現と、さきに検討した表13の詞章の文言とは、まさにぴったり照応している。すなわちタカミムスヒをはじめとする宮中所祭の神が、天皇の御世の長久を「斎ひまつり」、繁栄した御世であるよう祝って下さるので、そのお礼として幣帛を献りますというのである。

月次祭の主眼が、本来はまず何よりも、この皇祖神であり王権守護神でもあるタカミムスヒへの感謝にあったことは、このようにみてくるともはや動かせないところといえよう。

さて宮中八神、とくにその主神であるタカミムスヒは、皇祖神の座をアマテラスに譲ると、その役割が次第に矮小化されて理解されるようになり、さきの『講』の解釈にもみるように、もっぱら天皇の身体や精神の健康にのみ関係ある神といった受け取り方がされるようになる。（またそれには〝ムスヒ〟という神霊観自体、日本の土着の神霊観の体系の中に、そのままの形では定着しにくいものがあって、平安以後は多く「魂」の字に当ててあることにもあらわれているように、次第に「魂」に近い意味合いで受け取られるようになったということも関係していると考えられる。ただしその場合でも、この神の「高天原」（天界）に属する神という特質は、最後まで消えずに残った。）

以上、タカミムスヒが本来もっていた王権守護神としての性格について述べてきた。以上から月次祭祝詞の第2段落は、タカミムスヒを主祭神とする宮中所祭の神に、感謝を捧げる詞章であることが確かめられたと思う。

最後にこの第2段落の詞章の中の一つ検討し残した点として、「皇（吾）睦神ロキノ命・神ロミノ命」なる語を取り上げておかなければならない。

〈皇《すめら》（吾《あが》）睦神《むつかむ》ロキノ命・神《かむ》ロミノ命〉

この語は八世紀中頃以後、宣命と祝詞の中で頻用された、「皇祖神」を意味する語である。日本古典文学大系『古事記祝詞』の武田祐吉氏の注釈には、「天皇の親しみむつびたまうところの天皇の祖先の神で、とくに尊いとする男性、女性の両神」とあり、金子武雄氏の『講』では「天皇の親しい祖神」と訳されている。

この語が天上界の主宰神としての皇祖神を意味する語であることは、そのあとに「コトヨサシ（国土統治の委任）」という語を伴っていることなどにより明らかである。宣命と祝詞から一例ずつ引いてみる。

高天原《たまのはら》に神積坐《かむづまりま》す、皇 親 神《すめらがむつかむ》ロキ神《かむ》ロミノ命以《もち》て、吾孫《あがみま》の命《みこと》の将知食国天下《しらさむをすくにあめのした》と言 依 奉《ことよさしまつり》の随《まにまに》……

（第十四詔、天平勝宝元年〈七四九〉七月）

高天原に神留坐す、皇親神ロキ・神ロミノ命以て、八百万神等《やほよろづのかみたち》を、神集 集賜《かむつどへつどへたま》ひ、神議 議賜《かむはかりはかりたまひ》て、我皇御孫《あがすめみまの》の命《みこと》は、豊葦原《とよあしはら》の水穂国《みずほのくに》を、安国《やすくに》と平《たひらけ》く知《しろ》し食《めせ》と、事依 奉《ことよさしまつり》き。

（六月晦大祓十二月准レ此）

すなわち高天原にいらっしゃる天の主宰神である「スメラガムツカムロキ・カムロミノミコト」は、あるときその子孫に地上の国統治を委託された、と明記されており、この語が皇祖神を指していることは疑いない。

つまりコトヨサシの主体である天上界の主神は、奈良時代の中頃以後は「皇親カムロキ・カムロミノ命」と呼ばれるようになったことがこれらの例からわかる。

しかしそれにしても、この語は意味の不鮮明なわかりにくい語である。どういう点がわかりにくいかというと、スメラ、ムツなどの語義も必ずしもわかりやすいとはいえないが、やはり何よりもわかりにくいのは、ここにカムロキ・カムロミ、つまり「キ・ミ」という、男女の対を示す（イザナキ・イザナミ、アワナキ・アワナミ）語が用いられているという点である。なぜ男女神なのか、具体的にはどの神を指しているのか。

そこでこの問題については古来さまざまな解釈がなされてきた。そのいちばん古い例は『古語拾遺』が記す、タカミムスヒがカムロキで、カミムスヒがカムロミだという解釈であろう。その他、カムロミとカムロキをアマテラスとタカミムスヒだと考えるもの、あるいはまたこの語は特定の神を指しているのではなく、ただ漠然と尊い男女神のことをいっているとみるものなどがある。いずれにしてもこの語が、曖昧さを含んだ意味の不鮮明な語であることは、現在でもまだこの点について定説がないということがよく示している。

天皇の権威の源泉であり、かつ神々の頂点に位置する天の主神が、なぜこのような曖昧な表現で呼ばれるのか。もしもアマテラスが古くから一貫して皇祖神であったのなら、なぜ途中からカムロキ・カムロミと呼ばれなければならないのか。これはやはり皇祖神の転換という事実を踏まえることで、はじめて理解できることではないかと思われる。そこでこのような曖昧な語が案出された事情について、筆者の推測を述べると次のとおりである。

七世紀後半の天武天皇の時代に、アマテラスを皇祖神として掲げる方針が打ち出された（転換時期についての私見は次章で述べる）が、しかしそれはタカミムスヒをその座から直ちに引き下ろすことではなかった。つまり最初二神はともに皇祖神の地位にあった。『古事記』の記述はその辺の事情を伝えており、『古事記』の天孫降臨条では、アマテラスが上位にあるが、しかし二神はともにコトヨサシの主体として並記されている。『日本書紀』にも、神武紀冒頭では、神武天皇の言として「昔我が天神、高皇産霊尊《たかみむすひのみこと》・大日孁尊《おほひるめのみこと》（＝天照大神―溝口）、此の豊葦原瑞穂国を挙げて、我が天祖彦火瓊瓊杵尊に授けたまへり」と記されている。これらによると八世紀前半の頃は、二神はともに皇祖神として扱われていたようである。

九世紀初頭に書かれた『古語拾遺』をみると、ここにも、「時に、天祖天照大神・高皇産霊尊、乃ち相語りて曰く、『夫、葦原の瑞穂国は、吾が子孫の王たるべき地なり。皇孫就《い》でまして治めたまへ。宝祚の隆えまさむこと、天壌と与に窮り无《な》かるべし』とのりたまふ」とあって、「天祖」つまり地上の国統治を命じた皇祖神として、二神をともにあげている。

このような状況の中で、文武天皇の宣命第一詔（文武元年〈六九七〉八月）にみるように、一時「天に坐す神」といった漠然とした間接的な表現がとられたこともあった。しかしこれはあまりにも一般的な用語で皇祖神を指すのにふさわしくない。そこで新たに「スメラガムツカムロキ・カムロミ」なる語が案出されたのではあるまいか。これはおそらくすでに使われていた「スメロキ（皇祖）」や「カムロキ（神祖）」などの語をもとに工夫・考案されたものではないかと考えられる。ともかくこの時、男女神を意味するキ・ミが使われたのは、上述の文献の例からみる限り、やはりアマテラスとタカミムスヒの二神が想定されていたからだと思われる。

しかしながら、タカミムスヒとアマテラスとは、前章でみたようにもともと神話の系統を異にする互いに異質な神である。多少とも神祇にかかわりのある人であれば、当時そのことはおそらく誰もが承知していたことで、したがってカムロキ・カムロミという一対の夫婦を思わせる表現と、タカミムスヒとアマテラスとの組合わせには違和感があった。『古語拾遺』が、さきに引いたようにアマテラスとタカミムスヒの二神を「天祖」あるいは「皇天二祖」などとしながら、しかしカムロキ・カムロミについては、タカミムスヒとカミムスヒのことだとしているのは、その辺の事情を物語るものである。つまりアマテラスとタカミムスヒの組合わせは、いわば急場しのぎの人工的な組合わせであったので、カムロキ・カムロミという語のもつ緊密な語感とは合わず、そういったことも理由の一つとなって、この語は、ますます何を指しているのかはっきりしない、実体のないぼやけた語となったと思う。

さらにまた、これは詳述を要するところであるが、天の至高神でありコトヨサシ（国家統治という大任の委任）の主体でもある皇祖神の観念自体、奈良時代以後は急速に曖昧になっていったのではないかと筆者は考える。もともとこの観念は、後述するように弥生以来の日本土着の世界観の中から自然発生的に出てきたものではなく、ヤマト王権時代に支配層によって取り入れられた、当時の先進的な輸入思想であった。したがってヤマト王権時代の政治や思想にとってこそ、その要《かなめ》として重要なものであったが、時代の変化によってその思想の必要性が薄れてくると、その神の観念自体次第にぼやけてくる。輪郭のはっきりしない漠然とした曖昧な語であっても一向に構わないという、このような語を受け入れる思想的環境、基盤がそこに用意されてくる。

このようにして、ある時はタカミムスヒとカミムスヒなど宮中所祭の神を指し、ある時はアマテラス一神を指し、ある時はタカミムスヒとアマテラスの双方を指し、ある時はこの二神を含めた天上界の尊い神すべてを漠然と指すというように、その場に応じたさまざまな解釈を許す、実体のはっきりしないこのような語が成立することになったのではないか。以上がこの語の成立についての筆者の推測である。

さて以上述べてきたようなこの語のもつ性格を念頭に置きながら、最後に残した問題として月次祭祝詞中の第1・2・5段落の罫線で囲った三例について、その解釈上の問題点をみてみることにしたい。

第一点は、まずこの月次祭祝詞中の三例も、やはりすべて皇祖神の意味に解してよいかという点である。なぜならこれらはコトヨサシ（委任）の語をともなっていない例だからである。

さて『延喜式』祝詞の中にこの語の用例は十三例ある。そのうち五例はコトヨサシの語をともなっており、皇祖神を指していることが明白である。残る八例の内訳は次のとおりである。

① 祈年・月次祭　三例
② 大嘗祭　一例
③ 鎮御魂斎戸祭　一例
④ 出雲国造神賀詞　一例
⑤ 中臣寿詞　二例

右のうち、③の鎮御魂斎戸祭の例は、直接コトヨサシの語こそともなっていないものの類似した表現があり、あとに続く叙述から、明らかにコトヨサシの主体としての神を指していると認められる（長くなるので引用は省略する）。次に⑤の中臣寿詞の二例は、同じ中臣寿詞の冒頭部分にコトヨサシの叙述を伴った語例があって、それを受ける形で記されているものでこれも問題がない。④の出雲国造神賀詞の場合は、その冒頭部分では「高天神王高御魂命」としながら、文中には「親神ロキ神ロミノ命」とあり、その意味では問題があるが、しかし天ノホヒノ命に命令を下すというその内容からいって、やはりコトヨサシの主体とみて差支えない。

　このようにみてくると、残るのは当面の問題である月次（祈年）祭祝詞の三例と大嘗祭の一例のみということになる。そこで月次（祈年）祭と大嘗祭祝詞の冒頭の例からみると、この二例はともに「高天の原に神留ります、皇睦神ろきの命・神ろみの命もちて、天つ社・国つ社と称辞竟へまつる、皇神等の前に白さく」という形式で、「カムロキ・カムロミノ命のお言葉で、そのご命令によって、全国の天社・国社の皇神の前に申し上げる」という内容である（本来「――神ろみの命の命もちて」とあるべきところ「命」が一つ省略されたのであろうとする説に従った。しかしそうとらなくても意味的には殆ど変らない）。つまり、カムロキ・カムロミは、全国の天社・国社の神々の一段上に位置する別格の神であることがその詞章の内容からわかる。

コトヨサシの語を伴った、皇祖神であることが確実な例の場合も、その多くは書き出しの形をみると、さきに引用した大祓の祝詞にみるように、「高天原に神留ります、皇親神ろき・神ろみの命もちて」となっており、この二例とまったく同じ形である。このような点を考え合わせると、この月次（祈年）祭祝詞の冒頭部分と大嘗祭祝詞の場合も、やはり皇祖神をさすとみるのが妥当だと思われる。

そもそもこの語は、同じ公的祭祀の場で用いられた同一の用語なのであるから、同一の意味で使われるのがふつうであって、いま行った検証はあるいは不必要な作業であったかもしれない。しかしこの語は従来きわめて曖昧模糊として解釈される問題の多い語なので、あえて確かめたわけである。さてそこで、月次（祈年）祭祝詞中の残る二例であるが、これは同一の祝詞中における同一用語なのであるから、当然同じ意味に解釈されるべきだといってよいだろう。したがって以上みてきたところから、宣命と祝詞におけるこの語は、すべて「皇祖神」の意味に解すべきことが判明したといえる。

第二の問題点は、月次祭祝詞の第2段落と辞別段中の、(B)の罫線で囲んだ箇所の解釈上の問題である。さきに括弧内(A)を検討した際はこの箇所は抜いて解釈を行った。

さてその箇所を引いてみると、そこには「皇吾《すめらあ》が睦神《むつかむ》ろきの命・神《かむ》ろみの命と」とある。「と」は、この場合「として」の意味にとるのが自然であるから、結局「皇祖神として」という意味になる。そうすると、つまり傍線部(A)(B)(C)の全体としては、「天皇の御世の長久や繁栄を祈念し守護して下さいますので、皇祖神として、天皇の尊い幣帛を献り申し上げます」といった意味になるわけである。

しかしながらそうとると、第2段落の場合は文脈上、上文の八神をすべて皇祖神といっていることになり皇祖神ではない神まで入ってくる。また辞別段の場合は、アマテラスを皇祖神といっていることになるが、アマテラスの場合は一柱であるからカムロミとのみあるべきで、カムロキ・カムロミとあるのはおかしい、このような問題が出てくるのである。

そこでこの箇所は近世以降さまざまに論議されて問題点の一つとなっている。『講』の解釈をみると、『講』は「天皇の親しい神ロキノ命・神ロミノ命の仰せ言であるとて」と訳している。つまりここも「命」が一つ省略されているととり、助詞の「と」については、「にて」の意味に解すべきだとしているのである。しかしそれならば意味的には「お言葉で」というのと同じで、それなら冒頭部分のように「――命もちて」とあるべきではないか。またその解釈では第2段と辞別段の二箇所にのみこの語句が入っている理由がつかないのではないか、さらにまた冒頭の句と重複するのではないか、などの疑問が出てくる。

したがって、この箇所の「と」は、やはりふつうに「として」の意味に解するのが最も自然であり、そのように解釈しても、「神ロキ・神ロミ」の語の性格を、先に述べたような多分に曖昧さを含んだものとみるならば、問題はないのではないかと筆者は考える。

このようにみる見方は古くからあって、真淵は『祝詞考』で、「神ろぎ神ろみの命ちふことばゝ、たゞ皇祖神のみを申奉るべき也」「次の中にはしか申まじきもあれど、こめてかくいふは、文の略とやいはむ」(傍点、溝口)と述べている。また宣長も『大祓詞後釈同附録[11]』で、「こは皇祖神ならぬ神たちもあれども、厚く尊み給ひて、みな皇祖神として祭り給ふよしなり、登《と》という辞是なり」「こは天照大御神は、比売神に坐せば、神漏弥《カムロミ》なるを、神漏伎《カムロキ》とも崇奉り給ふよしなり、……上の八神の例のごとし」といっている。

八神の筆頭はタカミムスヒ（前述）であるから、第2段落ではタカミムスヒを主な対象としてカムロキ・カムロミと言ったのであり、辞別段はアマテラスをカムロキ・カムロキと言った。つまり両者ともにカムロキ・カムロミを、漠然と「皇祖神」の代名詞のごときものとして用いているのである。

さてこのような解釈の上に立って、改めて月次祭祝詞の全体を見渡してみると、第2段と辞別段にのみこの語句が入っていることは、きわめて意味深いことだと言わねばならない。すなわちこの祝詞で祭られている神は数多いが、その中でタカミムスヒとアマテラスに対してのみ、「皇祖神として」という文言が用いられているわけである。つまりそのことは、祝詞製作者にそのような認識が明白にあったことを示している。さらにまた辞別段挿入以前の段階を考えるならば、祝詞はタカミムスヒに対してのみ、「皇祖神として」幣帛を献りますと、その冒頭で述べているということである。この祭りの古い段階の主神が他ならぬ皇祖神タカミムスヒであったことが、これによってよりたしかな形で浮かび上がってきたといえる。

以上月次祭祝詞の分析と、この祝詞がもっているいくつかの問題点の検討を行ってきた。ここで明らかになった諸点を、主要な事柄のみ箇条書きで述べて、まとめにかえておきたい。

① 月次祭祝詞の第5段落に続く「辞別」の段（＝アマテラスの段）は、後次の挿入である。

② 辞別段は、生く島の段と、タカミムスヒの段（＝第2段落）の詞章を合わせ、それに貢物に関するアマテラスに独自の詞章を加えて構成されている。

③ 前項によりアマテラスは、もともと月次祭の祭神ではなかった。

④ アマテラスは後次的に月次祭の祭神に加えられたもので、その際機能としては、タカミムスヒがもっていた王権守護の役割と、生く島の神がもっていた国土拡大の役割の双方を合わせて新たにアマテラスに附した。

⑤ 前項からアマテラスは王権守護神、国家神としては後発の神である。

⑥ 宮中の八神を「神魂・高御魂……」と記す『延喜式』祝詞の順位はのちの改変であって、八世紀以前はタカミムスヒが筆頭であった。

⑦ タカミムスヒは、天皇の身体や精神の健康にのみかかわる内廷的な神ではなく、もともとは王権守護の役割をもつ国家神であった。

⑧ 宣命、祝詞に頻用されている「スメラガムツカムロキ・カムロミノミコト」という語は、皇祖神を意味する語である。宣命・祝詞の用例は、すべてこの意味で用いられている。

⑨ 辞別段挿入以前の月次祭の主祭神はタカミムスヒであり、月次祭祝詞は冒頭の第2段落において、この神を主神とする宮中八神に対してのみ、「皇祖神として幣帛を献上致します」と記している。

概略以上のとおりである。

さて月次祭が、宮廷における最重要の国家的祭祀であったことを踏まえると、その祭神としてのタカミムスヒ・アマテラス二神の、祝詞にみるこのようなあり方は、本来の皇祖神であるタカミムスヒと、後発の皇祖神であるアマテラスの関係を、まさに絵に見るように示すものといえよう。

（祈年・月次祭祝詞の「辞別段」について、粕谷興紀氏が「祈年祭祝詞についての一考察」（『万葉』九四号、昭和五十二年四月）で詳しい考察を行っておられる。また松前健氏は『日本の神話と古代信仰』（大和書房、一九九二年）で、「宮廷内の諸祭である祈年祭・月次祭などには、アマテラスは、その祝詞の最後の部分には……名は出てきますが、この部分はどう見ても、後からの付加物であって、本来の祭神ではないようです」と指摘しておられる。いずれも脱稿後に気付いたため文中で触れることができなかった。記してお詫び申し上げる。）

## 三　タカミムスヒの特質と神名の意義

『記・紀』をはじめとする古文献に記されたすべてのタカミムスに関する記録に目を通して、同神の特徴を多方面から探ってきた。また宮廷祭祀の面からも突っ込んだ考察を行った。それらをとおして得られた特徴のうち、最も重要だと考えられる点を次に簡略にまとめておくことにしたい。また〝タカミムスヒ〟という神名の意義に関して、そのあと引き続いて私見を述べることにする。

〈タカミムスヒの特質〉

(A)神話面

(1)　天上界の主神。

(2)　皇室の先祖神に地上世界の統治を命じた神。

(3)　皇室の血統上の先祖神。

(4)　初代天皇神武の建国事業を扶けそれを成功に導いた神。

(B)祭祀面

(5)　宮中で祭られる。宮中所祭の八神の筆頭にある神。律令で規定された公的祭祀のうち、最も重要視された月次祭における本来の主祭神。天皇親祭でまつられる。その他、祈年祭、鎮魂祭、大嘗祭等における主要な祭神でもある。

(C)神話の保持者

(6)　大伴・斎部や物部などをはじめとする伴造氏（分身的神であるカミムスヒを含めると、伴造氏の大半がその保持者）。

文献の記載を通して読みとることのできるタカミムスヒの特質のうち、特に重要と考えられる点はほぼ右のとおりである。

　見られるとおり、(A)神話上での位置づけ・役割と、(B)祭祀面でどうであったかという点、そして(C)その神話の担い手や奉祭者は誰かという三点に分けて挙げたが、このうち(A)神話上の地位が、タカミムスヒの性格を基本的に規定するものとして最も重要である。神話は、『記・紀』成立当時まだ現実の規範としての役割を担っていたから、王権神話の中でこのように語られているということは、実際にこの神が皇室の権威を保証する唯一至高の神として、当時の王権社会で受け取られていたことを意味する。

　(B)の宮廷祭祀の主祭神であることは、まさに天上界の主神でありかつ皇室の先祖に天降りを命じた神でもあり、また先祖神でもあるという、神話で表現された皇室の守護神・国家神としての同神の性格と矛盾なく合致する。

　従来日本の古代では、王が親らその先祖神を祭ることはなかったと言われてきたが、それはアマテラスを先祖神として考えた場合のことであって、タカミムスヒに目を向ければ、このように日本古代においても、王はその先祖神を親ら手厚く祭っていることがわかる。

　なお(3)について断ると、タカミムスヒは、本来は血統的に皇室の直系の先祖であった筈で（『日本書紀』本文に「皇祖タカミムスヒ」とある）、そのことも重要な特質の一つであった。しかし『記・紀』成立時に、第一章で詳述した[12]ような形の操作が行われて、表面上同神は天降った天孫の外祖父ということになっている。

　この他に、第一章で見たタカミムスヒに関する特記すべき事項として、次の二点を加えておきたい。

(D)神話の系統

(8)　イザナキ・イザナミ系神話群とは別系の神話体系に属する神。

(9)　日・月神の祖で、かつ天地を鎔造したとする伝承をもつ。

右に(8)として挙げた点は、タカミムスヒについて考察する際、その基本に置くべき、最も重要な点である。同神に関する従来の研究は、殆どの場合この点が考慮に入れられておらず、そのことが同神に対する誤った理解の根本的な原因になっている。

(8)については次節で取り上げるが、筆者はタカミムスヒの系統や本来の性格を示唆する貴重な伝承と考えている。

〈神名の意義〉

タカミムスヒの語義、とくに「ムスヒ」の語義に関しては、宣長以来[13]多くの議論が行われてきている。しかし多くの場合それは上述したような同神の古代社会における地位・役割・機能とは関わりなく論じられ、むしろ語義に大きな比重を置いて、語義からこの神の機能を規定するといった方向で考えられることが多かった。

例えば折口信夫は、ムスヒを日本人の信仰の中でもとりわけ重要なものと考え、いく度となくこれについて発言しているが[14]、彼のムスヒ観は、「むすぶ（掬・結）」という語のきわめて特異な、折口的な解釈や、またその漢字表記である「産霊」という語のやはり独自な解釈から主として形成されている。しかし「ムスヒ」は宣長がいうように、「ムス」＋「ヒ」であって、「むすぶ（結）」とは関係がなく、折口のこの語義解釈を現在とる人はいない。しかし彼の視点や方法は、陰に陽にその後の学界に深い影響を与え、ある意味では、現在もなおそこから脱し切っているとはいえない状況があるように筆者には思われる。しかしここでその問題について述べる余裕はないので、この神名をめぐって現在行われている主要な論点と、それに対する私見を以下ごく簡略に述べることにしたい。

まずタカミムスヒ（記―高御産巣日神、紀―高皇産霊尊）の「タカミ」からいえば、これは宣長がいうように、「タカ（高）」も「ミ（御・皇）」もともに美称《たたえこと》で、要するに美称を二つ重ねた語である。このことは従来から異論のない点である。ただこれまであまり言われていない点で筆者が注目しておきたいのは、美称を二つ重ねた、この「高く尊い」という意味の形容語は、この神名と「タカミクラ（高御座）」以外には使用例がないという事実である。タカミクラは、いうまでもなく天皇の坐る玉座のことであって、同時に「皇位」を表わす用語として『続日本紀』の宣命などに頻用されている（「天日嗣《あまつひつぎ》高御座《たかみくら》之《の》業《わざ》」―天から受け継いだ、天皇として国を統治する事業の意）。したがって、

タカミクラ――天皇の座

タカミムスヒ――天皇のムスヒ

というように、「タカミ（高御）」というこの至尊を意味する形容語は、天皇に関わる事柄にのみ用いられる語であることが、当時は暗黙のうちに了解されていたのではないかと考えられる。『日本書紀』の「高皇」という「皇」を用いた表記はまさにそのことを示すものと思われる。

次に神名本体の「ムスヒ」（ヒは清音、ビではない）であるが、この語については、現在ほぼ宣長の解釈が基本的に受け入れられているといってよい。

すなわち宣長は、「産巣《ムス》は生《ムス》なり、其は男子女子《ムスコムスメ》、又苔《コケ》の牟須《ムス》など云牟須《ムス》にて、物の成出《ナリイツ》るを云」「日《ビ》は、書紀に産《ムス》霊《ビ》と書れたる、霊《ノ》字よく当れり、凡て物の霊異《クシビ》なるを比と云」「されば産霊《ムスビ》とは、凡て物を生成《ナ》すことの霊異《クシビ》なる神《ミ》霊《タマ》を申すなり」として、ムス（生成）＋ヒ（霊異）と考えた。

この宣長の解釈のうち、現在一つは「ムス」について、またもう一つ「ヒ」に関しても論議がある。まず「ムス」に関する論議は、主としてこれが自動詞であるのか他動詞であるのかをめぐるもので、中村啓信(15)・西宮一民(16)・神野志隆光(17)各氏らによる精緻な論が展開されている。「自ら生成するヒ」なのか、「万物を生成するヒ」なのか、ムスの語義・語法の検証が詳細になされている。

「ヒ」に関しては、宣長の「奇《くし》び」説は現在受け入れられていない。『日本書紀』の「産霊《むすひ》」という漢字表記の「霊」から、「霊力」を意味する語であろうとするのが通説である。ただその場合、太陽を意味する「日《ひ》」がそこに含意されているかどうかが一つ問題で、この点の解釈は論者によって分かれている。ほぼこのような状況である。

さて私見は、旧稿「記紀神話解釈の一つのこころみ――「神」を再検討する――（中の二）」で述べた見解と基本的には変っていないので、ここで繰り返すことはしないが、要するに「ムスヒ」は太陽信仰にもとづく神霊観で、「ヒ」は、語としてはもともと太陽を意味する「ヒ」と同一の語だと考えるものである。ただし、オオヒルメ（アマテラスの旧名）の「ヒ」などとは異なり、同時に日・月をも意味するような、天にあって遍く万物を照らし恵む至高の存在といった、やや抽象的な概念であったと考えている。そして生成の働きをその属性として規定して「ヒ」の上にかぶせた。その場合、「ムス」が自動詞であるのか他動詞であるのかという問題があるわけであるが、筆者はどちらかといえば、やはり他動詞とみるのが自然ではないかと思う。

そのことより、他の諸説と私見との大きな違いは、一つは筆者がこの神名と、高句麗・新羅など、当時の朝鮮半島の王権が祖神として掲げる天帝との関連を主張して、タカミムスヒをそれらと共通する観念であり、また名称でもあるとする点である。

またもう一つは、諸説が『日本書紀』の表記「産霊」の「霊」の語を、「霊力」の意にとって、そこから例えば

「生成のエネルギー」といった現代的なイメージを引き出したりすることに同意できないという点もある。そこではムスヒの神は、あたかも宇宙に遍在する一種のエネルギーであるかのように捉えられている。しかしそれは上述してきたような古文献の示すムスヒ像とはほど遠い。

「産霊」の「霊」は、『大漢和辞典』によれば「㊀かみ。㋑八方の神。〔楚辞、劉向、九歎、遠逝〕合三五嶽與二八霊一兮。〔注〕八霊。八方之神也。㋺天神。〔尸子〕天神曰レ霊。〔張衡 南都賦〕霊祇之所二保綏一。〔注〕善曰、霊祇、天地の神。㋩雲の神。（以下略）」とあって、「神」「天神」の意味である。ムスヒはまさしく天の神（タカミムスヒだけでなくカミムスヒも同じ）であるから、天の神にふさわしい字として「霊」の字が選択されたのであろう（霊の語についてはさらに二二八頁で詳述する）。その場合、ヤマツミが「山祇」という漢語で表記されているのと同じように、日本語としての「ヒ」や「ミ」のもつ正確な意味は表現されていないのである。『日本書紀』の表記「高皇産霊」をこの意味で解釈すると、「高く尊い（皇室に関わる）生成の天神」ということになり、神話が描き出しているタカミムスヒ像と矛盾なく一致する。

ところで筆者は、ムスヒに対する古代の人々の受けとめ方は、時代とともに大きく変化したと考えている。その点についてみるために、次に「ムスヒ」の表記を文献別に調査したものを表14として掲げる。なお、比較のため「タマ」の表記も併せて載せた。

表14 ムスヒとタマの表記

| 神霊観／文献 | ムスヒ | タマ |
|---|---|---|
| 古事記 | 産巣日 | 玉（10） 魂（5） |
| 日本書紀 | 産霊（武須毗） | 玉（17） 魂（3） |
| 風土記 | 牟須比（1） 魂（8） | 玉（14） 魂（1） |
| 新撰姓氏録 | 産霊（2） 魂（52） | 玉（10） |
| 延喜式神名帳 | 産日（6） 魂（11） | 玉（34） 魂（12） 多麻（2） 霊（2） |

括弧内の数字は用例数。

表3に見るように、ムスヒの表記は『記・紀』と『風土記』の

間に断層がある。すなわち『風土記』以後は「魂」一字で表記された例が圧倒的に多い。「魂」の字の使用は、『記・紀』のように二字乃至三字で表記する面倒を避け、また意味の上からも、もっとわかりやすい字を使おうとする人びとの欲求の結果かもしれない。また文献の性格をみると、「魂」の字の多用は時代の差であるのと同時に、中央の史局における表記と地方や民間における表記との差でもあるようである。民間主導で起った現象かもしれない。

いずれにしても八世紀中頃以降、ムスヒは「魂」一字で表記されるようになっている。これにはいま述べたように最初は多分に便宜的な面があったかもしれないが、しかしやはりこのことは、この頃ムスヒが人びとにとって、「魂」と表記してもさして違和感のない、あるいは「魂」に近い観念として受けとめられるようになっていたことを示しているといえよう。

「魂」は『大漢和辞典』によれば、「㊀たましひ。㋑人の生成長育をたすける陽氣。精神を主るを魂、肉体をつかさどるを魄といふ。（中略）㋺精神。肉体を主宰するもの。魄をかねての称。」とある。あるいは一般の人びとの受けとめ方は、ムスヒの「ムス」の部分に意味の上で次第に比重がかかるようになり、人の生成長育の神と受け取られるようになったのかもしれない。

筆者はあとで詳述するように、この神は五世紀に統一王権が成立する頃輸入された、当時としては新しい神観念であり思想であったと考えている。ところがその後在来の土着の文化に溶け込んでいく過程の中で、その内容はかなり大きく変貌した。

第一段階としてヤマト王権の国家神・皇祖神として定着する時点で、すでにいちばん最初この神がもっていた金属文化的要素は切り捨てられて農耕神的な色合いの濃い神となり、次に第二段階で八世紀以降国家神としての地位を下りると、今度は天の至高神的、太陽神的性格を急速に失って、単なる人の生成長育に関わる神といった受け取り方をされるようになる。大雑把にいえばこのようなかなり劇的な変化の過程をこの神は辿ったのではないか。

しかしながらこの神の『記・紀』成立直前の頃の本質が上述の如きものであったことは、古文献の分析を通して疑いのないところである。

# 四 タカミムスヒの源流——天の至高神タカミムスヒ(18)——

## 1 北方民族の天の至高神

すでに述べてきたように、筆者はタカミムスヒの原郷を北方系の天の至高神とみるのであるが、その根拠として第一にあげられるのは、両者の間にある著しい類似である。さらにまた当時の東アジア世界の歴史的状況も、その推測を強める大きな要素である。つまり紀元前後から五・六世紀の頃、広大な東北アジアの地域に興亡した多くのアルタイ・ツングース系遊牧民の帝国や、また同時期朝鮮半島に成立した古代王国の間では、以下にみるような天の至高神の観念が、共通の世界観・王権観として広く行われていた。したがってほぼ同時代に成立した日本の古代王権が、当時の東アジア世界を覆う、いわば普遍思想ともいえるその観念を取り入れた可能性は、当時の日本と朝鮮半島の国々との関係の密接さからみて、きわめて高いと考えられる。

これらの点を箇条書きにして次に挙げてみる。

(1) 匈奴以来北方の広野に興亡したアルタイ・ツングース系遊牧民族の国家は、いずれも天帝（＝太陽神）の子の天降りという思想を、王の権威の拠り所とし、帝国支配の基礎としていた。

(2)　朝鮮半島に成立した古代王国、高句麗、百済、新羅、加羅等の諸国も、その思想を取り入れて、同じく天帝（＝太陽神）の子の天降りによる建国を、国の統一支配の思想的基盤としていた。

(3)　日本の建国神話である天孫降臨神話が、朝鮮諸国のそれと著しく類似する骨格をもち、細部においても種々似通った点をもつことは、すでに繰り返し説かれてきたところである。したがって、日本の古代王権も、朝鮮の古代王権同様、北方系の建国神話を取り入れて王の超越的権威の拠り所とし、統一支配の思想的根拠とした可能性が高い。

(4)　高句麗、百済、新羅、加羅等朝鮮半島の王権の建国神話における天帝、あるいは天降った天帝の子は、いずれもその名称に共通性がみられる。ところが日本の天孫降臨神話の主神タカミムスヒも、ムスヒの部分をみると、それときわめて類似している。

(5)　タカミムスヒについて、『日本書紀』はこれを「日月の祖」とする伝承を載せているが、北方系民族の天の至高神も、時に「日月」と称されている。高句麗の建国神話においても、天帝は「皇天」「日神」などと称されるのと同時に、「日月」とも呼ばれている。その点で両者の至高神観は酷似しているといえる。

(6)　タカミムスヒには「天地鎔造」という、日本の神話としては珍しい鍛冶師的創造神話が附着している。ところが上記北方系民族の建国伝説にも、鍛冶的色彩が色濃くある。この点も注目すべき共通点である。

右に掲げた諸点について、1から順次説明を加えていくことにしたい。まず1については、三品彰英氏[19]や護雅夫氏[20]によってすでに詳細に説かれているところである。その一端をごくかいつまんで述べることにする。すなわちB.C.二・三世紀からA.D.一世紀にかけての頃、北アジアに強大な帝国をつくった匈奴の王は、みずからを「天の子」と称していた。匈奴の王は「単于《ぜんう》」とよばれるが、それは「撑犂孤塗単于《とうりことぜんう》」の略称で、「撑犂」は匈奴の言葉で「天」を意味し、「孤塗」は「子」であり、「単于」は「広大之貌」だと『漢書』の匈奴伝はいっている。

単于の漢の皇帝に対する書簡をみると、

天の立てるところの匈奴の大単于は、つつしんで問う。皇帝恙《つつが》なきか。

（『史記』匈奴列伝が載せる孝文初四年、前一七六の書簡。東洋文庫『騎馬民族史』[21]1。傍点、溝口）

天地の生めるところ、日月の置けるところの匈奴の大単于、敬んで漢皇帝に問う恙なきか。

（『漢書』匈奴伝上、東洋文庫『騎馬民族史』2。傍点、溝口）

というように、単于は、天地が生み、日月が命じたという己れの出自を誇り高くうたっている。

この「天が置いた」、「天の子」である単于、という表現は、彼らにとってけっして単なる飾り言葉やうたい文句だったのではない。実際に単于は天（＝日・月）が天降って地神と交わることによって生まれた神異の存在だと信じられていた。[22]そのことは、後続の民族の伝承や風俗、習慣によっても明らかである。

匈奴以後に起った、鮮卑、柔然、高車、鉄勒、突厥といった、二・三世紀から六・七世紀にかけての頃の遊牧民族の国家や、またそのあとを受けた遼、元などの国々の始祖伝承にもこれと同じ思想がみられる。

例えば高車の始祖伝承によると、匈奴の単于は娘を天に与えようとして、無人の地に高台を築きその上に娘を置いておいた。ところがあるとき一頭の狼が現れてその娘を妻とした。その子孫が高車なのだという。[23]

狼は天の化身であって、あとで引く有名なチンギス＝カンの始祖伝承や、突厥の伝承にもみられるように、獣祖伝説と天降り伝説との結合は、これら北方遊牧騎馬民族にみられる著しい特色である。

また突厥の王は、隋の高祖に対する書簡に、天より生まれたる、大突厥の、天の下なる聖賢なる天子、伊利倶盧設莫何始波羅可汗より、大隋皇帝に書簡を送る。

（『隋書』突厥伝、東洋文庫『騎馬民族史』2）[24]

と書いており、あきらかに匈奴と同じ支配者観の上に立っている。

八世紀中頃作成された突厥のホショーツァイダム碑文には、可汗が、「突厥の天」の「言」「命」によって立てられ、「四方なる民」を「整えて」「死すべき民を生かせ養い」得たのも「天が命じたため」であった、と記してあるという。[25]

この「天」が、北方民族固有の伝統的世界観に根ざした独自の概念であることは上記の諸家によって説かれているところで、それは例えば次のような民族儀礼と一体のものであることからもいえるということである。つまり、有名な太陽呪術の要素をもった突厥王の即位式のあり方――護氏は、シベリアシャーマンの成巫儀式にその基盤をもつと説いておられる――や、天幕の東側が、日の出を拝むために開けてあるという、匈奴に類似した太陽崇拝の習俗、あるいは五月中旬、タミール河に集って行われるという、国家的祭祀である天神の祭りなどがそれである。始祖伝承もさきの高車のそれに類似している。

時代は下るが、モンゴルの始祖伝承も、これら古い東北アジアの民族の伝統を受け継いでいる。『元朝秘史』によると、チンギス＝カンの始祖伝承の冒頭は、

上天の命を受けて生まれた蒼い狼があった。その妻である美しい鹿があった。

とあり、高車、突厥と同じく、天の化身である狼の出現に始まっている。しかし同時にモンゴルの伝承には、次のように夫余、高句麗につながる要素もみられる。

すなわち、その蒼い狼の子孫であるドブン＝メルゲンの妻のアラン＝ゴアは、夫の死後三人の子供を生んだが、それは日・月の光によって孕んだのだという。

夜毎に光る黄色い人が、テントの天窓の戸口の明るみから入って、アラン＝ゴアのお腹をさすり、その光はアラン＝ゴアのおなかの中に透きとおった。出ていくときは、日月の光で、黄色い狗《いぬ》のようにはって出た。このことからみると、その光る人の子は、明らかに「騰格哩」（皇天）の子にちがいなかった。

この日・月（＝皇天）の光によって生まれたという三人の子の中の末子の子孫がチンギス＝カンである。

このように、チンギス＝カンの始祖伝説には、狼祖伝説の要素があるのと同時に、いわゆる日光感精伝説の要素もあり、また皇夫が同時に日・月とも表現されていて、高句麗の始祖伝説と密接なつながりをみせている。

## 2　朝鮮半島の天降り伝承

紀元前後の頃、鮮卑の東にあった夫余族が南下して高句麗を建て、同じ夫余族が一部高句麗から分かれてさらに南下し、四世紀前半の頃百済を建てたと伝承でいわれているが、これらの国の始祖伝承は、前節でみたチンギス＝カンの、日光感精型といわれる始祖伝承ときわめてよく似ている。

ただし北方遊牧民族に特徴的だった獣祖伝承の要素はもはやこれらの国にはなく、かわって卵生要素が顕著である。天の化身としての狼や狗は姿を消し、その代りに天帝の子は卵として生まれている。卵生伝承は、三品彰英氏によるとビルマなど南方に広く分布しているということで、(26)おそらく朝鮮半島の基層社会がもっていた土着文化が影響を与えたものであろう。その点で、遊牧騎馬民族である北方アジアの国々と、半牧半農耕、あるいは完全な農耕社会である朝鮮半島の国々の始祖伝承との間には、はっきりとした差がある。

しかしながら、王を、天帝が天降って生んだ皇天の子とし、天に唯一絶対の権威を求める点は同一で、明らかに同系統の神話である。さらに北方遊牧民族における「天」は、さきにみたように同時に太陽でもあり、またときに日月も表現されていて、その間に区別のない一体的な観念であったが、高句麗の「皇天」「天帝」にも同じ特徴が見出される。その点を次にみてみよう。四一四年に建てられた有名な高句麗広開土王の顕彰碑文、すなわち好太王碑文は、冒頭で初代王朱蒙（鄒牟）の出自について、次のように記している。

惟昔始祖鄒牟王之創基也、出自北夫余天帝之子母河伯女郎

すなわち天帝の子であり河の神の孫であることが、朱蒙が王として君臨し得る所以であって、これはさきにみた匈奴に始まる北方アルタイ・ツングース系民族の王者観と同じ思想である。

ところが右の碑文の「天帝」は、やはり別の文献では「太陽」とも書かれている。次に文献に記された朱蒙伝説を引いてみよう。朱蒙伝説は、中国史書をはじめ『三国史記』『三国遺事』『旧三国史』[27]等に載っているが、ここでは『魏書』の高句麗伝を引いておく。

高句麗は、夫余から分かれ出た。先祖は朱蒙だといっている。朱蒙の母は河伯《かわのかみ》の女《むすめ》であるが、この女は、夫余王のために室内に幽閉されていた。ある時、彼女は室内にさしこんできた太陽の光に照らされ、逃れようとしたが、太陽の光はどんどん彼女を追いかけてきた。やがて彼女は懐胎して一卵を生んだ。夫余王はそれを棄てて犬に与えたが犬は食べず、豚に与えたが豚も食べず、路傍に棄てたが、牛馬はそれを避けて通った。野原に棄てると鳥が集ってきて温めた。夫余王はそこで卵を割ろうとしたが割ることができず、ついにその母に返した。母が卵を包んで暖かい場所に置くと、やがて一人の男子が殻を破って生まれ出た。長じて朱蒙と名づけられる。朱蒙とは、弓矢を善く射る意味である。
（『魏書』高句麗伝、東洋文庫『東アジア民族史』1）[28]

このように高句麗において、天帝・皇天は、あきらかに太陽を指している。右に引用した他にも、朱蒙を「太陽の子」と記したものがいくつかある。ところがこの太陽である天帝が、高句麗ではまた同時に、「日月」とも表現され

ている。すなわち好太王碑文とほぼ同時代の、五世紀中頃のものと推定される、高句麗の使臣牟頭婁の墓誌には、朱蒙の出自について「河伯の孫、日月の子」（傍点、溝口）と繰り返し記されているのである。これはまさしくさきに匈奴や元においてみたのと同一の天帝観だといえよう。

さて百済は高句麗と同源と称して始祖伝承を共有しているので、次は新羅についてみてみると、ここでもやはり北方系の天降伝承を建国伝説の基礎にしたことがほぼ確かである。新羅、加羅に関しては、五・六世紀代の古い史料には恵まれていないが、新羅の場合、「文武大王陵碑文」の記載内容（「祭天之胤伝七葉」とある）からみて、遅くも六世紀には王の天降伝承が行われ、王の出自が天に求められていたことが確認できる。

『三国史記』新羅本紀によると、五世紀末に「始祖誕降之地」奈乙に神宮が創建され、以後文武王に至る間、七・八代に、「王親祀神宮」の記事がある。これと、「文武大王陵碑文」の記すところとは基本的に一致し、それによってみると五世紀末か六世紀はじめにおける神宮創建と、そこでの国家の重儀としての祭天の儀の執行は、ほぼ誤りないと考えられる。

浜田耕策氏によれば[29]、六世紀中頃行われた「国史」の修撰により「天」に由来する王統譜が確立し、また「天賜玉帯」（天が王に伝授した玉帯）の登場で、王の神聖性、唯一絶対性は一層高められたということである。

その六世紀中頃につくられた「国史」の冒頭を飾ったに違いない始祖神話は、後の『三国史記』新羅本紀や『三国遺事』にみられる金閼智や脱解王の天降神話に通ずるものと考えられるが、その中の脱解神話に注目すべき点がある。すなわちこの神話は朱蒙神話と多くの類似点をもっており、同系統の神話であろうと推察される[30]。また新羅における「天」は、やはり同時に太陽を意味していたことが、始祖王名等からほぼ確かに推定される。

加羅に関しては『三国遺事』の首露神話が有名であるが、これは「皇天」の子が卵として天降り建国する。やはり朱蒙神話に通ずる内容の伝説である。加羅にはこの他に、古く九世紀末に崔致遠によって書き残された建国伝説があり、これによると山神が天神に感じて孕み、初代大加羅王「悩窒朱日」を生んだことになっている。「朱日」は字義通り赤く輝く日の意味であろうと末松保和氏は解釈しておられ、[31] やはり加羅においても「天」「天神」は同時に太陽であり、加羅王は、天の子であると同時に日の御子でもあった。

以上、朝鮮半島の古代王国における始祖伝承が、同時代の北方アルタイ・ツングース系遊牧民族のそれと、特に「天」の観念においてきわめてよく似ており、基本的に同系統とみられることについて述べてきた。

### 3　日本の建国神話における天神観

さて百済や新羅よりやや遅れて成立した、日本の統一王権である大王家の始祖伝承、すなわち天孫降臨神話には、獣祖要素も卵生要素もみられない。しかし天つ神の子が天降って山神の娘と結婚し、初代王を生むといった話の骨格において、日本の天降り神話は、上述してきた北方民族や朝鮮半島の諸国のそれと基本的に同じだといって差支えない。

高句麗の朱蒙伝説と、日本の神武東征までを含む建国伝説との間には、単に話の骨格だけでなく、細部にまでわたる多くの類似点があるという大林太良氏の研究[32]がある。その他にも日本の建国伝説と、朝鮮半島の諸王国の建国伝説との類似は、従来から多くの研究者によって指摘されているところである。加羅の建国神話との類似には、とりわけ興味深いものがある。すなわちその一つは皇天の子の降臨地の山名の一致である。従来から指摘されているところであるが、首露神話における「亀旨《きし》峰」（加羅）と、記紀の「槵《くし》日」「槵触峯《くしふるたけ》」「久《く》士《し》布《ふ》流《る》多《た》気《け》」の一致がそれである。さらに前述のように、崔致遠の「釈利貞伝」逸文所載の加羅の建国神話[33]では、天神と山神が結婚することになっており、山神《やまつみ》の娘と結婚する日本の神話にきわめて近い。

このようにみると、日本の天孫降臨神話が、朝鮮半島のそれと密接な関係をもっていることは疑えないところである。だとすれば、結局上述したところから、日本の建国神話も朝鮮半島の神話同様、その源流に遡れば匈奴をはじめとする北方民族の始祖伝承の系統を引いたものである可能性はきわめて高いということになろう。

ところがこの点に関して、現在通説の理解は必ずしもそうではないのである。周知のように日本の天孫降臨神話については、これを弥生以来の古い農耕祭であるニヒナメ（＝大嘗祭）を神話化した祭儀神話とみる説が有力である。またその神話における主神タカミムスヒも、弥生以来の古い農耕神とみられている。したがって、日本の建国神話やそこにおける天神観の北方系説をいうには、通説である天孫降臨神話＝大嘗祭説や、タカミムスヒ農耕神説の批判を行う必要があるということになる。（天孫降臨神話＝大嘗祭の神話化説については、近年岡田精司氏が反対論を発表しておられる(34)。筆者も岡田説に賛成する立場から別稿で私見を述べている(35)。）

しかしここはその批判を本格的に展開できる場ではないので、とりあえずここではしばらく記紀神話から離れて、七世紀末の宣命に目を転じ、宣命を通して日本古代の支配層がもった天や天神観のあり方を確かめ、そこにみられる天や天神観によって論を進めることにしたい。

文武天皇の即位時（六九七年）の宣命、いわゆる『続日本紀』宣命第一詔の冒頭部分をみると次のように書かれている。

現御神止《アキツミカミト》大八島国《オホヤシマグニ》所知《シラシメス》天皇《スメラガ》大命《オホミコト》止良麻《ラマト》詔《ノリタマフ》 大命乎《オホミコトヲ》集侍《ウゴナハリハベル》 皇子等《ミコタチ》 王等《オホキミタチ》 百官人等《ツカサツカサノヒトドモ》天下公民《アメノシタノオホミタカラ》 諸《モロモロ》聞食《キキタマヘヨ》止詔《トノリタマフ》。 高天原尓《タカマノハラニ》事始而《コトハジメテ》遠天皇祖《トホスメロキノ》御世《ミヨ》中今《ナカイマ》至尓麻弖《ニイタルマデニ》天皇御子《スメラガミコ》阿礼坐牟《ノアレマサム》弥継継尓《イヤツギツギニ》大八島国《オホヤシマグニ》将知《シラサム》次止《ツギテト》天都神乃《アマツカミノ》御子《ミコ》随《ナガ》母《ラモ》天坐神之《アメニマスカミノ》依之《ヨサシ》奉之《マツリシ》随《マニマニ》此天津日嗣高御座之《コノアマツヒツギタカミクラノ》業止《ワザト》現御神止《アキツミカミト》大八島国《オホヤシマグニ》所知《シラシメス》倭根子天皇命《ヤマトネコスメラミコトノ》授賜比《サヅケタマヒ》負賜布《オホセタマフ》貴支《タフトキ》高《タカ》支《キ》広支《ヒロキ》厚支《アツキ》大命乎《オホミコトヲ》受賜利《ウケタマハリ》恐坐弖《カシコミマシテ》此乃《コノ》食国《ヲスクニ》天下乎《アメノシタヲ》調賜比《トトノヘタマヒ》平賜比《タヒラゲタマヒ》天下乃《アメノシタノ》公民乎《オホミタカラヲ》恵賜比《ウツクシビタマヒ》撫賜《ナデタマハ》牟止《ムト》奈母《ナモ》随神《カムナガラ》所《オモ》思行止《ホシメ》佐久《サクト》詔《ノリタマフ》天皇大命乎《スメラガオホミコトヲ》諸《モロモロ》聞食止《キキタマヘヨト》詔《ノリタマフ》。……

（北川和秀編『続日本紀宣命』）(36)

三行目以下を直訳すると「高天原において事を始め、はるか遠い昔の天皇の御代から、中昔、そして現在の天皇に至るまで、天皇の御子が次から次へとお生まれになる。その次から次へと生まれ継がれる天皇の御子が、大八島国を治めるのだという（天皇は天つ神の御子でいらっしゃるので）、天においでになる神の御命令にしたがって、天から受け継いだ『日嗣《ひつぎ》』の尊く高い位を、現つ御神として大八島国をお治めになる持統天皇が私にお授けになり、お負わせになった。その貴く高く広く厚い御命令を受けたまわり、恐れつつしんで、天皇の版図であるこの天の下を、乱れなく、平和に治め、天下の公民を可愛いがりいつくしみなさろうと、神でいらっしゃるままにおぼし召される。とおおせになる文武天皇のお言葉を、皆々承るようにと申し述べる」といった意味になる。

さて宣命の伝統的詞章と思われる右の文章には、いわば天孫降臨神話の精神を端的に述べたそのエッセンスともいえる内容が含まれている。当時の支配者観、「天」観を知る上での秀れた史料である。要点を箇条書きにしてみよう。

(1) 天皇の地位は高天原、すなわち天に基点をもつ。（「高天原に事始め」の「事」は、宣長がいうように「天つ日継の御事」すなわち天皇の地位のことである。）

(2) 天皇の大八島国支配は、天つ神の意志、あるいは命令（よさし＝委託）によって始まった。

(3) 大八島国の支配者は、天つ神の血統を受け継いだ者でなければならない。

(4) 天から受け継いだ天皇の地位は、「日継《ひつぎ》」すなわち「太陽を継承するもの」と呼ばれる。

(5) 天皇は天つ神の子であり、太陽の子であるという点で神異の存在である。

「天」あるいは「天つ神」の権威、その絶対的な優位性がまず前提としてあり、その子孫であるところに天皇の権威の源泉がある。つまり天皇の唯一絶対性は、もっぱら天に由来することがくどいほど繰り返し語られている。そしてその天は、「日継」の語によってみると、同時に太陽でもあった。(この時点の天つ神がタカミムスヒを指しているのかあるいは天照大神なのかは問題であるが、いずれにしても本来この神話はタカミムスヒのものであった。)

このようにまとめてみると、この思想は、1・2でみた北アジアや朝鮮半島の古代国家の支配者観、天観と基本的に同一だといって差支えないだろう。ところで日本の天神タカミムスヒには、北方系至高神との間にさらにいくつかの類似点がみられる。それを次に三点に分けて述べることにしたい。

## 4　至高神の神名

一つは神名の類似である。朝鮮半島の建国神話における主神名と日本のそれとの間に、筆者は明らかに類似がみられると考えている。しかしこの問題についてはすでに別稿で述べているので[37]、ここでは要点のみごくかいつまんで述べておくことにしたい。

北夫余・高句麗・百済の建国神話における天帝の名——解慕漱
北夫余の始祖王の名——解夫婁
高句麗の始祖王、朱蒙の一名——衆解
新羅の二代目の王の名(本来始祖王であったと推定される)——南解(「南」は、開く、生み出す、生まれるの意義をもつとされる)
加羅の始祖王の名——悩窒朱日

北夫余、高句麗、百済、新羅、加羅の建国神話に登場する天神、あるいは始祖王名には、右のように「解」を語頭あるいは語尾にもつ「解――」「――解」「――日」といったタイプが共通してみられる。ところがこの「解」は、朝鮮語の音では「へ」であり、へは日、すなわち太陽を意味する語だということである。そこでこれらの神名の「解」を太陽の意味に解釈することは、以前から韓国、日本双方の研究者によって行われてきている。加羅の例は、同じ語が音仮名でなく正訓で表記された例である。

ところが日本の建国神話における天帝タカミムスヒは、神名の核心部分「ムスヒ」についてみると、まさにこれと同一タイプに属する名称といえる。この一致は、それぞれこれらの神を主人公とする建国神話の、上述したような一致を背景に考えたとき偶然とは受け取りにくく、きわめて注目に値する事実であると思う。筆者この神名は、天に絶対的価値を置くこの時期の東アジア世界における普遍思想ともいえる世界観をヤマト王権が取り入れた時、それに伴って入ってきた神名ではないかと考える。

## 5　天と日・月

次に天＝日・月の問題に移ると、上述のように匈奴をはじめとする北アジアの国家や、また朝鮮半島の高句麗において、「天」「皇天」は、ときに「日（＝太陽）」と言い替えられ、またあるときは「日・月」とも表現されていた。しかしいうまでもなく天や日月は、世界的にみてつねにこのように一体的に捉えられているわけではない。したがってこのように、天と日・月の三者を区別することなく一体的に捉え、しかもそれを人態的に擬人化して、一個の人格をもった存在としてみるこのような見方は、この時期における、この地域の民族に固有の、きわめて特徴的な天観といってよいと思われる。

ところが日本の天孫降臨神話の主神タカミムスヒにも、第一章で触れたように、同じ特徴が見出される。『日本書紀』の顕宗紀三年の次の記事がそれを示している。

三年の春二月丁巳朔、阿閉臣事代《あへのおみことしろ》、命《おほみこと》をうけて、出《い》でて任那《みまな》に使す。是に、月神、人に著《かか》りて謂《かた》りて曰《のたま》はく、「我が祖高皇産霊《みおやたかみむすひ》、預《そ》ひて天地を鎔造《あひいた》せる功有《ま》します。民地を以て、我が月神に奉れ。若し請の依に我に献らば、福慶あらむ」とのたまふ。事代、是に由りて、京に還りて具《つぶさ》に奏《まう》す。奉るに歌荒樔田《うたあらすだ》を以てす。歌荒樔田は、山背国の葛野郡に在り。壱岐県主《いきのあがたぬし》の先祖押見宿祢《おしみのすくね》、祠《まつり》に侍《つか》ふ。

夏四月丙辰朔庚申、日神、人に著りて阿閉臣事代に謂りて曰はく、「磐余の田を以て、我が祖高皇産霊に献れ」とのたまふ。事代、便《すなは》ち奏す。神の乞《こはし》のままに田十四町を献る。対馬下県直《つしまのしものあがたのあたひ》、祠に侍ふ。

右に見るように、この記事の中でタカミムスヒは、日、月神の双方から「我《わ》が祖《みおや》タカミムスヒ」と呼ばれている。この場合、タカミムスヒは即、日・月ではなく、日・月の「祖《おや》」である。しかし記事内容をみると、日・月神はタカミムスヒの功績を理由に土地を要求しており、タカミムスヒと日・月神との間には同一視がみられるといってよい。その功績とは、天地鎔造、すなわち天地を、金属を鋳型に流し込んで作るように創造したというもので、これも大いに注目に値する内容であるが、この点は次に取り上げる。ともかく日、月神は、タカミムスヒの功績を、あたかも己れの功績ででもあるかのように誇って土地を要求しているのである。そこには明らかにタカミムスヒ＝日・月の観念があるといってよいだろう。

ここで右の記事中の月神について少しく述べると、これは従来から延喜神名式の壱岐国壱岐郡月読神社の祭神がそれに当るであろうとされ、山背国葛野郡に分祠されたのは、延喜神名式に載せる山城国葛野郡葛野坐月読神社であろうとされている。その点に筆者は異論はない。しかし、この月神の名がツクヨミであるという理由によって、この神をイザナキ・イザナミ神話に出てくる「月読命《つくよみのみこと》」と同一視するとしたらそれは誤りだと思う。おそらく日本で古くから親しまれてきた月神の名がツクヨミだったために、この神も次第に普通名詞のような感覚で、ツクヨミと呼ばれるようになっていったのだと考えられる。

つまりこの月神は、のちにツクヨミと呼ばれてはいるが、しかしイザナキ・イザナミから生まれた月神ではなく、イザナキ・イザナミ神話とは別系の、それとは異質な神話世界に属する月神であった。そのことは、「天地鎔造」という鍛冶師的創造神話と結びついていることや、また『旧事本紀』の次の記事からもいえることである。

『旧事本紀』の巻三天神本紀は、物部氏の先祖ニギハヤヒの天降りに関する伝承を記した巻であるが、その中のニギハヤヒを護衛して降る三十二神中にこの日、月二神がある。

天日神命　対馬県主等祖
天月神命　壱岐県主等祖

この時ニギハヤヒの天降りはタカミムスヒの指令によって行われており、地上で死んだニギハヤヒの亡骸を天上に運び葬儀を行ったのもタカミムスヒである。右の二神はこのようにタカミムスヒを主神とする神話に登場しており、ここでもタカミムスヒとの関連がみられる点が注目される。しかしそのことよりもここで注目されるのは、「天月神命」という神名である。すなわちこれは、まさしくいま問題にしている顕宗紀三年の記事中の神名と一致しており、これによって『延喜式』にみられる「月読」よりも、こちらの方が本来の古い形をとどめているのではないかという推測がかなり確かになる。『旧事本紀』に収載されたこれらの伝承の成立時期の考証には種々複雑な手続きが必要であるが、しかしこの部分に関してだけいえば、氏族名が全て旧姓で記されていることからみても、その原型の成立は天武以前と考えてよいのではないかと思われる。壱岐氏は、その時点ではツクヨミではなく、月神を奉斎していたのである。

さて次に日神については、延喜神名式の対馬島、下県郡の高御魂《たかみむすひ》神社、或いは阿麻氏留《あまてる》神社の祭神がそれではないかとされ、分祠された大和の神社の方は、十市郡の目原坐高御魂《たかみむすひ》神社がそれではないかといわれている。

月神は天の至高神タカミムスヒから早く分化したが、日神とタカミムスヒの一体化は後々まで残ったらしい。『山城国風土記』逸文に「天照《あまてらす》高《たかみ》弥牟《む》須《す》比命《ひのみこと》」とあるように、タカミムスヒは即太陽神としても受け取られている。（山城国葛野郡の木島坐天照御魂神社、大和国城下郡の鏡作坐天照御魂神社、摂津国島下郡の新屋坐天照御魂神社等の「魂」について、松前健氏はいずれもタマの神と受け取っておられるが、筆者はムスヒと考えている。これも日神的性格のムスヒである。）

おそらく天＝日・月といった特徴をもつ北方系の天の至高神の観念が朝鮮半島を経て日本に入ってきた時、日本では天、日、月を別個のものとみる根強い伝統に影響されて、天と日と月に分化して受け取られていった。その過渡期の、比較的原型に近い観念が、顕宗紀三年の記事に残っているのではないかと思う。この伝承の担い手は壱岐、対馬の豪族であり、朝鮮半島に近接するこの地に、より北方系の色彩の濃い、原型に近い伝承が伝えられていることはたいへん理解しやすい。

いずれにしてもわれわれは、顕宗紀三年の記事からタカミムスヒ＝日・月という、イザナキ・イザナミ系の神話にはない特殊な天神観を読み取ることができた。それはまさしく、上述してきた北方系の天の至高神のもつ特徴であって、この事実はタカミムスヒの系統を一層確かに示唆するものといえよう。

## 6　鍛冶師型創造神話

タカミムスヒと鍛冶伝承との結びつきは、従来タカミムスヒを問題とする際ほとんど取り上げられていない点であるが、これはタカミムスヒの系統を考える上で、とりわけ注目すべき特徴であると思う。

北アジア民族の建国伝承に鍛冶の要素の色濃いことに関しては、すでに三品彰英氏や護雅夫氏の著作や論文[38]に詳しく述べられている。前述の、「天」より生まれ「天」によって国を与えられた突厥の王は、同時に先祖は鉄工鍛冶に従事する鉄工であったとも記されている。

またチンギス＝カンの鍛冶伝承も有名である。さきに紹介した、上天の命によって生まれた蒼《あお》い狼の話や、日月の光によって孕むアラン＝ゴアの話の前に、ドーソンの『モンゴル帝国史[39]』は、さらに次のような話を、古伝説として載せている。

すなわちチンギス＝カン生誕の二千年前、モンゴル族は皆殺しにされたことがあったが、そのとき二組の男女が生き残り、切り立った嶮《けわ》しい岩壁の中に逃避した。子孫が増えてその岩壁からの脱出をはかろうとした人びとは、おびただしい木材を集めて火をつけ、七〇箇のふいごで火勢をあおって鉱坑を熔解させ通路を開いた、というのである。

そこでチンギス＝カンの後裔であるモンゴル朝の帝王たちは、この事件を追憶して新年の前夜に、鍛冶屋たちにその面前で灼熱した鉄を鍛えさせ、厳粛に上帝に感謝する風習をもっているという。

右の話は、一見はなはだ歴史的、現実的で、創世神話らしい趣をもっていない。しかし村上正二氏[40]はこの説話について、「世界的に広がった鍛冶族による天地開闢説話とつながって」いたのではないかと推測しておられる。おそらく語り継がれる間に、話手の関心に合わせて現実的な解釈がほどこされてきたものであろう。

また護雅夫氏は、このような北方民族の建国伝説につきまとっている鍛冶の要素、モンゴル王朝にみられる鍛冶儀礼等は、これらの民族が出発点でもっていた〝原始首長＝シャーマン＝鍛冶師〟という社会のあり方によってもたらされたものであろうと説いておられる。ともかく、天の子の天降りによる建国を特徴とするこれらの国は、このように同時に鍛冶の要素を特徴として色濃くもっている。

朝鮮半島の建国伝説についてみると、ここでは鍛冶の要素はあまり顕著ではない。しかし『旧三国史』の東明王本紀、つまり朱蒙伝説の中に鍛冶要素の片鱗とみられる箇所がある。すなわち天降った天帝の子が鞭で地面に画をかくと、たちまち「銅室」が出現したとあるのがそれである。この部分が、もし古くからの伝えであるとすれば、鍛冶師＝シャーマン的要素の痕跡といえるかもしれない。

さらに新羅の脱解伝説中にも鍛冶の要素がある。『三国遺事』の記述を要約して引いてみよう。すなわち『三国遺事』によると、新羅の脱解王は朱蒙や首露同様、卵から生まれ、樹林の下で発見された神異の子であるが、住むべきよき地を求めてさすらい、地勢のよい峯を発見する。要するに「国まぎ」である。そしてその麓の邸宅を我がものとするために一つの策略を案じ、密かにその家の傍に礪炭を埋め、「私はもと鍛冶屋であったが隣郷に行って帰って来てみると、他人が私の家に住んでいる」と訴え出るのである。このようにしてその邸宅を自分のものとした脱解は、やがて南解王の娘を妃にして王位に就く。

この話も創世神話らしい趣をもっているとはいえないが、しかし神異の子が智恵と勇気と策略で国を我がものとする、建国伝説の一環であることは間違いない。そしてその中で、主人公が自分はもと鍛冶屋であったといっているのである。これはこの話の系統を有力に示唆するひとつの要素と考えていいのではあるまいか。(三品彰英氏は脱解を卵から生まれ樹林の下に置かれるといった特徴から天の子とみておられる。筆者も脱解神話は朱蒙神話に類似する神話と考えている。）

さて日本のタカミムスヒと鍛冶伝承との結びつきは、前節に引いた顕宗紀三年の記事でみたとおりである。すなわちタカミムスヒは、日・月神の託宣の中で、天地を「鎔造」した功績があるとされている。記紀の冒頭を飾っているウマシアシカビヒコヂのような植物化生型や、イザナキ・イザナミの胎生型万物創造とは全く異質な、このような鍛冶師型創造神話が日本にも存在し、しかもそれが、天皇家の起源を語る天孫降臨神話の主神タカミムスヒに附随した神話であるということは、大いに注目に値する事実だといわねばならない。しかし考えてみれば、タカミムスヒに鎔造神話が附着していることは、上述したところからみるとけっして不思議ではなく、むしろ当然予想されるところといってよいかもしれない。

以上のようにして、北方系の天の至高神とタカミムスヒとの間には、「天」の子の天降りによる建国という、骨格となる世界観・王者観の共通性の他に、神名の類似や天＝日・月の観念、鍛冶伝承の要素の存在といった、いくつもの共通点がある。このようにみてくると、タカミムスヒの系統はほぼ疑えないところではないかと考えられる。

## 五　タカミムスヒをめぐる諸説

順序は逆になったが、最後にタカミムスヒに関する先行説について、簡単に述べておくことにしたい。タカミムスヒに関する諸説は、大別すると次の二類に分けることができる。

(1)　日本文化の基層にある、弥生以来の古い土着神とみるもの。

(2)　四・五世紀以後に日本に入ってきた、新しい外来神とみるもの。

前者の説は、仮に一つに括ったがけっして同一の説というわけではなく、その内容は論者によってさまざまである。例えば前述した折口信夫の場合は、霊魂の技術者としての神とみているし、松村武雄は、世界を創成する生成の原理とみている。[41] また岡田精司氏は、アマテラスの前身の男性太陽神とし、[42] 山尾幸久氏は、万物の生成力の根源たる太陽霊とみるなどである。[43]

しかし総じて、穀物の生育に関わる古い土着の農耕神とみる見方が、最も広い支持を集めているといってよいだろう。三品彰英・[44]西郷信綱・[45]松前健氏らがそうであり、[46] 他にもこの見方に立つ研究者はきわめて多い。

次に後者の説は、その一つは、北方民族に固有の世界観に基づく神観念が、朝鮮半島の古代国家を経由して入ってきたものとみる見方で、岡正雄氏によって提唱された説である。[47] 大林太良氏もこの立場である。[48] 上述のように筆者はこの見方に立っている。

他に、中国の「司令神」信仰が日本に取り入れられたものとみる説があり、これは中村啓信氏によって提唱されている。[49]

この二種の他にも、津田左右吉のように、神代史の物語がひととおり出来上ったのちにつくられた、晩出の観念的な神とする見方などもある。[50] が、大勢はほぼ以上のようである。

このように、現状では前者の古い土着の農耕神とみる説が圧倒的に多くの支持を集めている。その理由は種々あるであろうが、筆者のみるところでは、一つには、『古事記』がその冒頭に、最古の神として同神を記していること、そして同神が、天孫降臨神話におけるアマテラス以前の古い司令神であるということ、この二つから、神々の中でも基層に属する古い神という印象が、一般に浸透しているという点があると思う。

しかしまた同時に、天孫降臨神話の本質を、天子が穀霊として誕生する神話として捉える穀霊神話説の影響も、きわめて大きいと考えられる。天孫降臨神話を、稲の収穫祭である大嘗祭と結びつけて、その神話化とみる説は、通説として長い間学界を席巻してきた。大嘗祭は、民間でも古くから行われているニヒナメの宮廷祭儀化したものであるから、そこにおける主宰神がタカミムスヒだとすれば、同神は当然古い農耕神ということになるわけである。

しかし天孫降臨神話を大嘗祭の神話化とみる見方に対しては、近年岡田精司氏が疑問を提出され[51]、それに賛同する人は徐々に増加している。筆者もその意見に賛同するもので、要するに筆者は天皇の即位式と大嘗祭とは、本来まったく無関係であったと考える[52]。しかし即位式と天孫降臨神話との間には結びつきがあり、――岡田氏とはやや見解を異にする点があるが――即位式は古くは天孫降臨神話の再現としての意味をもっていたと考える。大嘗祭（オオニヒナメ）は稲の祭りであって、その祭りの本質は穀霊誕生への祈願である。したがって即位式や天孫降臨神話は、基本的にはニヒナメや穀霊誕生とは関係がなかった。このように考えるものである。

この問題は、長年にわたってその周辺に積み上げられてきたさまざまな問題と複雑に絡み合っており、今後はそれらをひとつひとつ原典に立ち返って解きほぐしていく作業が必要である。しかし長く学界を覆ってきた共同幻想ともいうべき「天孫降臨神話＝穀霊誕生神話説」・「天皇穀霊説」の見直しに向けて、研究の動向はすでに大きく動き出しているように筆者には感じられる。

私見の立場からいえば、タカミムスヒについてはまず何よりも、イザナキ・イザナミ〜スサノヲ・アマテラス系とは系統を異にする別の神話体系に属する神であること、そしてヤマト王権時代における国家神であったこと、この二点を基本線に据えた上で、新たにその像が描き直されるべきだと考える。

## 第二節　アマテラス

### はじめに

アマテラス（記―天照大御神《あまてらすおほみかみ》、紀―大日孁貴《おほひるめのむち》・天照大神《あまてらすおほみかみ》・天照大日孁尊《あまてらすおほひるめのみこと》、アマテラスオオミカミと呼ぶべきであるが、通例にならって本書ではアマテラスと略称している）は、女性太陽神であり、日本神話の最高神であり、また皇室の先祖神でもある神として、広く知られている。

しかし、太陽神であることはその通りであるが、七世紀以前から天上界の主神であったり皇祖神であったりしたという点については、近年疑問が投げかけられている。もちろん八世紀以後この神が神々の世界で最高神の地位に就き、天皇家の祖神ともされていたことは確かなことである。が、七世紀後半以前においてはそうではなかった。七世紀後半以前には、前節で取り上げたタカミムスヒこそが、その地位を占める神であった。

この問題は、すでに前章以降繰り返し述べてきたのであるが、本節では、アマテラスの側から改めてそのことを検証しようとしている。

そこで、最初にまず『記・紀』などの古文献に記された、アマテラス関連の記事にひととおり目を通し、問題点など探ることにする。ただしアマテラスが八世紀以後最高神・国家神の地位にあったことは疑問の余地のないことで、改めて確かめる必要はないし、また文献の記載例が（「伊勢神宮」を含めると）膨大な量に上るということもあるので、タカミムスヒの場合とは違って古文献の全てを検証することはやめる。本書の主たるテーマは、上述してきたようにヤマト王権時代における神話の二元性と、主神の転換問題にあり、アマテラスについては七世紀以前におけるその実像を探ることにある。そこでその問題に関わりのある『記・紀』を中心にみることにしたい。なお『記・紀』についても、必要な箇所以外は原文や訓み下し文の引用はやめて、記載箇所のみ提示する形で行う。そしてその上で、それらの文献からみたアマテラス像を基にして、アマテラスの特質をタカミムスヒとの対比を念頭に置きつつまとめることにしたい。

続いて「アマテラスをめぐる諸説」を取り上げるが、しかしここで従来の諸説を網羅的に紹介するわけではない。アマテラスに関しては、神話学、国語・国文学、歴史学、民俗学等々、多方面からの膨大な量の研究の蓄積があるが、ここではそれら従来の研究の中で、争点として絶えず問題にされてきた「巫女昇格説」を取り上げて、それに対する私見を述べようとしている。「巫女昇格説」とは、アマテラスは、もともとそれ自身太陽神であったのではなく、本来は男性太陽神に仕える巫女であった、しかしそれがやがて祭られる神に昇格して女性太陽神と受け取られるようになったとみる説で、現在もなお有力な説である。この問題はアマテラスの本質を考える上できわめて重要な問題だと考えられるので、これに対する私見を述べておきたい。

## 一　文献からみたアマテラス

〔古事記〕

アマテラスの『古事記』における記載例は次のような箇所にみられる。周知のところではあろうが、改めて一覧表

表15 『古事記』におけるアマテラスの記載箇所

| | 記載箇所 | 備考 |
|---|---|---|
| (1) | 三貴子誕生条 | 九州の日向の河口で、イザナキの禊《みそぎ》の際、左目から生まれる。弟にツクヨミ・スサノヲがある。 |
| (2) | 三貴子分治条 | イザナキから高天原の領有支配を委任される。 |
| (3) | スサノヲ昇天条 | スサノヲが高天原に昇ってくるのを武装して迎える。 |
| (4) | ウケヒ条 | 安の河原におけるスサノヲとのウケヒで、アマテラスの玉から五男神が生まれる。そのうちの一神がアメノオシホミミである。 |
| (5) | スサノヲの勝さび条 | 勝ち誇ったスサノヲが、散々乱暴を働くがアマテラスはとがめない。 |
| (6) | 天の岩屋戸条 | スサノヲの乱暴に恐れをなしついに岩屋にこもる。世界が暗黒につつまれる。八百万神が協力してアマテラスを外に連れ出し、スサノヲを追放する。 |
| (7) | 八俣のヲロチ(大蛇)退治条 | ヲロチの尾から出現した剣を、スサノヲがアマテラスに献上する。 |
| (8) | 国譲り条(六箇所記載) | 瑞穂国の支配権を大国主に譲らせる。タカミムスヒと並称。 |
| (9) | 天孫降臨条(二箇所記載) | 天孫ホノニニギを天降らせる。タカミムスヒと並称。また鏡をアマテラスの御魂として伊勢神宮に祭ることを命じる。 |
| (10) | 神武東征条 | 熊野の高倉下に神剣を下して神武を助ける。タカミムスと並称。 |
| (11) | 崇神天皇条(伊勢神宮) | トヨスキイリヒメが斎王として伊勢神宮を祭る。 |
| (12) | 垂仁天皇条(伊勢神宮) | ヤマトヒメが斎王として伊勢神宮を祭る。 |
| (13) | 景行天皇条 | ヤマトタケルが東征の途次伊勢に立寄って神宮を拝み、ヤマトヒメから草なぎの剣等授けられる。 |
| (14) | 神功皇后条 | 皇后の胎中の御子に皇位を授ける旨の託宣を下し、皇后の新羅征討に冥助を与える。 |
| (15) | 継体天皇条(伊勢神宮) | ササゲノ王が、斎王として伊勢神宮を祭る。 |

(11)・(12)・(15)は、伊勢神宮に関する記載である。

にして掲げる。

さて『古事記』の記載をこのようにして通覧すると、アマテラスを日本神話の主神・国家神として一貫して描き出そうとする『古事記』の姿勢・意図が、何よりもまず強く感じられる。
(8)の国譲り条以降、アマテラスは、(9)天皇家の先祖に瑞穂国統治を命じて天降《くだ》らせ、(10)初代天皇神武の建国事業を援助し、さらに(13)ヤマトタケルの東征や、(14)神功皇后の新羅征伐にも冥助を与えて、国内・国外に版図を広げる上に重要な役割を果す神として描かれている。
このように同神は、『古事記』によれば、日本の建国と国家発展の最も重要なポイント・ポイントで、まさに国家神にふさわしい働きをした神である。しかしながら実際は、そのうちの国譲りや天孫降臨の物語りにおける主神の地位は本来タカミムスヒのものであって、アマテラスは後からその地位に就いたにすぎない。そのことは前章の天孫降臨神話の分析で詳論したところであるし、専門の研究者の間ではほぼ共通の認識になっている。

では景行天皇条のヤマトタケル伝説や、神功皇后条の新羅征伐の物語りにおけるアマテラスについてはどうか。これらの物語りにおけるアマテラスの働きも、アマテラスを国家神として描き出そうとする意図のもとに、あとから物語りに加えられたものなのだろうか。この点は、『古事記』におけるアマテラス像のもつ問題点の一つとして取り上げるべき点である。しかしこの問題と、もう一つの問題点である神宮の創祀の問題は、『日本書紀』をみたあとで、二書を比較しつつ考える必要があるのであとに廻すことにしたい。ここでは表15の最初に戻って、アマテラスに固有の神話である(1)〜(6)の神話部分におけるアマテラスの特徴をみてみることにする。
(1)三貴子誕生にはじまり、(6)天の岩屋戸に至るこの一連の神話が、これこそアマテラスと切り離すことのできないアマテラスに固有の神話部分であることについては、誰も異論のないところであろう。

この一連の神話におけるアマテラスの位置づけや特徴点を、前章で述べたところと重複する部分があるが、改めて箇条書きにして拾ってみる。次のとおりである。

(1) イザナキから生まれた神で、イザナキ・イザナミ神話と緊密に結びついている。
(2) きょうだい神として、ツクヨミ・スサノヲがあり、スサノヲとは神話上とりわけ強い結びつきがある。
(3) 地上で生まれ、その後天に送られる。
(4) 天上界（高天原）を、「わが国」として領有支配している。
(5) 天皇家の始祖である天孫ホノニニギの、系譜上の父親とされるアメノオシホミミを生む。しかしオシホミミとアマテラスとの関係は血縁の親子ではない。オシホミミはアマテラスが身に着けていた玉飾りの玉から、スサノヲとのウケヒによって生まれたとされている。
(6) オシホミミと同時に、同じくウケヒによってアマテラスの身に着けていた玉から生まれたとされる神々の後裔氏には、次頁の表の如く国造系の氏が多い。
(7) 天上界で田を作り、収穫祭を行い、服屋《はたや》で機織りをするなどの生活をしている。
(8) スサノヲの目に余る行為に対して何らこれを断罪せず、逆に度を越した悪業に恐れをなして岩屋に閉じこもる。
(9) 「あがなせの命《みこと》」の言葉や、髪をみづらに結い直す、服屋《はた》にいる、などから明らかに女性の神である。
(10) アマテラスが岩屋にこもると世界中が暗黒につつまれ、岩屋から一歩外に出ると、とたんに世界中が明るく輝いたとあり、明らかに太陽神である。
(11) 岩屋の外へは、自分の意志によってではなく、八百万神の策略で連れ出される。
(12) スサノヲに対する断罪と追放は、八百万神によって行われる。アマテラスはその処置にまったく係わらない。

表16　ウケヒ生みで誕生した神とその後裔氏・奉祭氏

| 物　実（ものざね） | 誕生した神 | 後裔氏・奉祭氏 |
|---|---|---|
| アマテラスの左のみづらの玉飾り | 1アメノオシホミミ | 天皇氏 |
| アマテラスの右のみづらの玉飾り | 2アメノホヒ | 出雲国造・武蔵国造・上菟上国造・下菟上国造・伊自牟国造・津島県直・遠江国造 |
| アマテラスのかづらの玉飾り | 3アマツヒコネ | 凡川内国造・額田部湯坐連・茨木国造・岐閉国造・周芳国造・倭淹知国造・高市県主・蒲生稲寸・三枝部造 |
| アマテラスの左手の玉飾り | 4イクツヒコネ | 記載せず |
| アマテラスの右手の玉飾り | 5クマノクスビ | 記載せず |
| スサノヲの剣 | 1タキリビメ、亦名オキツシマヒメ<br>2イチキシマヒメ、亦名サヨリビメ<br>3タキツヒメ<br>（胸形の三女神） | 胸形君により奉祭される |

(1)〜(6)の神話から、このように改めて特徴を取り出してみると、もう一方の天の主神であるタカミムスヒとはまったく異なる特質をもった神であることがよくわかる。すなわちタカミムスヒが最初から天に出現した天の至高神であるのに対し、この神は地上で生まれて天に送られる。その意味で、この神は地上性をもち、かつイザナキ・イザナミという、いわばより上位の神をもった存在だということがいえる。

また天皇家の祖神とされているわけであるが、その天皇家の祖先とこの神の関係は、前章でも述べたが、玉飾りとその所持者の関係にしかすぎない。このことにも改めて注目したい。「天つ神の御子」という語が、天孫ニニギや神武東征の際の神武に対して、絶対的な権威を表わす用語として屢々用いられるが、その権威の源泉である「天つ神」と「御子」との関係は、アマテラスを主神とした場合基点において血統ではないということになる。

さらにこの神の特質として最も注目されるのは、この神が、岩屋戸神話の中では何ら最高神、あるいは主権神らしい振舞いをしないという点である。目に余るスサノヲの暴行に何ら手を打たず、恐れをなしてその場から隠れ退いてしまう。事件を解決したのは八百万神である。そのあとでスサノヲを罰して追放したのも八百万神である。この神話において、この神が自らの意志で行ったのは岩屋に閉じこもる行為だけだといってよい。

ところがこれに対して、話が次の国譲りや天孫降臨神話の部分に移ると、この神は一転して断固として命令を下し神々に指図する、まさに最高神・主権神にふさわしい威厳ある神に大変身している。その間には明らかに大きなギャップがある。この後者の神話部分が、本来タカミムスヒに固有の神話であったことは先述したとおりで、要するにこのような性格は、本来タカミムスヒがもっていたものである。『古事記』はこの部分では、主語をタカミムスヒとの二神並記の形で記しており、前者の神話部分との差がそのような点にも表われている。

『古事記』のアマテラス像には、この他にもまだ取り上げるべき点が種々あるが、以上ここでは主要な点のみあげた。

〔日本書紀〕

『日本書紀』についても、まずアマテラス（伊勢大神・伊勢神宮を含む）について記載されている箇所を一覧表にして挙げる。なお、神代巻については本文のみ載せることにする。

『日本書紀』のアマテラスに関する記載を次頁の表17によって概観すると、神代の巻には基本的に『古事記』と一

表17『日本書紀』におけるアマテラスの記載箇所

| | 記載箇所 | 備考 |
|---|---|---|
| (1) | 神代上、第五段、三貴子誕生と分治条 | 大八洲国と山川草木が生まれたあとで、同じくイザナキ・イザナミから生まれ、天に送られる。 |
| (2) | 同、第六段、スサノヲの昇天とウケヒ（誓約）条 | スサノヲが天に昇ってくるのを武装して迎え、スサノヲとのウケヒによってアメノオシホミミを含む五男神を生む。 |
| (3) | 同、第七段、スサノヲの乱暴と天の石窟《いわや》条 | スサノヲの乱暴に驚いて身を傷つけ、石窟《いわや》に閉じこもる。世界は常闇《とこやみ》となり、八百万神が協力してアマテラスの連れ出しを図る。諸神がスサノヲを追放する。 |
| (4) | 神代下、第九段、天孫降臨条 | ホノニニギに関する系譜的記載の箇所のみ。 |
| (5) | 神武天皇即位前紀 | 冒頭の神武の言挙げ。<br>熊野で高倉下に神剣を下す。<br>ヤタ鳥の派遣。 |
| (6) | 崇神天皇六年 | トヨスキイリヒメに託してアマテラスを倭の笠縫邑で祭らせる。 |
| (7) | 垂仁天皇二十五年三月 | トヨスキイリヒメから離してヤマトヒメに託し、菟田から近江、美濃を経て伊勢に到り、祠《やしろ》を建てる。 |
| (8) | 景行天皇二十年二月 | イホノノヒメミコを斎王として派遣。 |
| (9) | 景行天皇四十年十月（伊勢神宮） | ヤマトタケルが東征の途次伊勢に立寄って伊勢神宮を拝み、ヤマトヒメから草なぎの剣を授けられる。 |
| (10) | 神功皇后摂政前紀、仲哀天皇八年九月・九年三月 | アマテラスの荒魂が、自分をよく祭ったならば、金銀・財宝に満ちた新羅国を与えようと託宣を下す。 |

| | | |
|---|---|---|
| (11) | 神功皇后元年二月 | 占いに対し、アマテラスの荒魂や御魂の祭り方について指示を与える。 |
| (12) | 仁徳天皇四十年二月（伊勢神宮） | ハヤブサワケノ皇子がメトリノ皇女を連れて伊勢神宮に逃げ込もうとする。 |
| (13) | 雄略天皇元年三月（伊勢大神祠） | ワカタラシヒメノ皇女（更名タクハタヒメノ皇女）斎王となる。 |
| (14) | 継体天皇元年三月十四日（伊勢大神祠） | ササゲノ皇女斎王となる。 |
| (15) | 欽明天皇二年三月（伊勢大神） | イハクマノ皇女（更名夢皇女）斎王となる。 |
| (16) | 敏達天皇七年三月五日（伊勢祠） | ウヂノ皇女斎王となる。 |
| (17) | 用明天皇即位前紀九月十九日（伊勢神宮） | スカテヒメノ皇女斎王となり「日神の祀」に仕える。 |
| (18) | 皇極天皇四年正月（伊勢大神） | 都の周辺でしきりに聴く猿の鳴声を、人びとが伊勢大神の使と噂する。 |
| (19) | 天武天皇元年六月二十六日 | 壬申の乱、伊勢国朝明郡で天武がアマテラスを望拝する。 |
| (20) | 同天皇二年四月十四日（天照太神宮） | 大来皇女斎王となり、まず泊瀬の斎宮に入る。 |
| (21) | 同天皇三年十月九日 | 泊瀬から伊勢に入る。 |
| (22) | 同天皇四年二月十三日（伊勢神宮） | 十市皇女・阿閉皇女、伊勢神宮に参詣する。 |
| (23) | 同天皇朱鳥元年四月二十七日（伊勢神宮） | 天皇の病気平癒祈願のため、多紀皇女、山背姫王、石川夫人を派遣。 |
| (24) | 持統天皇称制前紀、朱鳥元年十一月十六日（伊勢神祠） | 大来皇女斎王を解任、京に帰る。 |
| (25) | 同天皇六年五月二十六日（伊勢大神） | 伊勢・大倭・住吉・紀伊の大神へ奉幣。 |
| (26) | 同天皇同年閏五月十三日（伊勢大神） | 伊勢国の調役免除に関する奏言。 |
| (27) | 同天皇同年十二月二十四日（伊勢の社） | 新羅の調を、伊勢・住吉・紀伊・大倭・菟名足の五社に奉る。 |

(一) 「天照大神（天照大日孁尊）」でなく、「伊勢大神・伊勢神宮」などの場合は、その旨括弧に入れて示した。

(二) 景行天皇四十年是歳条と、同天皇五十一年八月四日条に「神宮」とあるのは、伊勢神宮のことと思われるが、右の表には挙げていない。ヤマトタケルが捕虜にした蝦夷《えみし》を神宮に献じ、その蝦夷をその後御諸山の傍に置いた話である。

致する伝承が載っているが、人代の巻の崇神以降になると、『古事記』にはないアマテラスをめぐる種々複雑な伝承が記載されており、アマテラスに関するさまざまな伝承の存在を知ることができる。『日本書紀』についても、主要な問題点を挙げてみると次の通りである。

まず神代の巻については、(1)三貴子誕生と分治から(3)天の石窟にいたる神話の前半部分は、いま述べたように『古事記』と基本的に同一で、これがアマテラスに固有の神話部分であることは、そのことからも確かめられる。

もちろん細かい相違は多数あって、例えばアマテラスは『古事記』のようにイザナキの左目からでなく、他の万物と同じくイザナミの胎から生まれる（本文）。またアマテラスの名称として「大日孁貴《おほひるめのむち》」を正式名称として挙げている。一書の範囲まで視野に入れると、ニニギの父とされるオシホミミが、スサノヲの玉から生まれる伝承があるなど相違点はて少なくなく、多くの興味ある問題を提供している。しかしさきに『古事記』のアマテラスについてまとめた特徴点についていえば、それらの諸点はほぼすべて『日本書紀』のアマテラス像についてもいえることである（ただしウケヒで生まれた五男神の後裔氏については記載されていない）。

とくにアマテラスが太陽神であり、かつ女性神であることは、『日本書紀』の場合は直接的に表現されており疑う余地がない。

最も重要な点は、『日本書紀』の場合もやはりアマテラスは最高神・主権神らしい振舞いをまったくしておらず、その点で『記・紀』は完全に一致しているという点である。このことから、『記・紀』の原資料である「旧辞」がまとめられた段階では、「旧辞」形成者の念頭に、アマテラスをそのような神として描こうとする意図はまったくなかったということがいえる。

神話の後半部分では、『日本書紀』本文は、アマテラスをまったく登場させていない。この天孫降臨神話（国譲りを含む）部分に関しては、前章で詳論したところである。
人代の巻に入ると、『日本書紀』のアマテラス関連の伝承は『古事記』に比べて非常に豊富で、詳論すべき問題がいくつかある。
その第一は、(6)・(7)の崇神・垂仁紀にみられる伊勢神宮の起源に関する伝承の問題である。『日本書紀』はこのように、伊勢神宮は垂仁朝に創祀されたとする伝承を載せており、『古事記』と大きく喰い違っている。この部分の訓み下し文を次に挙げる。

崇神天皇六年
是より先に、天照大神《あまてらすおほみかみ》・倭大国魂《やまとのおほくにたま》二神を、並《なら》びに天皇の大殿《おほとの》の内に祭る。然るに其の神の勢を畏《おそ》り、共に住みたまふこと安からず。故天照大神を以ちて豊鍬入姫命《とよすきいりびめのみこと》に託《つ》け、倭《やまと》の笠縫邑《かさぬひひら》に祭り、仍《よ》りて磯堅城《しかたき》の神籬《ひもろき》を立つ。

垂仁天皇二十五年三月十日
天照大神を豊鍬入姫命《とよすきいりびめのみこと》より離《はな》ちまつりて倭姫命《やまとひめのみこと》に託けたまふ。爰《ここ》に倭姫命、大神《おほみかみ》を鎮《しづ》め坐《ま》させむ処《ところ》を求めて、菟田《うた》の筱幡《ささはた》に詣《いた》り、更に還りて近江国に入り、東美濃を廻り、伊勢国に到る。時に天照大神、倭姫命に誨《をし》へて曰《のたまは》く、「是《こ》の神風《かむかぜ》の伊勢国は、常世の浪《なみ》の重浪帰《しきなみよ》する国なり。傍国《かたくに》の可怜国《うましくに》なり。是の国に居らむと欲《おも》ふ」とのたまふ。故《かれ》、大神の教《をしへ》の随《まにま》に、其の祠《やしろ》を伊勢国に立て、因《よ》りて斎宮《いつきのみや》を五十鈴川の川上に興つ。是を磯宮《いそのみや》と謂《い》ふ。則《すなは》ち天照大神の始めて天《あめ》より降《くだ》ります処なり。
一云はく、天皇、倭姫命を以て御杖として、天照大神に貢奉《たてまつ》りたまふ。是を以て、倭姫命、磯城《しき》の厳橿《いつかし》の本《もと》に鎮《しづ》め坐《ま》せて祠《まつ》る。然して後に、神の誨の随に、丁巳の年の冬十月の甲子を取りて、伊勢国の渡遇宮《わたらひのみや》に遷《うつ》しまつる。

これに対して『古事記』の方は、さきに触れたように崇神・垂仁天皇条では、皇子女に関する記載の中に、それぞれ「豊鉏比売命《とよすきひめのみこと》は、（伊勢大神《いせのおほかみ》の宮を拝《をろが》み祭りき）」「倭比売命《やまとひめのみこと》は、（伊勢大神の宮を拝み祭りき）」と、注記の形で斎王に関する記事を載せるのみである。

これに先立ち『古事記』は、上巻の天孫降臨条で、

「この鏡は、専《もは》ら我が御魂として、吾《あ》が前を拝《をろが》むが如く、いつき奉れ」とのりたまひ、次に、「思金神は、前の事を取り持ちて政《まつりごと》を為《せ》よ」とのりたまひき。この二柱《ふたはしら》の神は、さくくしろ伊須受宮を拝み祭りき。

と述べて、天孫降臨の際に、同時に伊勢神宮の創建も行われたととれるような叙述をしている。

『記・紀』成立当時、伊勢神宮はすでに皇祖神を祭る宮として国家から手厚く奉祭されていた。そのような時期に編纂された二大歴史書の伊勢神宮に関する起源伝承が、なぜこのように大きく喰い違っているのか。

『記・紀』より遅れて成立した『古語拾遺』や『皇太神宮儀式帳』をみると、これらはいずれも『日本書紀』の説に立っており、とくに後者はより詳細で整ったものになっている。したがってこれら後の文献を視野に入れてみた場合は、『記・紀』間に喰い違いがあるというより、『古事記』の説が孤立しているといった方が実状に合っているともいえる。ではなぜ『古事記』は孤立した説を掲げているのだろうか。

この問いに対して、筆者は次のように考える。すなわち『古事記』の草案が作られた天武朝の末年には、伊勢神宮の起源に関する『日本書紀』の説はまだ成立していなかったのではないか。なぜなら『古事記』の説は、その叙述もきわめて曖昧である上、内容にも相当無理がある。天孫は北九州に天降るのに、皇祖神を祭る宮はそのとき同時に伊勢に創建されるというのは、どうみても理屈に合わない筋書きである。しかし、『日本書紀』の説は、それに比べるとはるかに合理的でよくできており納得できる説だといえる。したがってもし『日本書紀』の説が天武朝の時期にす

でに存在していたとしたら、『古事記』がそれを無視することは考えにくい。すなわち「皇祖神アマテラス」を祭る宮としての伊勢神宮の起源に関する物語りは、天武朝の末年にはまだ形成途上であったのではないかと思う。なお『古事記』の成立過程についてここで詳論する余裕はないが、「天武天皇御識見本」ともいえる草案を、安万侶は基本的に変えなかったとみる西宮一民氏の見解(53)に、筆者は基本的に賛同している。

いずれにしても伊勢神宮の起源に関する『記・紀』間のこのような明確な相違は、この伝承の新しさを物語っているということはいえよう。

二つ目として、これは『古事記』にも記されている景行天皇条と神功皇后条におけるアマテラスの問題がある。さきに『古事記』の記載について述べたときに、意図的な造作の印象が強いとした箇所である。

周知のようにヤマトタケルと神功皇后の伝承は、これまですでに多くの研究が積み重ねられている分野であって、この問題を取り上げるにはそれらに言及する必要がある。しかしいまそれらはすべて省略して、現在筆者が抱いているおよその考え方のみ簡略に述べておくことにすると、これらの伝承におけるアマテラスの冥助は、『古事記』を見た限りでは前述のようにきわめて作為的な印象を受ける。「天照大御神」という新しい名称（アマテラスの名称に関しては次項で述べる）が一貫して使われていることもその印象を強める要因で、すべて『古事記』成立時の造作かと思わせるところがある。

しかしながら、一方『日本書紀』の伝承を見ると、これら二つの伝承におけるアマテラスの関与を、すべて皇祖神化以後の造作とは考えにくいところがある。結論のみいえば、アマテラスがこれらの伝承に神助を与える神として加わったのは、皇祖神化以後ではなく地方神時代とみるべきであろうと筆者は考える。地方神とはいえアマテラスは、皇室が斎王を派遣して祭るほど、七世紀以前からその神威が広く人びとに知られた有力な神であった（北九州の宗像三神の別称「道主貴《ちぬしのむち》」と、アマテラスの旧名「大日孁貴《おほひるめのむち》」のみ、「―貴《むち》」の尊称をもつことが注目される。この二神は、ある時期皇室からとくに重要視され、尊崇された神だったのではあるまいか）。

ヤマトタケル伝承にしても神功皇后伝承にしても、その形成にはいくつかの段階があったと考えられるが、そのいずれかの段階でアマテラスの神助伝説が加わった。そしてそれをさらに最終的に「天照大御神」の名称で一貫させて、国家神らしい趣きをもたせて整えたのが『古事記』ではなかったかと考える。『日本書紀』の伝承には地方神時代のアマテラスを彷彿とさせる貴重な情報が含まれており、地方神としての観点から『日本書紀』のアマテラス伝承は改めて見直すべきであると思う。

以上、伊勢神宮の起源伝承と、ヤマトタケル・神功皇后伝説におけるアマテラス神助伝承の、二つの問題について私見を述べてきた。

さて『日本書紀』の人代の巻におけるアマテラスの記事には、他にも斎宮の問題等述べるべき点がまだ多数ある。しかしそれはまた別の機会に譲って、要するに『日本書紀』のアマテラスに関する記載中には、アマテラスが天武朝以前は地方神であったとみる上で支障になると考えられるものはなく、むしろ地方神説を強める例がいくつかあるという結論のみ述べておくことにする。

## 二　アマテラスの特質

『記・紀』の記載を通して、そこに描かれたアマテラスの特徴やあるいは問題点を概観してきたが、それに祭祀面における特徴を加えて、改めてアマテラスの特質を列挙してみると次の通りである。

(A)神話面

(1) 地上世界でイザナキ・イザナミから生まれ、天上界へ送られる。

(2) 女性の太陽神。

(3) きょうだい神にツクヨミ（月神）とスサノヲがあり、スサノヲとは神話上とりわけ深い繋がりがある。

(4) ウケヒ神話と、天の岩屋戸神話がその固有の神話である。

(B)祭祀面

(5) 伊勢神宮の祭神。

(6) 六世紀以後、斎王の派遣による朝廷の直接祭祀を受ける。

(7) 天皇の親拝は一度も行われていない。

(8) 律令で規定された公的祭祀のうち、伊勢神宮に固有の祭りとしては、神衣祭と神嘗祭がある。

(9) 重要な公的祭祀に際して行われる神祇官からの班幣の順序は宮中神が最初で、次いで畿内国の諸神、次に東海道という順序であり、伊勢神宮はこの点で地方神と同じ扱いである。

(10) 祈年・月次二祭の祭神としてはあとから加えられた後発の神。

(C)その他

(11) 旧名は「オオヒルメ」、最高神に昇格すると同時に「天照大神」となる。

神話面における特徴についてはすでに述べてきた通りである。これらの特徴に加えてとくに強調しておきたい点として次の二点がある。

その一つは、第一章で述べた、アマテラスがイザナキ・イザナミ～大国主神話群に属する神だという点である。繰返し述べたようにこの神話群はきわめて豊富・多彩な内容をもつ神話群であるが、そのような一つの体系をもった神話の集合体が、『記・紀』以前に形成されており、アマテラスはその中の重要な一員として、人びとの間で物語られていた。

もう一点は、右に述べたことと密接に関連するが、例えば淡路島で祭られたイザナキや、またイザナキの禊の際に生まれたとされる住吉三神、あるいはアマテラスとスサノヲとのウケヒで生まれたとされる北九州の宗像三神など、広域にわたる、いわば列島規模での各地域の有力神を結ぶ神々のネットワークが、『記・紀』以前においてすでに成立しており、アマテラスはその一角を担う重要な神として存在していたという点である。

すなわちアマテラスは、皇祖神化以前の段階においても、けっして伊勢地方の一隅でひっそりと祭られた単なる一地方神であったのではなく、列島規模の広範な人びとに知られた土着文化の中核を担う存在であった。このことに注意を払っておきたい。

次に祭祀面であるが、(5)〜(10)にみられるような特徴は、まさに本来地方神であったアマテラスの性格をよく示している。

宮廷から遠く離れた伊勢で祭られた点、天皇の親拝が一度もない点などがそれである。これらの点についてはまたあとで述べるところがあり、斎王の派遣についてもそこで触れるが、要するに斎宮の制度は、伊勢神宮に対する天皇家の重視を示すものではあっても、伊勢神宮が天皇家の祖神であることを示すものではない。基本的に賀茂斎院と同じ性格の制度だと筆者は考える。

(8)の、伊勢神宮に固有の祭りが、神衣祭、つまり機織りの祭りであるという点はきわめて興味深い点である。これについてもあとで触れるところがある。

(9)として挙げた班幣の順序の問題は、『古語拾遺』で斎部広成が慨歎している点である。彼は『古語拾遺』の中できわめて遺憾に思うことを十一項目挙げているが、その中の第二番目に挙げているのがこの点である。「尊祖敬宗」が礼教の第一であり、アマテラスは天皇の祖宗で並びなく尊い存在であるのに、神祇官の班幣は伊勢神宮を諸神の後にしていると歎いている。

『延喜式』巻一、四時祭上によると、班幣の順序は、宮中三十座・京中三座にはじまり、畿内、東海道、東山道、北陸道、山陰道、山陽道、南海道の諸神の順になっている。要するに巻九の神名帳の順序と同じである。したがって伊勢神宮への班幣は、東海道に入って伊賀国に次ぐ伊勢国の最初に行われることになる。『古語拾遺』によって奈良末においてもそうであったことがわかる。

『延喜式』の巻九、神名上には、宮中、京中、畿内を終え東海道に入るとまず「伊賀国廿五座」があり、次に

伊勢国二百五十三座

大十八座就中十四座。預二月次新嘗等祭一。

小二百卅五座

度会郡五十八座大十四座 小卌四座

太神宮三座相殿坐神二座。並大。預二月次新嘗等祭一。

と記されている。

広成流にいえば、天皇の祖宗で並びなく尊い神であるアマテラスが、神名帳のこのような箇所に記されていること自体歎くべきことではあるまいか。しかしおそらくこのような祭祀面での位置づけは、実態を伴っているだけに容易に変更されず、旧いやり方が長く残ったのではないかと推察される。

⑽の、宮廷で最も重視された祭りである祈年、月次二祭におけるアマテラスの地位については、前節で詳述したとおりである。

⑾のアマテラスの名称に関する問題は、次の「アマテラスをめぐる諸説」の中で取り上げる。

## 三　アマテラスをめぐる諸説——巫女説批判——

アマテラスに関する先行研究には、分野や視点を異にするさまざまなものがあるが、私見ではそれらを通して現在最大の争点といえるのは、次の二点ではないかと思う。

その一つは本書が追求している皇祖神・最高神の問題である。つまりアマテラスは、果して古くから天皇家の先祖神であり最高神であったのかどうか。八世紀以後はたしかにそうであっても、『記・紀』以前、七世紀以前のヤマト王権下ではそうではなかったのではないか。この説は戦後間もない頃から提出され、現在はその支持を徐々に広げつつある。

もう一点は、いわゆる「巫女昇格説」をめぐる問題である。「巫女昇格説」とは、あとで詳述するようにアマテラスの前身を太陽神に仕える巫女であったとみる説である。

この説は、最初折口信夫によって提唱され、その後、細部での理解は各人各様であるが、大まかにいえば松村武雄・西郷信綱・岡田精司・松前健氏ら、きわめて多数の研究者の支持を得て、長く通説に近い地位を占めてきている。

これに対して、アマテラスを最初から女性太陽神としてみる見方もあり、これは岡正雄、大林太良氏ら神話学・民族学の分野の研究者に多い。筆者は後者の女性太陽神とみる説に賛成である。そこでその立場から、巫女昇格説に対する批判を以下に述べてみることにする。

なお、アマテラスの旧名オオヒルメノミコトの「ヒルメ」の語義の問題も、引き続きここで取り上げる。

巫女昇格説について、近年発刊された『上代文学研究事典』(54)の「天照大御神」の項目（松前健氏執筆）の記述が、簡潔でよくまとまっているので、はじめにまずそれを引用する。

この神の神話は、自然神としての太陽神の面と、皇祖神としての面があることは述べたが、また祭られる神としての面と、これを祭る巫女としての面が重なっていて、複雑である。機殿《はたどの》で神御衣《かむみそ》を織るこの女神の姿には、巫女のイメージが投影している。折口信夫は、ヒルメが男性日神アマテラスに妻として仕える「日妻《ひるめ》」の意だとし、この巫女のイメージが、祭られる神の上に投影して、天照大御神即《そく》大日孁という観想が生じたという。津田左右吉、岡田精司、松前健なども、天照大神は、もと男神であったと推測する。この天照男神説は、すでに江戸時代の外宮祠官度会延経なども唱えた説であったが、新しく見直されたわけである。

右の松前氏の説明の中には、巫女昇格説のもつ主要な問題点が要領よくすべて網羅されている。要約すると次の三点になろう。

(1) 天岩屋戸神話においてアマテラスは機殿で神御衣を織るが、その姿には巫女の姿が投影されている。
(2) アマテラスの旧名オオヒルメの「ヒルメ」は「日の妻」の意味である。
(3) 太陽神は、本来男性であった。

主としてこの三点が、従来巫女説の根拠とされた点であり、また巫女説の内容を形づくってもいる。

しかし結論から言ってしまえば、私見ではこの三点はいずれも神話や語義の間違った解釈によるもので、これらを根拠とする巫女説は成立しないと考える。アマテラスの前身はけっして巫女ではない。アマテラスは最初から太陽を擬人化して女性として捉えた女性太陽神である。このようにみるのが文献の最も素直な正しい解釈だと思う。

たしかに太陽は世界的にみて男性であることが多いが、しかし大林太良氏や李子賢氏が明らかにしておられるよう[55]に、日女・月男表象も広く世界中に存在している。古代日本では月が男性とされていた。このことは『万葉集』の「月読壮士《つくよみおとこ》」などから明らかである。土着のイザナキ・イザナミ系文化体系の中では、太陽は食物（穀物）神・水神・野神などとともに古くから女性とされ、月は男性とされていたのである。しかし巫女説を支える右の三点は現在なお人びとの間に牢固として根を下ろしているので、それに対する批判を以下順次述べることにしたい。

## 1　機《はた》を織るアマテラス

天の岩屋戸神話の中で、アマテラスが「神衣《かむみそ》」を織る場面が『記・紀』両書にある。次の通りである。

| 記 | 紀本文 | 第一の一書 | 第二の一書 |
|---|---|---|---|
| 天照大御神、忌服屋《いみはたや》に坐して神御《かむみ》衣《そ》織らしめし時、 | 天照大神の、方《まさ》に神衣《かむみそ》を織りて斎《いみ》服殿《はたどの》に居《ま》しますを見て、 | 稚日女尊《わかひるめのみこと》、斎服殿《いみはたどの》に坐して、神之《かむ》御服《みそ》を織りたまふ。 | 日神織殿《ひのかみはたどの》に居《ま》します時に、 |

アマテラスが自身で織る（紀本文・第二の一書）のと、服織女や稚日女尊に織らせる（記・第一の一書）のと異伝間に差があるが、しかしこれは大きな差ではない。いずれにしてもアマテラスは機織りに関わっているのである。

そこでこの場面に、従来多くの研究者は、それまで抱いていた「最高神」のイメージとの間の大きな違和感を感じた。神に供える布を織る仕事は、巫女の役目であるはずではないか。

「神衣を織ることは神に仕える巫女のする仕事。よって天照大神が巫女であったことを、この記事は示している」(日本古典文学大系『日本書紀』上、補注)、「神衣を織ることは神に仕える巫女の大事な務めであり、神を迎える巫女を機織りの姿で描く神話・伝承も多い。この部分の文は天照大神自身が機織りをしていることになるので、この織物を供える対象の神やこの行為について多くの論議があり、天照大神を太陽神に仕える巫女の神格化とする説の有力な論拠の一つとなっている」(日本思想大系『古事記』補注)。

多くの注釈書が一致して書いているように、ここに描かれたアマテラスの機を織る姿が巫女説の最大の根拠となっている。男性太陽神とそれに仕える機織る巫女のイメージが、抜きがたい固定観念として定着しているその原点である。

しかしながら、機織りを巫女の役目とするのは実はあまり根拠のない説である。また太陽神が機を織るのはおかしいという理由もない。実際君島久子氏によると太陽神の機織りの神話が中国南部や東南アジアに存在している。(56) あるいはそれと同系統の神話が日本の古代にもあり、その痕跡が変形しながら日本ではアマテラスの機織りや伊勢神宮固有の祭りである神衣祭に残っているのではないかという推測もできる。が、この見方は現在のところまだ一つの憶測にしか過ぎないので、ここでは神話の解釈として確実にいえる批判点を次に述べることにする。

まず第一点は、祭られる神であるはずのアマテラスが、祭りのための機を織るのはおかしい、という解釈についてである。私見では、そこには『記・紀』神話の神に対する根本的に誤った捉え方があると思う。

この場面の前にアマテラスは、弟のスサノヲが国を奪おうとしてやってくると考えて、ひどく警戒し武装してこれを迎えた。そして弟の挑戦を受けて呪術の一種であるウケヒ(誓約)を行っている。またアマテラスは、自分の国である天上界で田作りもしている。そして田を作る以上、収穫祭も行わねばならず、実際にアマテラスは収穫祭である新嘗を行っている。

このようにアマテラスは、天上界で殆ど人間と変らぬ生活をし行動をしている。それらの行動の一環として、斎服《いみはた》殿《どの》で機を織るという行為もある。

天上界であれ、どこであれ、生活をする以上、農耕や機織り、そして祭りごとは、欠くことのできない仕事だと古代の人びとは考えた。太陽を擬人化して一人の女性として捉えた古代の人びとは、当然アマテラスも天上界でそれをやるものと考えて神話の中でそれらの仕事をさせたのである。

ここで重要なことは、それら神々によって行われる人間と少しも変らぬ行為の中には、呪術や祭りも入っているということである。さきにみたように、アマテラスはウケヒという呪術を行い、新嘗（『古事記』には大嘗とある）の祭りも行っている。

アマテラスに限らず『記・紀』神話に登場する神々は、頻繁に呪術や祭りを行う。その最たるものはイザナキ・イザナミの結婚について占った天つ神たちによる太占《ふとまに》である。『古事記』と『書紀』の第一の一書は、天つ神たちが太《ふと》占《まに》で占ったと簡略に記している。しかし仮にもしこの場面がもっと具体的に詳しく書かれたならば、天つ神たちが立派な雄鹿をつかまえてその肩甲骨を抜き、それを朱桜《かにわざくら》の皮を燃やして火であぶる、あるいは焼けた錐を突きさすなどの行為をしたことが、荘重な言い廻しで語られたに違いない。その場合、その肩甲骨を焼いてヒビ割れの意味を読みとろうとしている天つ神の姿は、神事の布を用意しているアマテラスと基本的に同じではあるまいか。神事の布を織るアマテラスの姿が巫女の投影だというなら、占いをする天つ神の姿は巫者の投影だといわねばならない。この天つ神たちはアマテラス以上に尊い最高位の神々であるから、もしアマテラスと同じように考えるなら、占いは巫者のやることだから、これらの神々の前身は巫者であったということになるのではあるまいか。

しかしこれはそうではなく、古代の人びとにとって占いやウケヒや祭りは生活にとって切り離すことのできない重要な一部であったから、神話上の神々にも人間と同じようにそれを行わせたと受けとるべきである。アマテラスの機織り場面のみ特別に取り出して、そこだけを後世的な神観念で解釈するのは正しくない。

ところでアマテラスはこの時「神衣《かむみそ》」を織っていたとある。次に第二点としてこの「神衣」の問題に移ることにする。これについて筆者は、第二の一書の如き、単に機殿で機を織っていたとあるのがあるいは原型ではなかったかと考える。それが伊勢神宮の「神衣祭」が成立したあとで、その祭りと結びつけられて「神衣」を織ることになった。

神衣祭の成立時期については井上光貞氏の考察があるが、(57)それによると、「浄御原令時代の伊勢神宮においては実施されていたこと」「令制祭祀の施行にあたって天平―延暦―延喜とおこなわれている細かい式次第が、すでにこの時期に実施されていたこと」の二点は明らかだとされている。成立時期がそこからどこまで遡るかは不明であるが、天武朝に神祇制度が整備拡充される中で、「神衣祭」も公的祭祀として成立し、その時「神衣《かむみそ》」の名称も定まった可能性がある。

神衣祭りの前身は、あるいは日本思想大系『古事記』の補注が指摘しているような、一般に神社で御酒、御饌の供進とともに神祭りに欠かせないものとされている荒妙・和妙の布の供進にあるかもしれない。『古語拾遺』はこの「神衣」について、「所謂和衣〔古語に爾伎多倍といふ。〕なり」としている。神服部《かむはとりべ》や麻続連《をみのむらじ》による和妙・荒妙の奉納は、令制以前に遡る可能性が高い。

しかしながら布の供進は多くの神社で行われるのに、伊勢神宮だけが、とくに布の供進をその固有の祭りとすることには何らかの理由があると考えられる。そこで神話におけるアマテラスの機織りや、伊勢神宮の相殿神の一人が機織りの女神であること、さらには先述の、海外における太陽女神による機織り伝承の存在などを考え合わせると、あるいは日本古代では太陽神祭祀と機織りの神事は、とくに密接に結びついていたのではないかということが考えられる。しかしこの点は今後さらに考究することにしたい。

次に批判の第三点として「巫女」の問題がある。前引の注釈書にもみられるように、神衣を織るのは「巫女」の役目だとつねにいわれてきた。しかしその場合の「巫女」とはいったい何か。「巫女」の定義が必要である。管見の限りでは、古文献で神事の布を織る女性を「巫女」とした例は見ていない。巫女であることを何らか暗示するような表現にも出会っていない。たとえば『古語拾遺』は、同じ場面で、神衣を織る女神を「天棚機姫神《あめのたなばたつひめのかみ》」とする独自の説を出している。しかしこれは天上界にいる機織りヒメという名前の女神に過ぎない。このヒメが巫女であることを匂わせるような記述もなされていない。

「巫女」の語は、現在きわめて頻繁に意味が曖昧なまま安易に使われる傾向がある。しかしそこには多くの問題がある。この問題にはいま深入りできないが問題点として指摘しておく。

以上、神話の「機を織るアマテラス」について、そのことをもって直ちにアマテラスを巫女と決めつけるのが誤りである理由を、三点に分けて述べてきた。第一点が最も基本的な点で、要するに女神であるアマテラスが機を織るのは、それが太陽神であっても、神話の世界では少しも不思議ではないということである。

## 2　「ヒルメ」の語義

アマテラスは、先述のように『日本書紀』本文には「大日孁貴《おほひるめのむち》」（訓注に於保比屢咩能武智）とある。あるいは「天《あま》照大日孁尊《てらすおほひるめのみこと》」とも記されている。『万葉集』で柿本人麻呂は、この神のことを「天照日女之命」（一云指上日女命《さしのぼるひるめのみこと》）と歌っている。おそらくこの神は、七世紀末の頃まで、一般には「ヒルメノミコト」と呼ばれていたと推測される。

平安以後も、鎮魂祭歌や神楽歌ではこの名称が使われている。

この「ヒルメ」の語義に関しては、筆者は旧稿で述べたことがあるので[58]繰返しになるが、折口以来の「日の妻」説への批判を、もう一度ここで述べることにしたい。

さて神名にはいくつかのタイプがあるが、その一つとして自然を擬人化して、性別をもったものとして捉える「―ヒコ」「―ヒメ」、「―ヲ」「―メ」といったタイプのものがある。シナツヒコ（風神）、カヤノヒメ（野神）、タケミカヅチノヲ（雷神）、ウカノメ（稲神）などがそうである。つまり、シナ（息・風）、カヤ（茅・萱）、イカヅチ（雷）、ウカ（穀物）など、自然を指す語の下に、「ツ」や「ノ」といった格助詞を介して、性別を示すヒコ、ヒメ、ヲ、メの語をつけたタイプの神名である。このタイプは神名の中でもとりわけ数が多い。

「ヒルメ」は、「ヒ」が太陽を意味する「日《ひ》」で、「メ」は女性を表わす「女《め》」（あるいは「妻《め》」）である。「ル」には問題があって、連体格助詞の「ノ」の音転ととる意見が多いが、西宮一民氏のように、それに反対する意見もある。西宮氏は「昼女《ひるめ》」と解釈しておられる。しかし筆者は、やはり「ノ」の音転とみて差支えないのではないかと考える。松村武雄氏が多数例を挙げているが[59]、ノ・ヌと、ル・リ間の音転は少なくない。

そこでメを「女」の意にとると、「ヒルメ（＝ヒノメ）」は、いま述べた自然を擬人化して性別をもったものとして捉える「ウカノメ」などのタイプと同じ語構成をもつ神名ということになる。

ウカ（食物）ノ（連体格助詞）メ（女）―食物の女神
ヒ（太陽）ノ（連体格助詞）メ（女）―太陽の女神
つまり、「ヒルメ」はこのようにみると、神名としてきわめて多くの類例をもつ代表的なタイプの一つということになる。

ところが「日の妻」説は、語尾の「メ」を「女」ではなく「妻」の意味にとるわけである。「メ」にはたしかに妻の意味もある。しかし仮にもしこれが「妻」の意味だとすると、この「日の妻」という名の神名は、他にまったく類例をみない、きわめて特異な神名ということになる。

「―の妻」「―の夫」といった語を、固有の名称としてもつ神名は他に見出すことができない[60]。さきに引いたウカノメは、もちろんそれ自身食物の神であって、食物の妻の神ではない。

神話の中でヒルメ（アマテラス）と密接な関係にあるスサノヲは、語構成をみると、ヒルメとまさに対の形になっている。

スサ（すさぶの語幹）ノ（連格助詞）ヲ（男）

ヒ　（日）　ノ（体格助詞）メ（女）

しかし「日の妻」説に立つと、スサノヲの「ヲ」は「夫」ではなく「男」の意味であるが、一方のヒル（ノ）メの「メ」は「女」ではなく「妻」だということになる。なぜそのような解釈が行われるのか。ヒルメの場合のみ「妻」の意にとる根拠が示されねばなるまい。

すなわち神名のタイプから見た場合、「日の妻」という名称は、他に類例のないきわめて特異な名称だというのが批判の第一点である。

次に、日の妻説では、ヒルメは「太陽神」の妻だとされている。そうだとすれば、相手は単なる「太陽」ではなく「太陽神」でなければならない。「太陽」と「太陽神」とはけっして同じではない。仮にもし「太陽の妻」という言葉があったとして、これを聞いた古代の人びとがこの言葉にどのようなイメージを抱くかを考えてみると、おそらくそれは月とか雲といった太陽の仲間と人びとが考える自然ではあるまいか。香具山が畝傍山を耳成山と争ったといった類の神話的レベルのイメージになるに違いない。また日本古代にもし男性太陽神があったとしたら、あるいはそれは「日ノヒコ」「日ルヲ」「日ノヲトコ」などと呼ばれたのではあるまいか。だとすれば、その妻は「日ノヒコノ妻《め》」ということになる。ともかく太陽と太陽神とは同じではないというのが批判点の第二である。

次に、太陽神に限らず、一般的に神に仕える女性司霊者を、「―の妻《め》」と称した例があるのかという問題もある。管見の限りではそのような用例を古文献では目にしていない。ヒルメ＝女性司霊者説を唱えるならば、その用例も示されるべきであろう。批判の第三点とする。

以上「日の妻」説への批判を三点に分けて述べたが、要するにヒルメは、太陽を擬人化して女性として捉えた神名ととるのがあらゆる点で自然であって、「日の妻」と解釈するとさまざまな矛盾が出てくるということである。

次に、従来「日の妻」説のもう一つの根拠とされてきた。ヒルメの漢字表記「日孁」の問題に移ることにしたい。

〈「日孁」巫女説について〉

『日本書紀』は、アマテラス（オオヒルメ）について、「大日孁貴と号す。大日孁貴、此をば於保比屢咩能武智と云ふ。孁の音は力丁反。一書に云はく、天照大神といふ。一書に云はく、天照大日孁尊といふ。」（第五段、本文）と書いて、ヒルメの語に「日孁」という漢字を当てている。

これについて、日本古典文学大系『日本書紀』上の頭注は次のように述べている。

孁は、巫女の意で用いた文字であろう。ミコまたはカンナギの意を表わす𤫊という字があり、説文に「𤫊、巫也。以レ王事レ神、从レ王霝声。靈、或从レ巫」とあり、広雅、釈詁に「𤫊、巫也」ともある。この𤫊の巫を女に改め、孁とすることによって女巫であることを、書紀の筆者が意味的に示そうとしたものと思われる。

頭注が示したこのような解釈に基づいて、「日孁」という表記を、ヒルメ巫女説の根拠の一つにする説が行われている。しかしこの解釈には思い込みからくる誤りがある。

まず「孁」に関する『大漢和辞典』の説明を引用してみる。

孁　レイ　リヤウ　〔集韻〕郎丁切、㊀女のあざな。〔説文〕孁、女字也、从レ女霝声。〔段注〕漢婦官十四等中有二娯靈一、靈、蓋可レ作レ孁。㊁邦め。靈の意に用いる。〔日本書紀、上〕生二日神一、号二大日孁尊一。

これで全文である。

次に、「靈」についての『大漢和辞典』の説明の一部を引き続き引用する。「靈」については、前節でタカミムスヒのムスヒ（産靈）の語義について述べた際すでに『大漢和辞典』を引用したが（二七八頁）、その時は多数挙げてある意味のうち、最初に挙げられたもののみを引いた。今度はいま問題になっている事柄と関連する箇所を抜き出してみる。

靈　レイ　リヤウ　㊈みこ。かんなぎ。もと𤫊に作る。〔説文〕靈、巫也、以レ王事レ神、从レ王霝声、𤫊、或从レ巫。〔広雅、釈詁四〕靈、巫也。（後略）

まず孁について、『大漢和』は㊀で説文の女字であるとする説明をあげ、次に漢の女官名の一つである「娯靈」についての段玉裁による注をあげている。注は、「娯靈」は「娯孁」に作ってもよいといっている。「娯孁」としてもよいと注記にあるこの女官名は、「漢婦官」とあるように、女性の官人名の一つであって、巫女ではない。さらに『大漢和辞典』によって「娯靈」の項をみてみると次のようにある。

娯靈　ゴレイ　漢の女官の名。〔漢書、外戚伝序〕無涓・共和・娯靈・保林・良使・夜者、皆視二百石一。〔注〕師古曰、娯靈、可三以娯二楽情靈一也。

つまり顔師古の注によると、「娯靈」とは情靈を娯楽せしむる、すなわち感情・こころもちを楽しませる意だということである。「情靈」は、『大漢和辞典』には「心性をいふ」とあり、『漢語大詞典』を見ると「心性、思想感情」としている。

『大漢和』は「孁」の項目の㈡で日本の「日孁」の例を引き、「靈の意に用いる」と解説している。この場合、著者が「靈」のどのような意義を頭に置いていっているのか明確でないが、筆者は「靈」の最も一般的な意義である、いわゆる神霊の意味にとるのが妥当であろうと考える。すなわち「日孁」は、「日靈」と同じ意味であり、この場合は女性の神であるから「日靈」とせずに「日孁」としたということである。

さて古典文学大系の注は、「靈、巫也」とする説文や広雅の注釈を挙げていたが、これは『大漢和辞典』の「靈」についての項目の中に用法の一つとして挙げているものと同じである。そして「孁」の項目には、いま見た通り巫の意義は載っていない。つまり古典文学大系の注は、「孁」について説明するのに「靈」の項目の説明をもってきているわけである。そして「靈」に巫の意味もあるから、その女性型である「孁」は巫女の意味であるとした。

ところで、『記・紀』神話において天の主神としてタカミムスヒとアマテラスの二神が並び立っていることは、神武紀冒頭の叙述を見てもわかるように『日本書紀』の編者が十分認識していたことである。その二神の表記を見ると、

タカミムスヒ―高皇産靈、

オオヒルメ　―大日孁

となっている。前節で筆者はムスヒ（産靈）の意義について述べた際に、神霊を意味する語のうち天つ神にふさわしい字として「靈」が選ばれたのだろうと述べた。この二神にのみ「靈」の字が使われているのはおそらく偶然ではなく、十分意識して使われた可能性が高い。つまりヒルメの「孁」はムスヒの「靈」の女性版として使われたのである。

したがって、もし「霎」を「巫女」の意味にとるのであれば、タカミムスヒの「靈」も巫者の意としなければならない。またタカミムスヒの「霊」を「霊力」の意にとるのであれば、ヒルメの「霎」も「霊力」としなければならない。

日霎を日神に仕える巫女の意に解釈する説は、要するにヒルメ巫女説が先にあって、それと結びつけるべく考え出された説である。上述してきたところから、「産靈」の「靈」も「日霎」の「霎」も、ともに神霊の意にとるのが最も無理のない解釈であることが判明したと思う。

上述した批判点を、箇条書きにしてまとめておく。

(1)「ヒルメ」という神名が、もし「日の妻の神」の意味ならば、神名の造型としてはきわめて違例で、まったく孤立した例となる。「スサノヲ」との対称性からみても問題がある。しかし自然を擬人化した「日の女神」の意味にとれば、多くの類例をもつ、代表的な神名造型の一つであってまったく問題がない。

(2)「日」と、「日の神」とは同じではない。ヒルメがもし太陽神の妻ならヒノ《(ル)》メではなく、ヒノカミノメでなければならない。

(3)一般に神の司霊者である女性を、「―の妻《メ》」と称した例を古文献には見出せない。

(4)『日本書紀』の漢字表記「日霎」は、日に仕える巫女を意味する漢語であろういわれてきたが、「霎」はタカミムスヒの「産靈」に対して、女性の天神であることを表示するために選択された漢字である。

## 3　太陽神男性説批判

太陽神は、古代の日本においても中国などと同じように本来男性であったのではないかという見方は、現在もなお繰り返し提出される説である。

平安時代に宮廷で行われた『日本書紀』の講読で、すでに日本の太陽神が女性であることについて学者は不審の念を抱いている。

私記曰。問。日者是陽精。月者是陰精也。即以レ君為レ日。以レ臣為レ月也。即此陰陽之別也。而今謂二日神一為二女神一。謂二月神一為二男神一也。何其相反手。答。今此所レ問者。是唐書之義也。今此問謂二日神一為二於保比留咩一。謂二月神一為二月人男一。是自本朝神霊之事耳。未下必与二唐書一同上也。(後略)

(『釈日本紀』巻五述義一、大日孁貴の項)

平安時代の講書では、しかし右のように太陽神は日本でも男性だったという解釈はまだ出されていない。講師は本朝では、太陽が女性で月は男性なのだと説いている。が、江戸時代に入ると、最初に引いた松前氏の解説にもあるように男性説が登場する。そして近代に入って折口のヒルメ＝日の妻説が提出されると、むしろ太陽男神説が主流に近い地位を占めるようになる。津田左右吉などは、それとは別にオホヒルメのメはミの音の転訛だと断定して、「メは女の義とは考へられぬ」(傍点、溝口)と、「ヒルメ」が女性を意味する語であることすらあっさり否定している。

しかし、アマテラスは古文献を忠実に読む限り明らかに女性太陽神である。『記・紀』はアマテラスを明確に女神として描いている。

『日本書紀』から二例引いてみよう。

「吾、今教《みことのり》を奉《うけたまは》りて、根国《ねのくに》に就《まか》りなむとす。故《かれ》、暫《しばら》く高天原《たかまのはら》に向ひ、姉《なねのみこと》と相見えて、後に永《ひたぶる》に退《まか》りなむと欲《おも》ふ」とまうす。

(第六段、本文)

「請《こ》ふ、姉《なねのみこと》と共に誓《うけ》はむ。夫《そ》れ誓約《うけひ》の中《みなか》に、必ず当に子《みこ》を生むべし」（同段、本文）

右に引いたのは、最初はスサノヲのイザナキに対する会話の部分、後のはスサノヲのアマテラスに対する会話部分で、「姉」はいうまでもなくアマテラスのことである。この他にも、スサノヲがアマテラスを「姉」と呼んでいる箇所はいくつかある。『日本書紀』の編者がアマテラスを明確に女性として認識していたことは、この例だけで十分明らかであろう。さきに見たオオヒルメの漢字表記「大日孁」もそれを示す一つである。

これに対して『古事記』には、アマテラスが女性であることを直接表現した言葉がない。そのために、最近では例えば水林彪氏が、『古事記』のアマテラスは男性だと主張されている。しかし『古事記』のアマテラスも、直接性別を指示する言葉こそないものの、次のような点から女神であることは明白である。

その一つは、スサノヲが天に昇る場面である。カギ括弧の中はアマテラスの言葉である。

「我がなせの命《みこと》の上り来る由《ゆゑ》は、必ず善《よ》き心ならじ、我が国を奪はむと欲《おも》ふにこそあれ」とのりたまひて、即ち御髪を解き、御みづらを纏《ま》きて、

傍点部の二箇所がそれで、まず「我がなせの命《みこと》」というスサノヲに対する呼びかけが、女性のみが用いる表現である。新編日本古典文学全集『古事記』の頭注は、「せ」は「女性が男性を呼ぶ称」で、「後に須佐之男命が自らを天照御神の「いろせ」だともいう。天照大御神が女性であることはここに明らかである」と説明している。頭注のいうように、アマテラスが女性であることは、この語にはっきり示されている。

次にもう一箇所の傍点部、髪をいったん解いて、男性の髪形である「みづら」に結い直したという箇所もそうである。もし男性であればこのような描写はあり得ない。

三つ目は、アマテラスの機織りである。機織りが女性の仕事であることについて説明の必要はあるまい。

以上から、『記・紀』の編纂者がともにアマテラスを女神として捉えていたことについては、疑いをさし挟む余地がまったくないといってよい。ここでついでにいえば、アマテラスは女神であると同時にそれ自身太陽であった。このことについても疑う余地はない。『記・紀』の編纂者は明らかにそのように描いている。

『日本書紀』を一部引用しておこう。

是に、共に日神《ひのかみ》を生みたまふ。大日孁貴《おおひるめのむち》と号《まを》す。一書に云はく、天照大神といふ。一書に云はく、天照大日孁尊《あまてらすおほひるめのみこと》といふ。

此の子《みこ》、光華明彩《ひかりうるは》しくして、六合《くに》の内《うち》に照《て》り徹《とほ》る。

（第五段、本文）

『記・紀』がアマテラスをこれほど明白に、少しの曖昧さも残さず太陽女神として描いているにもかかわらず、なぜ太陽男神説が絶えず浮上してくるのか。

その理由の一つとして、さきに検討したアマテラス巫女説の影響も大きいが、もう一つ、中国・インド・エジプト・ギリシャなど、われわれが知る高文明国の神話では、太陽神はそのほとんどが男性だということがあると思う。

しかしこの点に関しては、本節のはじめに触れたように大林太良氏や李子賢氏の論文があり、両氏によって古い文化層の中に、日女月男表象が、世界的に広く分布していたことが明らかになっている。日本の周辺では、アイヌ、朝鮮半島、中国南部、東南アジア、そしてインドにもあったことがそこで示されている。きわめて大雑把な言い方をするならば、かつて世界的に広く分布していた日女表象は、その後高文明社会がもった日男表象に、多くの地域でとって代わられていったといえるようである。

その一例として、筆者はヒッタイトの太陽女神の例を挙げておきたい。紀元前十四世紀頃黒海南辺に築かれたヒッタイト帝国では、先住民のもっていた太陽女神が尊重されて、国家神として崇拝されたということである。(61) 粘土板に彫られた、この女神に捧げる長文の讃歌の一部を引くと次のとおりである（傍点溝口）。

汝、アリンナの太陽女神は有名な神なり。
汝の名は数ある名の中でも有名なり。
汝の神格は数ある神の中でも有名なり。
偉大なり、汝アリンナの太陽女神。
汝より声望がある偉大な神は他にはなし。
汝は公平なる審判者なり。
天にあっても地にあっても、汝の王国への恵みは深し。
国々の境を定めるのは汝なり。
訴えを聞き届けるのは汝なり。

（中略）

神々のいけにえを用意するのは汝アリンナの太陽神なり。(62)
太古から永遠に続く神々の分担を決めるのは汝なり。

（以下略）

しかしヒッタイトが滅ぶと、そのあとこの地域は男性太陽神をもつギリシャ・ローマ文化の影響を受け、太陽女神は二十世紀に入って粘土板の文字が再び解読されるまでこの地域の歴史から姿を消した。

日本の場合、しかしわが太陽女神アマテラスは、やはりきわめて古い文化層の中で生まれた神であるが、ヤマト王権時代に、北東アジアの遊牧民族がもっていた男性太陽神や、また高文明国である中国の、太陽を男性原理とする陰陽思想などが次々と入ってくる中で、それらに呑み込まれてしまうことなく生き続けた。そして七世紀末に古代国家が誕生する時、その国家神としてふたたび甦ったわけである。そしてさらに現在にいたるまで、日本神話の最高神としてその地位を保ち続けている。

アマテラスは、しかし本来古い文化層の中で生まれた太陽神であるから、その生まれた文化層のもつ特質を体の中に刻みつけている。その特質と、八世紀の律令国家の支配層がもった文化との間には当然大きなギャップがある。女神であることがそもそもその一つであるし、機を織ることもそうである。したがって律令国家の国家神としての枠組みからみると、アマテラスはやはり男神であった方が納まりがよい。このようなところにも、文献が疑問の余地なくアマテラスを女神として描いているにもかかわらず、絶えず男神説が浮上してくる理由の一つがあろう。

ところでこのように古い太陽女神の存続は、日本の特殊性の一つであるが、それは結局七世紀末に律令国家が発足する時、この古い太陽女神を国家神の地位に就けたことから起ったことである。

ではなぜ新しく誕生した日本の古代国家は、ヤマト王権時代の国家神であるタカミムスヒではなく、古い太陽女神であるアマテラスを国家神の地位に就けたのか。その問題を次章で取り上げることにする。

**注**

（1）前掲序論注(10)の岡正雄「日本民族文化の形式」。

（2）前掲序論注(3)の拙論「記紀神話解説の一つのこころみ――「『神』を再検討する――（中の二）」、および同注(7)の拙著『古代氏族の系譜』の第二章など。

（3）拙論「カミムスヒ――出雲の神説批判――」（古事記学会編『古事記の神々』上、古事記研究大系51、高科書店、一九九八年）。
（4）井上光貞『日本古代の王権と祭祀』（東京大学出版会、一九八四年）。
（5）本節は、拙論「皇祖神の転換とその歴史的意義――タカミムスヒからアマテラスへ――」（佐伯有清先生古稀記念会編『日本古代の伝承と東アジア』吉川弘文館、一九九五年）の第二章「2　宮廷祭祀と祈年・月次三祭」および「3　月次祭祝詞の分析」の部分を再録したものである。
（6）『国史大辞典』4（吉川弘文館、一九八四年）。
（7）金子武雄『延喜式祝詞講』武蔵野書院、一九六一年、のち一九八八年、名著普及会で復刻。
（8）賀茂真淵「祝詞考」（『賀茂真淵全集』七、続群書類従完成会、一九八四年）。
（9）鈴木重胤『延喜式祝詞講義』国書刊行会、一九三九年原本発行、一九九〇年再版発行。
（10）三宅和朗『古代国家の神祇と祭祀』（吉川弘文館、一九九五年）。
（11）本居宣長「大祓詞後釈同附録」（『本居宣長全集』七、筑摩書房、一九七一年）。
（12）本書第一章第二節「天孫降臨神話の二元構造」六五頁。
（13）本居宣長『古事記伝』神代一之巻（『本居宣長全集』九、筑摩書房、一九六八年）。
（14）折口信夫「産霊の信仰」（『折口信夫全集』二〇、中央公論社、一九六〇年）など。
（15）中村啓信「タカミムスヒの神格」（『古事記年報』22、一九六八年、のち『古事記の本性』おうふう、二〇〇〇年）。
（16）西宮一民「ムスヒの神の名義考」（初出『皇学館大学神道研究所所報』14、一九八〇年、のち『上代祭祀と言語』桜楓社、一九九〇年）。
（17）神野志隆光「ムスヒの神の名義をめぐって」（『東京大学教養学部人文科学科紀要』85、一九八七年）。
（18）本節は、タカミムスヒの系統について論じた既発表の拙論「天の至高神タカミムスヒ」（『神田秀夫先生喜寿記念　古事記・日本書紀論集』続群書類従完成会、一九八九年）に多少の修正を加えて再録したものである。
（19）三品彰英『神話と文化史』（『三品彰英論文集』三、平凡社、一九七一年）など。
（20）護雅夫『古代遊牧帝国』中央公論社、一九七六年、『遊牧騎馬民族国家』講談社、一九六七年。
（21）内田吟風・田村実造他訳注『騎馬民族史』1、正史北狄伝（東洋文庫一九七）、平凡社、一九七一年。

(22) 前掲注(20)の『遊牧騎馬民族国家』に、内モンゴリア出土の瓦当《がとう》（あぶみがわらの先端）の写真が掲載されている。そこには「単于天降」の文字が大きく彫り込まれており、それを見るとまさしく「天から降った単于」の思想が、この大帝国を支えていたことが実感される。

(23) 『魏書』高車伝（前掲注(21)『騎馬民族史』1）による。

(24) 佐口透・山田信夫・護雅夫訳注『騎馬民族史』2、正史北狄伝（東洋文庫二二三）平凡社、一九七二年。

(25) 前掲注(20)の『古代遊牧帝国』二四七頁。

(26) 前掲注(19)。

(27) 末松保和「旧三国史と三国史記」（『青丘史草』二、笠井出版印刷社、一九六六年）。

(28) 井上秀雄他訳注『東アジア民族史』1、正史東夷伝（東洋文庫二六四）、平凡社、一九七四年。

(29) 浜田耕策「新羅の神宮と百座講会と宗廟」（『東アジア世界における日本古代史講座』9、東アジアにおける儀礼と国家、学生社、一九八二年）。

(30) 脱解伝説については、三品彰英氏の研究「新羅の始祖神話」「古代朝鮮における王者出現の神話と儀礼について」（『古代祭政と穀霊信仰』、『三品彰英論文集』五、平凡社、一九七三年）がある。三品氏は朱蒙伝説との構造的な類似については指摘しておられないが、筆者も両神話は構造的に一致すると考える。

(31) 末松保和「朝鮮古代諸国の開国伝説と国姓」（『青丘史草』一、笠井出版印刷社、一九六五年）。

(32) 大林太良「神武東征伝説と百済・高句麗の建国伝説」（大林太良篇『日本神話の比較研究』法政大学出版局、一九七四年、のちに同氏著『日本神話の構造』弘文堂、一九七五年に収録）。

(33) 『新増東国輿地勝覧』巻二九、高霊県条。

(34) 岡田精司「大王就任儀礼の原形とその展開――即位と大嘗祭――」（『日本史研究』二四五号、一九八三年、のちに『天皇代替り儀式の歴史的展開――即位と大嘗祭――』柏書房、一九七〇年に収載）。

(35) 拙論「古代王権と大嘗祭」（大野晋先生古稀記念論文集『日本研究――言語と伝承――』角川書店、一九八九年）。

(36) 北川和秀編『続日本紀宣命　校本・総索引』吉川弘文館、一九八二年。

(37) 前掲注(2)。

(38)　前掲注(19)・(20)。
(39)　ドーソン著・佐口透訳注『モンゴル帝国史』1（東洋文庫一一〇、平凡社、一九六八年）。
(40)　村上正二「モンゴル部族の族祖伝承(二)——とくに部族制社会の構造に関連して——」（『史学雑誌』七三編八号、一九六四年）。
(41)　松村武雄『日本神話の研究』二、培風館、一九五五年。
(42)　岡田精司『古代王権の祭祀と神話』塙書房、一九七〇年。
(43)　山尾幸久『日本古代王権形成史論』岩波書店、一九八三年。
(44)　三品彰英『建国神話の諸問題』（『三品彰英論文集』二）平凡社、一九七一年。
(45)　西郷信綱『古事記注釈』一、平凡社、一九七五年。
(46)　松前健「鎮魂祭の原像と形成」（『日本祭祀研究集成』一、名著出版、一九七八年）。
(47)　前掲序論注(10)。
(48)　大林太良『日本神話の起源』角川書店、一九六一年。
(49)　前掲注(15)。
(50)　津田左右吉『津田左右吉全集』一、岩波書店、一九六三年。
(51)　前掲注(34)。
(52)　この問題については、前掲注(35)の拙論、および拙論「神祇令と即位儀礼」（黛弘道編『古代王権と祭儀』吉川弘文館、一九九〇年）で私見を述べている。
(53)　西宮一民校注『古事記』（新潮日本古典集成、一九七九年）の「解説」。
(54)　小野寛・櫻井満編『上代文学研究事典』おうふう、一九九六年。
(55)　大林太良「東南アジアの日蝕神話の一考察」（『東京大学東洋文化研究所紀要』九、一九五六年）。李子賢・原島春雄訳「太陽＝女性神話考——中国雲南景頗族の場合——」（『日中文化研究3〈特集〉神話と祭祀』勉誠社、一九九二年）
(56)　君島久子「蜘蛛の女神」（『日中文化研究4〈特集〉海と山の文化』勉誠社、一九九三年）。なお、森本哉子「神話における機織りの意味」（『学習院大学国語国文学会誌』43号（学習院大学国語国文学会、二〇〇〇年三月）を脱稿後目にしたが参考になる。
(57)　前掲注(4)。

（58）前掲第一章注(22)の「中の一」。

（59）前掲注(41)。

（60）折口信夫は、ミルメ＝水《み》の妻《め》説を唱えているが、これも根拠に乏しい説である。だいいち「水神の妻」であるとすれば、水神は男性でなければならないが、水神は文献で見る限りミツハノメ（これもウカノメ・ヒルメと同じタイプ）など女神である。水神や河神が女神であるのは世界共通の現象で日本もその例外ではなかったようだ。

（61）ヨハネス・レーマン（内野隆司・戸叶勝他訳）『ヒッタイト帝国――消えた古代民族の証――』（祐学社、一九七九年）。レーマンは、この神について、「原ハッティ人から出ているヒッタイトの『国家女神』である『アリンナの太陽女神』は、『ヒッタイトの地の女王』とも呼ばれていて、その起源もわかっているにもかかわらず、ヒッタイト名はわからず、ハッティ名でヴルシェムということがわかっているだけである。この女神は根本的には最高の天候神のその上に位置しているが、それはヒッタイトの祈禱文からわかるように、母権制度の時代に発している」と述べている。

（62）アリンナの太陽女神に対する讃歌の中にはきわめて興味深い点があるが、その一つに、「神々にいけにえを用意するのは汝アリンナの太陽神なり」（傍点、溝口）という章句がある。つまり祭祀を行う最高神である。「神」観念の上で日本神話の神と類似するものがある。またレーマンは、ヒッタイトは神々の世界を階級的に整理しようとせず、わずかな例外を除いて、神々の序列を見出すことはできなかったとも述べている。このことも、ある段階の多神教的世界の状況を示すものとして参考になる。

# 第三章　最高神（皇祖神）の転換

## ――タカミムスヒからアマテラスへ[1]――

### はじめに

タカミムスヒからアマテラスへという、天皇家の祖先神の移行・転換の問題は、かなり以前から言われていながら未だ結着をみていない問題の一つである。すなわちタカミムスヒが古くは皇室の祖先神であり、天上界の主神でもあったろうということは、以前から一部の研究者によって言われていたことであり、一方、アマテラスが皇祖神の地位に就いたのは、実は『記・紀』編纂直前の、天武、あるいは持統朝といった新しい時期ではなかったかということも、戦後間もない頃から言われてきたことである。その後、後者の説は多くの研究者の賛同を得て、現在では殆ど定説に近い地位を占めているといってもいい。

しかしながらこの問題は、その後あまり進展を見せず、移行、転換の事実が確かにあったのかどうかについても十分結論が出ないままに打ち置かれているようにみえる。管見の限りでは、近年この問題を積極的に取り上げたものを見ない。

その進展しない理由の一つとして、このように皇室の祖先神が入れ替わるというようなことが、実際にあり得るのか、あるいはもし実際に起ったとしたら、それはどんな理由によるのかといった点について、納得のいく説明がまだ与えられていないということがあると思う。

このあたりのことにつき、転換説に反対の立場からではあるが、岡田精司氏が次のように言っておられる。[2]

> 両氏（丸山二郎氏と直木孝次郎氏、括弧内溝口）の論文が発表されて以来、約三十年を経過し、（アマテラスの）地方神昇格説を認めた論文は十指に余り、概説書や新書類への引用も少なくない。だが、そこでは結論だけが安易に取りあげられ、その論拠として指摘された問題点の再検討や、その後の学界の成果との対照はほとんどなされていない。なぜ大王はそれまでの王権守護神を捨てて、地方小土豪の守護神に切りかえなければならなかったのか、最も重要なその点について、地方神昇格説の無批判な引用者たちは、どうしても納得のゆくように説明する必要がある。しかしそれは今のところ皆無である。（傍点、溝口）

岡田氏は、周知のように五世紀後半にはすでに皇祖神を祀る宮としての伊勢神宮が成立しているとみる立場に立っておられ、後述のように私はその説には同調できないのであるが、しかし右に引用した、昇格説に賛成する人びとに対する「どうしても納得のゆくように説明する必要がある」という批判は、まことにもっともであると思う。

あとでみるように「皇祖神」は、八世紀においてもなお支配秩序の原点としてきわめて重要な存在であったことが確かだから、その神を入れ替えるのにはよほどの理由がなければならない。いったいそれに見合うだけの理由があるのか、という批判は当然のことである。そしてまた納得のいく理由が提示されない限り、転換の事実そのものも曖昧になってくる。

そこで本章では、今後の議論のたたき台として、その理由について一つの試論を提出してみることにした。

なお、最初に移行・転換に関わる従来の諸説について主要なものに目を通し、それについての私見も簡単に述べて、この問題の輪郭や筆者の立場を前もってある程度明らかにしておく。

# 第一節　転換をめぐる従来の諸説

## 一　皇祖神タカミムスヒ説

アマテラス以前に、皇祖神としてタカミムスヒがあった。すなわちタカミムスヒこそ皇室本来の祖神であったということを、早くから唱えた代表的な説を最初にまずみておきたい。

〈松前健氏説〉

管見の限りでは、タカミムスヒを皇室本来の祖神として、最も早い時期から明確に主張された一人に、次に述べる岡正雄氏と並んで松前健氏がある。松前氏の主張の論拠を、氏自身の要約によって示すと次のとおりである。(3)

① 宮廷の大嘗・新嘗祭の主祭神は、中世以後は天照大神となっているが、古くはその痕跡がない。

② 前項の主祭神は、古くは生産の神であるタカミムスビ《(ママ)》と稲米の霊ミケツカミの二者であった。

③ 宮廷の王権神話の中核である天孫降臨神話は、その素朴な形の伝えでは、タカミムスビ《(ママ)》が司令者で天照大神は出ていない。

④　天照大神の登場する説話は、みな後期的な発達の形を持ったものばかりで、政治色が濃い。

⑤　タカミムスビ《（ママ）》は皇室固有の神で、その原型は、田の側に立てられる神木をヨリシロとした農耕神である。

⑥　天照大神の祭祀は宮廷では古くは行なわれた痕跡がない。

⑦　天照大神の崇拝および神話は、伊勢のローカルな太陽神だったこの神を、政治的な政策によって宮廷がパンテオンに取りこみ、皇祖神に仕立てあげたことによる。

⑧　天照大神とタカミムスビ《（ママ）》がならんで命令を下している『古事記』などの二元性の形は、決して先住民族対侵入支配民族などのような民族史的解釈で説明すべきものではなく、大和朝廷の祖神タカミムスビ《（ママ）》と、伊勢の日神アマテラスとの崇拝の融合・合体というような、政治的・歴史的な事情によって説明すべきものである。

およそ右のとおりであって、アマテラス以前の皇祖神として、はっきりとタカミムスヒに注目された画期的なものである。さてこの松前氏の主張の中で、一つ問題点としてあげなければならないのは、タカミムスヒを大和地方の古い農耕神とされている点である。松前氏がそう考えられた根拠は、右の要約中にもあるように宮廷の大嘗・新嘗祭でこの神が祭られているということである。しかし結論のみいえば、これら祭りの主祭神は「御歳《みとし》神」（＝稲神）であって、タカミムスヒは皇室の祖神、守護神として、皇室にとって重要なこの祭りに迎えられているとみるべきだと思う。収穫祭は農耕社会にとって最も重要な祭りの一つであるから、その時はふだん家々で祭っているあらゆる神を招いて祭る例が東南アジアやまた日本においても見られる。新嘗・大嘗祭の側に設けられた斎院でタカミムスヒが祭られるのは、本質的にはそういうこととして理解するべきであると筆者は考える。

タカミムスヒについての私見は、前述したように「大和地方の古い農耕神」ではないが、しかし太陽神的性格の生成の神であるとみる点では松前氏と同意見である。したがってその機能からみても、たしかに新嘗・大嘗祭の祭神としてふさわしく、そのことを否定するわけではない。しかし上述のような意味合いが強いと考えるのである。

次にもう一つの問題点として、アマテラスを皇祖神に仕立てあげさせたものは「政治的な政策」だとされているが、その中味が示されていないという点がある。しかし方向として、転換理由に政治的、歴史的事情を考えられた点は賛成で、後述の卑論はそれを具体化したものである。

ところで右の松前説の要約中に、「先住民族対侵入支配民族などのような民族史的解釈」という言葉があるが、その解釈とは岡正雄氏の説を指している。次に松前氏とはまったく別の立場から、皇祖神タカミムスヒ説を出された岡氏の説の概略を見ておきたい。

〈岡正雄氏説〉

岡氏は周知のように民族学、あるいは文化人類学の立場から、日本の民族文化の形成について壮大な見取図を提示された。そこでは縄文以来日本列島に渡来し、また生起した文化が、五つの「種族文化複合」に分けて説明されている。その第五番目に、父権的・「ウヂ」氏族的・支配者文化がある。これは北方の遊牧民社会や、朝鮮半島の古代国家の支配層がもっていた文化と同系統の、最も新しく日本に渡来した文化要素である。タカミムスヒを主軸とする神話は、まさにこの文化複合に固有のもので、日本列島に古代国家を成立せしめた種族によってになわれたとされる。(4)

岡説の中のタカミムスヒに関連する部分を、できるだけ氏自身の言葉を使って箇条書きにすると次のとおりである。

① 皇室神話の中核をなす中津国《なかつくに》平定神話において、最高人格神、あるいは命令神として活躍した神はアマテラス一人ではなく、これにまさって活躍した神としてタカミムスヒ(高皇産霊)がある。

② 天神タカミムスヒが孫を山の峰に降下させて地上を統治させるという、この山上降下をモチーフとする神話は、

古朝鮮の檀君神話をはじめとする、朝鮮古代国家の起源神話と同一系統に属する。

③　アマテラスは、タカミムスヒとは元来異系統の神話に属する神で、天の岩戸隠れ神話と類似する話が、南シナの苗族、アッサムのカーシ族、ナガ族にもあり、またオーストロアジア語系のクメール族その他に分布している。

④　この皇室神話の二元性は、日本島における種族混合の結果であって、タカミムスヒを主神とする皇室族が日本島に来入し、アマテラスを主神とする先住の母系的種族と通婚するに至った結果生まれた。

その場合、先住族の訪婚制に従い、子女は母方で育てられたために、母方種族の文化が多量に皇室に流入し、その結果タカミムスヒが後退しアマテラスがあたかも皇室の主神のごとく前面に登場するに至った。

さて岡氏が示された五つの「種族文化複合」については、吉田敦彦氏が(5)「わずかな資料に基づいて大胆な理論を展開した仮説的な部分が多く含まれ、今後の研究の進歩に伴い、相当大幅な修正が加えられねばならぬであろう」としながらも、しかし「この岡説に全体的に取って代わりうるような、日本文化の多起源的成り立ちに関する総合的な展望を与える学説は、これほど綿密な形では、今日までのところ、まだだれによっても提案されていない」「氏の説は、研究者たちによって現在でも作業仮説として重要な意味を認められている」と高く評価されたのに同感である。当面の問題である五番目の文化複合についていえば、近年大林太良氏が雑誌の対談の中で(6)「五番目の、父権的・『ウヂ』氏族的——支配者文化も、成り立つと思う」と肯定しておられるのに同調したい。ただし大林氏はさらにつけ加えて「僕もそういう文化があったということは考えるけれども、支配者も同時に来たかどうかということは、別に考えなければならない問題ではないかと思います」と発言しておられる。

すなわち大林氏は、岡説はその支配者文化の担い手として支配者自身も入ってきたと考えているが、文化の輸入と人間集団の移動とは切り離して考えるべきで、支配者文化は、選択的に都合のいいものを取り入れて王権の発達に役立てたと考えることができると言っておられる。

筆者は基本的に右の大林氏の見解に賛同するもので、皇室神話の二元性が「種族混合の結果」であったり、アマテラスの皇祖神化が「母方種族の文化」の皇室流入の結果であるとする岡説には従えない。

しかし岡説には、荒けずりではあるがきわめて示唆に富んだ鋭い指摘が随所にあり、支配層の神話が二元的であるという指摘や、タカミムスヒが、「父権的、『ウヂ』氏族的、支配者文化」に属するという指摘など、まさにその本質を適確に衝くものだと考える。

〈上田正昭氏説〉

上田正昭氏も、タカミムスヒをアマテラス以前の皇祖神として早くから認めておられた一人で、氏の場合は特に文献上の徴証を広く探っておられる。

上田氏が挙げられた論拠のうち、主なものを箇条書きにすると次のとおりである。(7)

① 中つ国平定の神話と天孫降臨の神話において、タカミムスビ（ママ）を指令神とする伝承のほうが多く、アマテラスのみを指令神とするものは第一の一書（『日本書紀』）だけである。これからみるとタカミムスビ（ママ）こそが高天原の主宰神とあおがれた段階があったと考えられる。

② 『日本書紀』の中つ国平定と天孫降臨の神話の本文部分の最初に、「皇祖高皇産霊尊《たかみむすひのみこと》」と明記されている。「皇祖」という表現が神代史でもっとも早く用いられているのはタカミムスビ（ママ）である。

③ 『日本書紀』の神武天皇即位前紀に、神武帝がみずからタカミムスビ（ママ）を「顕斎」する話がのっている。

④ 出雲国造の神賀詞において、タカミムスビ（ママ）は「高天の神王タカミムスビ（ママ）ノミコト」と称され、この神による中

つ国平定がはっきりとしるされている。

ほぼ以上のような点である。では上田氏の場合、タカミムスヒをどのような性格の神と見、またアマテラスへの転換はなぜ起ったとみておられるのかという点について、氏自身の言葉を引くと次のとおりである。

> このようにタカミムスビ（ママ）こそが皇祖アマテラスオオミカミよりも原初の神であったのである。オオヒルメムチは、この神に仕える巫女であった。まつられる神とまつりをする神の性格のちがいがそこにある。ところが、ひとたびアマテラスがタカミムスビ（ママ）と合一化し、アマテラスが皇室の至貴の祖神と信じられるにいたって、アマテラスのほうが前面にうかびあがる。

すなわち上田氏は、松前氏と同じくタカミムスヒを古い農耕神と捉え、さらにアマテラスはそれに仕える巫女だったという、いわゆる巫女昇格説の立場に立っておられる。

皇祖神タカミムスヒを示す徴証として氏が列挙された諸点に関しては、全くその通りで筆者は異論はないが、巫女昇格説に同調できないことは前章で述べた。そこでも述べたように、アマテラスの巫女昇格説は、折口信夫以来の有力説で、タカミムスヒからアマテラスへの移行をこれにからめて解釈する見方は、現在もなおきわめて有力な説としてその地位を保っている。その中で最も精緻に、現実の歴史の中に位置づけてその仮説を論証しようとされたのは岡田精司氏である。そこで最後にその岡田説[8]の概略をあげる。

〈岡田精司氏説〉

① 天皇家の守護神である古い太陽神は、もともと男性神であるタカミムスヒであった。

② 五世紀後半雄略天皇の時に、前項の守護神の祭場を河内・大和地方から伊勢に移した。これが伊勢神宮の成立

である。

③　六世紀の早い時期、タカミムスヒに仕える巫女＝斎王は、神格化して日神タカミムスヒと並んでまつられるようになっていた。

④　推古女帝の頃、巫女神＝日女神《ひるめのかみ》は、日神と並ぶ存在にまで高められた。

⑤　天武朝に伊勢神宮の祭祀に大変改が加えられ、ヒルメの神と古い日神の併祭をやめて、ヒルメの神のみを、単独に太陽神として祭ることが決定された。

概略右のとおりである。（右の要約は『古代王権の祭祀と神話』からとったが、その後発表された『古代祭祀の史的研究』所収の論文においても、基本的な見方は変っていない。）

さてこの岡田説についての私見を簡単に述べると、まず岡田説ではきわめて具体的かつ詳細に、アマテラス皇祖神化の過程が示されているので、反対する立場からいえば、この説——伊勢神宮を古くからの皇祖神の宮とみる説、および巫女昇格説——のもつ弱点が、かえって鮮明に浮彫りになっていると思われる。岡田説は、タカミムスヒについての論というより主として伊勢神宮やアマテラスについての論であるが、ついでにここで取り上げておくことにしたい。

まず第一の問題点は、皇祖神（タカミムスヒ）を五世紀後半に伊勢に移したとされる点である。皇祖神を移したことについて岡田氏は、「大王の権力がそれまでの畿内豪族連合の統率者という枠を超えて、列島の大部分に権威がおよぶまでに発展したことを示すためには、大王の守護神の祭場はそれまでの豪族連合の中心であった大和河内地方の外に出すこと」が必要だった。あるいは大王家の守護神が、「一氏族の神から神々の王として、広い地域の首長層の守護神に君臨する最高守護神へと発展するのにともなった必然的な移動であった」とされる。

しかし大王家の守護神が最高守護神へと発展するのにともない、なぜそれを本拠地からわざわざ辺境の地に移さねばならないのか理解し難い。『日本書紀』を見ると、その時期にはまだ伊勢国北部では土着の豪族の叛乱が起っており、(9)この辺りはまだ必ずしも安定した版図とはなっていなかった。そのような多分に危険のともなう地に、なぜ大切な最高守護神を移さなければならないのか。

またもし仮に岡田説のとおりであったとした場合、伊勢の地において、大王の権力を誇示する、最高守護神にふさわしい祭りが、諸臣や諸豪族を集めて盛大に挙行されてもいい筈である。しかしながらそのような形跡はまったくみられない。それどころか、文献で見る限り、大王自身一度も伊勢の地に出向いたことがない。

さらにタカミムスヒの斎場を移したとされるが、タカミムスヒはのちのちまで宮中で祭られている。そのタカミムスヒを主神とする祭りこそが、数ある宮廷祭祀の中でも特に重視された国家的祭祀であった。このことは、岡田氏自身十分承知しておられるところではないかと思う。（しかもこの宮中における祭りは、諸臣を集めて行われる天皇の親祭であった。）

第二点は、アマテラスはもともと日神タカミムスヒに仕える巫女＝斎王で、六世紀の頃神格化してそれ自身祭られる神になったとされる点である。折口以来のアマテラス巫女説が具体化されている。

巫女昇格説についての私見はすでに前章で述べたが、一つ補足すると、岡田説では、斎王を日神の妻とみるわけである。しかし伊勢神宮の祭儀の際、斎王がけっして瑞垣御門から中へ入ることはなく、中に入って秘儀に奉仕するのは大物忌であったことは、岡田氏自身指摘されているところである。最近では寺川真知夫氏が(10)「伊勢神宮の祭儀の核心は在地豪族宇治土公磯部氏の女が奉仕する大物忌が担っていることが認められる」と指摘しておられる。伊勢神宮の祭神と斎王との関係は、むしろよそよそしい関係であった。このような点からみても、斎王と日神とが一体の存在で、それが神格化してアマテラスになったとは考えにくい。

以上、アマテラス以前の皇祖神としてタカミムスヒの存在を認める代表的な四氏の説を紹介し、併わせてそれらの説に対する私見のあらましも述べてきた。さて四氏の説の中でもすでにアマテラスに触れられていたが、次項ではアマテラスの側から、アマテラスは本来皇祖神ではなかったという説を、主として伊勢神宮批判の形で主張したものについてみることにしたい。

## 二 アマテラス批判説

アマテラスこそが日本神話の最高神でありかつ古くから皇室の祖神であったと、長い間広く信じられてきた。しかし戦後間もなく丸山二郎氏によって伊勢神宮への疑問が提出され[11]、ついで直木孝次郎氏の本格的な研究[12]により、伊勢神宮批判は一つの学説として確立した。その後この問題は多くの論者が取り上げたが、直木説は研究者たちの広い支持を集め、現在では定説となっている感がある。したがってすでに周知のところではあるが、伊勢神宮批判は転換問題にとってきわめて重要なのでひととおり直木説の概略をみておくことにしたい。

〈直木孝次郎氏説〉

直木氏のアマテラスと伊勢神宮に対する批判は、一つには日本古代における「氏神」観念の成立といった観点からなされている。氏《うぢ》の祖先神の信仰は、直木氏によると人格神の観念に支えられて発達するもので、その人格神の観念は、日本では六・七世紀に確立した。したがってそれを基盤とする祖先神の信仰が成立しはじめるのも六・七世紀であり、それが「氏の神の信仰に進むのは七世紀以降であるという仮説が設定できる」とされる。そして皇祖神の問題も、皇室のみの特殊な事例としてでなく、広くこのような氏神信仰の全体とかかわらせて考えるべきだとされた。

直木氏が提起されたこのような観点は、皇祖神問題の考察にとってたしかに必要で、皇祖神問題は、氏の祖先神の問題とも関連させて捉えるべきである。

しかし本稿ではそこまで問題を広げる余裕がないので、それはまた別の機会に取り上げることにして、ここでは転換問題に直接かかわりのある伊勢神宮関係の部分だけを引くことにしたい。さて直木氏は伊勢神宮についてまず次のような点を疑問とされた。

① 皇室が己の氏の神を、本拠とする大和から遠く離れた伊勢の地に祀るのはおかしい。氏の神は氏の本拠または原住地においてこそ祀るべきである。

② 伊勢は大化以前において、とくに皇室と深い関係のあった地でもなく、とくに皇室の勢力の強い地でもなかった。

③ 天武天皇に至るまで、天皇みずから伊勢神宮に参ったという記録が一つもない。

④『日本書紀』の伊勢神宮に関する記事のあり方をみると、他の諸社と同格に記されており、持統朝まで伊勢神宮が皇室にとって特別な神社であるという意識がさして強くなかったことを語っている。これに比べて八世紀の記録である『続日本紀』をみると、ここではじめて伊勢神宮を特別な名称で呼んでおり、他と区別する意識が明瞭になっていることがわかる。

（例）持統六年五月条　遣二使者一奉三幣于四所、伊勢、大倭住吉紀伊大神一

同　　十二月条　　奉二新羅調於五社伊勢住吉紀伊大倭菟名足一

文武三年八月条　奉二南島献物于伊勢大神宮及諸社一

慶雲三年閏正月条　奉二新羅調於伊勢大神宮及七道諸社一

天平九年四月条　遣二使於伊勢神宮、大神社、筑紫住吉八幡二社及香椎宮一奉レ幣

そこで右のような伊勢神宮に対する疑問をもとに、直木氏が想定された伊勢神宮の歴史は、およそ次のような筋道である。

① 伊勢神宮ははじめ日の神をまつる地方神の社であった。

② 六世紀前半頃に皇室と密接な関係が生じ、皇室の崇敬を受けるようになった。
その理由としては、伊勢が東方発展の基地として特別に重視されたこと、また伊勢は大和の東方に当るため、日の神の霊地と考えられていたことなどがある。

③ 地方神であった伊勢神宮が、皇室の氏神社の地位にのぼったのは奈良時代初期前後である。
昇格の契機としては、壬申の乱における神宮の冥助が考えられる。

以上のとおりである。この直木説に対する私見は、さきにその一端を述べたように大筋で賛同するもので、直木説のいうとおり、伊勢神宮はすでに六世紀の頃から皇室の特別な崇敬を受けてはいたが、しかし皇祖神を祀る宮ではなかったと考える。多くの史料は明らかにその方向を指し示していると思う。

ただし直木説の中で、これは右の要約中にはあげていないが、「天照大神」と伊勢神宮の祭神である日の神とを別神と考えておられる点、また皇祖神に昇格した時期を奈良時代初期とされている点、あるいは昇格の動機・理由などの点については異議がある。最後の点は本章の主要なテーマとして後述するところである。

表18『記・紀』の斎王記事

| 天皇 | | 斎王 | 出典 |
|---|---|---|---|
| 10 | 崇神 | 豊鍬入姫命 | 記、紀 |
| 11 | 垂仁 | 倭姫命 | 記、紀 |
| 12 | 景行 | 五百野皇女 | 紀 |
| 21 | 雄略 | 稚足姫皇女（更名、栲幡姫皇女） | 紀 |
| 26 | 継体 | 荳角皇女 | 記、紀 |
| 29 | 欽明 | 磐隈皇女 | 紀 |
| | | 宮子（大神主小事の女） | 斎宮記、詔刀師沙汰文、二所大神宮例文、豊受太神宮禰宜補任次第 |
| 30 | 敏達 | 菟道皇女 | 紀 |
| 31 | 用明 | | |
| 32 | 崇峻 | 酢香手姫皇女 | 紀、上宮聖徳法王帝説 |
| 33 | 推古 | | |
| 40 | 天武 | 大来皇女 | 紀、万葉集 |

この表は、三宅氏作成の表をそのまま引いたものである。

最後にもうひとつ直木氏とはまた別の理由をあげて同じく伊勢神宮批判をされた三宅和朗氏の説[13]を紹介しておきたい。

〈三宅和朗氏説〉

① 表18にみるように、『記・紀』によると七世紀中葉に斎王派遣が中断し、神宮の祭祀が後退している。もし七世紀以前から伊勢に大王家の守護神がまつられていたとすると、これは不可解なことである。

② 『皇太神宮儀式帳』によると、天智三年（六六四）に多気郡から四郷を割いて飯野郡をたて「公郡」としたとあるが、これは「神郡」の削減で、中央からの統制と考えなければならない。これも伊勢神宮が大王家の守護神をまつる宮であった場合、不可解なことである。

③ 記紀の間で、伊勢神宮の起源説話が一定していない（『記』は天孫降臨の際に鎮座したとし、『紀』は垂仁天皇の時、ヤマトヒメがアマテラスを伊勢にまつったとする）。

④ 伊勢神宮の称呼について、敏達紀、持統紀には「伊勢神祠」と記されており、伊勢神宮が成立していたとみる

妨げになる。

以上のような点をあげて三宅氏は、これらは「天武朝以前には、伊勢に大王家の守護神の祭場が移されていなかったことの徴証」ではないかとしておられる。なお三宅氏の場合も、伊勢神宮の昇格の動機については、壬申の乱契機説をとっておられる。

さて昇格動機の点を除けば、右に紹介した内容について筆者はほぼ三宅説に賛成である。ただ第四点としてあげられた伊勢神宮の称呼について少しく触れると、たしかに『続日本紀』では「伊勢大神宮」で統一されているのに対し、『日本書紀』の段階ではまちまちで称呼が制度として整っていなかったことから、伊勢神宮を特別視する意識のなかったことがこれによって知られる。それは伊勢神宮の大王家守護神説への否定の材料になると思う。（ちなみに『日本書紀』では「出雲大神宮」や「石上神宮」といった例もあり、「伊勢神宮」は必ずしも特別な称呼ではない。）ただしかし称呼の変化がそのまま正確に昇格の時期を示すとはいえず、過渡期の現象は考慮に入れなければならないのではあるまいか。つまり後述のように私は天武朝に昇格はすでに決まったと考えるものであるが、それと持統紀の「伊勢神祠」とは必ずしも矛盾しないと思うのである。

以上、従来のタカミムスヒ皇祖神説、およびアマテラス批判説のうちの主要なものについてひととおり見てきた。立場はさまざまであるが転換の事実を示す徴証は数多くあげられており、これら諸説によっても、転換の事実は明らかだといえよう。

## 第二節　コトヨサシの主体としての皇祖神

### ――「皇祖神」の定義――

大王家の先祖が入れ替わる、それも太古のことではなく、すでに文化の発達した七・八世紀というような時代に入れ替わるということは、たしかに考えにくいことである。しかし前節でみた諸説も説いているように、日本古代ではそれがあったとみなければならない。ではなぜ皇祖神は転換されたのか。その問題に入る前に、これまで「天上界の主神」「最高神」「皇祖神」「国家神」「大王家の守護神」などと、その時々に呼んできたこの神は、いったいどのような特質をもった神か。どのような神を指していっているのか。改めてここでその点の確認を行っておくことにしたい。また古文献では、この神をどのような名称で呼んでいるのか。全体の流れを俯瞰しておくことにする。

さてこの神に関する記述は、これまでみてきたように『記・紀』『古語拾遺』『旧事本紀』といった歴史書や、和文体の詔勅である『続日本紀』の宣命、あるいは祝詞などにあるが、ここではその中から宣命の例を一つ引いて、この神の特質をみることにする。

次は聖武天皇（在位七二四～七四九年）の即位時の宣命の冒頭部分である。

高天原《たかまのはら》に神留坐《かむづまりま》す皇親《すめらがむつ》神魯岐《かむろき》・神魯美命《かむろみのみこと》の、吾孫《あがみま》の知《し》らさむ食国天下《をすくにあめのした》と、よさし奉《まつ》りしまにまに、高天原《たかまのはら》に事
はじめて、四方《よも》の食国天下《をすくにあめのした》の政《まつりごと》を、弥高《いやたか》に弥広《いやひろ》に天日嗣《あまつひつぎ》と高御座《たかみくら》に坐《ま》して、大八嶋国《おほやしまぐに》知らしめす倭根子天皇《やまとねこすめらみこと》
の……（以下略）

（『続日本紀』宣命第五詔）

〔訳文〕
高天原においでになる皇室の先祖神カムロキ・カムロミの命が、私の子孫が治めるべき食国天下であると、委託なさったお言葉に従って、高天原から（天皇の統治の事業が）始まり、四方の天下に広がったその統治の大業を、ますます高く、ますます広く、天から受け継いだ「日嗣」として天皇の地位にお就きになって大八嶋国を治めてこられた倭根子天皇の……（以下略）

右の詞章に含まれている内容で、皇祖神にかかわる部分を、いくつかの項目にわけて箇条書きにしてみる。

① 天上界に君臨している神が、地上の国統治の事業を天皇に委託（＝コトヨサシ）した。
② 地上の国統治を委託された天皇は、その神の血を分けた子孫である。
③ 天皇の地位は、その神のコトヨサシを基点にしているので、天上界から始まっている。
④ 天皇の地位は、天上界の日《ひ》の神から受け継いでいるので、「天日嗣《あまつひつぎ》」とよばれる。

右にみるとおり、ここには「皇祖神」とは何かを示す内容が、コンパクトに詰め込まれている。これによると、この神の特質のうち最も重要なものは、地上の国統治を天皇に委託した神であるという点である。その背景には、当然、天上界に君臨するこの神こそ、宇宙の主宰神であり、あらゆる価値や権威の源泉でもあるという世界観があるわけであるが、ともかくこの神は、天皇に国家統治を委任した神であって、古代王権の権威の唯一の拠りどころであるという点に、何よりもその特質がある。

ところで右の宣命中にも「ヨサシ」奉るという言葉がみられるが、「ヨサシ」あるいは「コトヨサシ」（＝委託、委任、寄せる意のヨスに敬語がついた形、事《こと》を寄せる、つまり国家統治という大任の委任）という語が、これらの文献で、この神が皇孫に地上の国統治を命じる場面では必ずといってよいほど用いられている。宣命では、第十九詔を除くすべての例に

表19　コトヨサシの主体（皇祖神）の称呼

| 文献 | | コトヨサシの主体 | 備考 |
|---|---|---|---|
| 『記』 | | 天照大御神と高御産巣日神の二神 | 『古事記』は二神並記が基本といえるが、神話部分における記述のありようは、実際は複雑・多様である。すなわち最初はアマテラス一神、次の箇所からは、アマテラス・タカミムスヒ、タカミムスヒ・アマテラスと、時に並記の順序を入れ変えたり、また途中からはタカミムスヒを別名高木神でよんだりしている。 |
| 『紀』 | 本文 | 高皇産霊尊一神 | 中つ国平定部分を含む天孫降臨神話の全体にわたり、完全にタカミムスヒ一神のみで一貫させている。 |
| | 第一の一書 | 天照大神一神 | いわゆる三種の神器と、天壌無窮の神勅が入っている。その他種々の点で、本文とは異なる要素をもつ。 |
| | 第二の一書 | 前半―高皇産霊尊<br>後半―天照大神 | 別系史料の接ぎ合わせとみられる。 |
| | 第四の一書 | 高皇産霊尊一神 | 『紀』本文と同様の要素を多くもつ。 |
| | 第六の一書 | 高皇産霊尊一神 | 『紀』本文と同様の要素を多くもつ。 |
| 宣命 | 第一詔（文武）六九七年 | 天坐《あめにます》神 | 「天坐神」は、その後の詔勅では「天坐神地坐神」のように一般の神にも使われている。神を特定できない曖昧な表現である。 |
| | 第五詔（聖武）七二四年 | 高天原尓《たかまのはらに》神留坐《かみづまります》皇《すめらが》親《むつ》神魯敲《かむろき》神魯美《かむろみの》命《みこと》 | カムロキ・カムロミに関しては前章第一節二で考察を行った。 |

| | | | |
|---|---|---|---|
| 宣命 | 第十四詔（聖武・孝謙）七四九年 | 高天原《たかまのはらに》神積《かみづまり》坐皇親《ますすめらがむつ》神魯《かむろ》棄《き》神魯《かむろ》美命《みのみこと》 | |
| | 第十九詔（孝謙）七五七年 | 高天原神積坐皇親神魯岐神魯弥命 | |
| | 第二十三詔（孝謙） | 高天原神積坐皇親神魯弁神魯美命 | |
| 祝詞 | 大殿祭《おおとののかい》 | 高天原爾神留坐皇親神魯企神魯美命 | |
| | 大《おお》祓《はらい》 | 高天原爾神留坐皇親神漏岐神漏美乃命 | |
| | 鎮火祭《ひしづめのまつり》 | 高天原爾神留坐皇親神漏義神漏美能命 | |
| | 遷却祟神《たたりがみをうつしやる》 | 高天原《たかまのはらに》爾神留《かむづまり》坐氏《まして》事始《ことはじめ》給志《たまひし》神漏《かむろ》伎《き》神漏《かむろ》美《み》能命《のみこと》 | |
| | 出雲《いづもの》国造《くにのみやつこの》神賀《かむよ》詞《こと》 | 高天《たかま》能《の》神王高御魂《たかみむすひ》（神魂《かむむすひ》）命 | 「神王」はカムミオヤ、カムロキなどと訓まれている。「神魂」は最古の写本である九条家本にはない。 |
| | 中臣寿詞《よごと》 | 高天原仁神留坐須皇親神漏岐神漏美乃命 | これは『延喜式』でなく『台記』の別記所載。康治元年（一一四二）十一月の大嘗祭の際奏したもの。 |

祝詞の例は、この表には「コトヨサシ」の語をともなうもののみあげている。

この語が用いられ、『古事記』でも地上統治を命ずる場面には必ずこの語があり、祝詞でも多くの場合この語がともなっている（ただし『日本書紀』の天孫降臨条ではこの語は使われていない）。

ついでにいえば『古事記』の場合、この語は、アマテラスとタカミムスヒによる地上統治の命令の場面以外に、冒頭部分で天つ神がイザナキ・イザナミにオノコロ島の修理固成を命令する場面、およびイザナキが三貴子――アマテラス、ツクヨミ、スサノヲ――に世界の分治を命令する場面の二箇所でのみ使用されている。このような限定された使用法からみると、世界における秩序の中心や、その権威の継受のあり方を『古事記』はこの語で示したとみられ、明らかに意識的な用語だと思われる。

したがって、「皇祖神」の定義の核心は、「コトヨサシ（地上の国統治の委任）の主体としての神」であることだといってよいだろう。

ところでそのように、天皇の地位の根拠であり、支配秩序の要でもある、古代社会できわめて重要な地位にあった「コトヨサシの主体」としてのこの神は、そのように重要な存在であるにもかかわらず、文献を見ると実にさまざまな名称でよばれている。

表19は、主要な文献における「コトヨサシの主体」の称呼を表にしたものである。ここでは「皇祖神」という語に替えて「コトヨサシの主体」としたが、上述のようにコトヨサシの語に注目すると、称呼はさまざまであっても、まさにその神こそ、天皇に地上の国統治を命じた、他ならぬ天皇の祖神であるということが明確になる。

表19をもう一度整理し直すと、要するに「コトヨサシの主体」（皇祖神）の名は、八世紀から九世紀にかけての文献に次のような形で記されている。

タカミムスヒ型（紀本文、第四・第六の一書）
アマテラス型（紀第一の一書）
アマテラスとタカミムスヒ並称型（記）
アメニマス神型（宣命第一詔）
――八世紀初頭

スメラガムツカムロキ・カムロミ型（宣命第五詔以降および祝詞）――八世紀中頃以降

このようにまとめてみると、その名がまちまちであるとはいっても、要するにそれは、コトヨサシの主体である神を、タカミムスヒとするかアマテラスとするか、あるいは両神をともに立てるか、あるいはまた固有名詞を挙げずに普通名詞で間接的に呼ぶかといった差であることがわかる。

国家の支配秩序の根幹をなす神について記すのに、国家が作成した公的な文献でこれだけ揺れがあるという事実は、そのことだけでも、当時皇祖神について何らかの問題があったことを示唆するものといえよう。すなわちもしアマテラスが五・六世紀段階から皇祖神として確立していたのであれば、すべての文献に、つねに「天照大神」とあってもいい筈である。

以上「皇祖神」に関して、皇祖神とはどのような特質をもった神であるのかを確認すると同時に、その八・九世紀の主要な文献における称呼の変遷を概観しておいた。

# 第三節　転換理由とその時代背景

タカミムスヒからアマテラスへという、皇祖神の移行、転換が、七世紀末から八世紀にかけての宮廷で進行したことは、前節までにみてきた多くの徴証によってもはや疑えないところである。

しかしながら、ではなぜそのようなことが起ったのかという理由については、さきに引いた岡田精司氏の言にもあるようにまだ殆ど理由らしい理由は提出されていない。僅かに壬申の乱における冥助説が出されているが、壬申の乱を勝利に導く上で功績があったからアマテラスを皇祖神に昇格させるというのは、事柄の軽重からいって納得しがたいものがある。[14]そこで今後の論議の材料の一つとして、以下に試論を提出してみることにしたい。

さて皇祖神の問題は、宣命や祝詞、そして記紀神話等にみるとおり、この時代においてはまだ政治や宗教の場で現実的な意味をもつ重要な事柄であった。したがって、転換の起った七世紀末の日本で何が主要な政治的課題とされていたのか、もう少し広くとって、七世紀後半から八世紀にかけての日本では、何が主要な歴史的課題であったのかという、時代状況との関連の中で、やはり基本的にこの問題は捉えられるべきであると思う。

七世紀後半の日本が直面していた主要な政治的課題が、まず第一に伴造・国造制といわれる、古い族制的な国家体制から脱却して、直接に国家が全国津々浦々の人民を掌握することのできる、強力な統一国家の体制を作りあげることにあったことはいうまでもない。さらに白村江における惨敗と統一新羅の出現が支配層に危機感を与え、その動きに一層拍車をかけたであろうことは想像に難くない。この時期あらゆる努力は、その方向に向って払われた。

そして第二には、そのために進んだ中国の制度や文化を少しでも早く取り入れて自分のものにすることが、この時代の支配層に課せられた緊急の歴史的課題であった。すでに統一国家としての長い歴史をもち、高度の統治技術を獲得していた中国の法と制度が大胆に取り入れられて、八世紀初頭に大宝律令として結実したことは改めていうまでもないことであり、その他にも文化のあらゆる面で中国文化の摂取が貪欲に行われた。すなわち一挙に中国化・唐風化が進行し、支配層の文化が急速に唐風に染まっていったのが、この時代のもうひとつの特色であったといえる。このようにみると、この時期は種々の点で明治維新の時期と非常によく似ており、明治維新期にも似た、歴史のきわめて大きな転換期であったと捉えることができる。

そこでこのような時代背景の中に皇祖神問題を置いてみると、皇祖神の変更という、ふつうにはあり得ないような事柄も、この時期であれば十分起り得る条件があるというように筆者には思われる。それはどういうことか、それを次に三点に分けて述べてみたい。

まず第一点は、新しく発足する新体制の統一国家の中心に据える神として、タカミムスヒはふさわしくないという判断が、この時期の為政者の念頭にあったのではないかと考えられる点である。

『日本書紀』をみると、天武朝では神祇制度の整備、拡充が積極的に行われており、統一の達成とそのための人心の収攬にとって、伝統的な宗教に対する政策がきわめて重要だという自覚が、はっきりと為政者にあったことをうかがわせる。その際その中心に据えるべき存在、すなわち新しい国家体制を象徴する神として、タカミムスヒは、いわば得策ではないという判断が、高度の政治的な勘のような形で為政者に働いたのではないかと考えられる。

それはなぜかというと、一つにはタカミムスヒは、ヤマト王権時代における天皇家の守護神・祖先神ではあったが、しかし広範な一般の人びとには馴染みのない、親しまれていない神であったということがある。またもう一つタカミムスヒは、旧体制のいわゆる伴造・国造体制の中において、その一方の天皇家に直属する勢力である伴造系の氏にとってのみ、親しまれ信奉された神であったということがあるからである。

信奉する神といっても、真の意味でそれらの氏がムスヒ信仰をもっていたということではなく、多分に政治的、象徴的なものであったと思われるが、しかしともかく伴造系の氏の神という、いわば党派的な色彩が、この神には附着していた。

広範な一般の人びとには馴染まれていない神だという点についていえば、それはタカミムスヒを語る神話・伝説がきわめて少ないということが何よりもそれを物語っている。もちろんタカミムスヒは天孫降臨神話の主神であり、『古事記』には始源神としても記されている。しかしその場合でも、その描かれ方にはアマテラスやスサノヲ、大国主（オオナムチ）といった他の神々にみられるような具体性がない。それは要するにこの神が、人びとの間で語られ肉付けされることが少なかったことを示しているといえよう。

また神話の中で、他の神々との関係が疎遠で、明らかに孤立した神である。さらに前述したように『日本書紀』顕宗天皇三年条の伝承によれば、タカミムスヒには「天地熔造」（熔造は、金属を鋳型に流し込んで造る意）の伝承がある。それらはこの神が、イザナキ・イザナミ、アマテラス、スサノヲといった、日本神話の主役として人びとに広く親しまれている神々とは本来まったく別系の、異質な神であることを示唆している。これらの点を総合して考えると、タカミムスヒは明らかに一般の人びとにはあまり馴染みのない神だったといえよう。

伴造系の信奉する神という点についていえば、これについては第一章で詳述したところであるが、九世紀初頭に編纂された氏族書に広くみられる事実である。『古語拾遺』や『新撰姓氏録』をはじめ、成立の古いことが確かな氏族書の類をみると、伴造系の氏々はみなこぞって、タカミムスヒをはじめとするムスヒの神を氏の始祖神としていただいている。

このような現象は、圧倒的な文献の量の多さからいってもきわめて注目すべき事柄であるが、従来これについては、八世紀終り頃からはじまった一つの流行、あるいは風潮のごときものとみる見方が一般的であった。しかし伴造系の氏とムスヒの神との結びつきは、基本的にはタカミムスヒが国家神であった律令以前に始まると考えられる。そこでもしそうであったとすれば、タカミムスヒは、伴造系の人びとが信奉する、伴造系の人びとにとっての神という性格を、この時期もっていたことになる。

ところで統一の達成という、さし迫った課題の中にあった当時の為政者にとり、最も気を遣わなければならない対象は、存立の基盤が王権の中にあってすでに皇室と一体的だった伴造系の氏の方ではなく、地域に基盤をもち、半独立的な存在であった臣系・国造系の氏の方であったことはいうまでもないだろう。

天武天皇が、当時はっきりと臣系重視の方針を打ち出していたことは、詳述する余裕はないが天武天皇十三年の改賜姓における氏族の扱いや、あるいは天武天皇の意図を含んで編纂された『古事記』における氏族の扱い方等に明瞭にあらわれている。

ただし臣系重視とはいっても、この時とられた政策は、現実の政治の場で臣系を特に重用するといったことではなく、爵号的なカバネの順位であるとか、歴史書の中でその氏の名を挙げて顕彰するといった名誉的な面でのことである。しかし当時の氏人にとって、これら栄誉的な事柄は、きわめて重要な意味をもっていたと考えられる。そしてこういった面で、明らかに臣系の優遇と、その逆の連系、伴造系の冷遇がみられる。それは誰よりも臣系、国造系の氏の協力なしには、統一の事業の達成が不可能であるところからとられた一つの政策であり、為政者の気遣い、心配りであったと考えられる。

さてそのような時期に、国家神として新しい神祇制度の中心に据える神に、上述のような性格をもったタカミムスヒがふさわしいかどうか、得策であるかどうか。それよりも、古くから広く人びとに親しまれてきた土着の太陽信仰であるアマテラスの方が、はるかに統一の象徴として神祇制度の中心に置くのにふさわしいのではないかという判断が、為政者に働いたのではないかと思う。

つまりアマテラスの選択は、新しく発足する国家が旧態依然とした伴造系を中核とする伴造・国造的国家ではなく、全く新しい体制の国であることを象徴的に示す意味合いを、この時期には持っていたと考えるのである。

ところでいままでタカミムスヒからアマテラスへの「転換」という表現をとって、この時期いっきに一方を取り一方が捨てられたかのような印象を与えてきたがそれは正確ではない。この時期にとられた政策は、その意図としては両者の並立と融合を図るところにあった。前章の月次祭祝詞の考察でみたように、朝廷におけるタカミムスヒへの祭祀は、アマテラスと並んで変ることなく手厚く行われている。

しかし並立ではあるが、『古事記』ではアマテラスを先に記すなどしてアマテラスを明らかに優位に置き、微妙に重点をアマテラスに移している。したがってこの時から、最高神はタカミムスヒではなく明確にアマテラスになったのである。したがって実際には、この時期を基点にして大転換が起ったこともまた確かであった。

次に第二点に移ると、第二点としては〝一元化された歴史〟が、この時期必要とされていたという点をあげることができる。内容的には第一点と関連するが、ここでは〝一元的な歴史〟の必要性という観点から取り上げてみる。

七世紀末天武天皇の時期に、新しい歴史書の必要性が痛感されていたことは、『記・紀』二書の編纂がともに、天武朝にその作業を開始していることがはっきりと物語っている。

しかしその場合の歴史書なるものは、現在われわれが考えるような単なる事実の記録としての歴史書ではなかった。

出来上がった『記・紀』にみられるとおりの、「邦家の経緯、王化の鴻基」(『古事記』序文)となるべき、統一国家の思想的基盤や理念を明らかにする歴史書であった。そしてそこでは神話が、まだ現実の規範として大きな意味をもっていた。ところが、そのとき原資料として為政者や編纂者の目前にあったのは、けっして一元的ではない神話群であった。

『記・紀』以前の日本では、神話は二元的であったということについて第一章で詳論したが、そこで明らかにしたように、ムスヒ系とイザナキ・イザナミ系という、互いに異質で、それぞれに独立した二系統の神話群が、この時期にはまだ基本的には対立・並存していた。

そこで歴史書の作成にあたって両系統をどのように扱うかは、編纂者が直面した一つの大きな問題点であったに違いない。開闢神話の違いは世界観の違いである。統一国家の歴史書としては当然一元的な世界観を確立しなければならない。

このとき『古事記』が選んだ方法は、先にも述べたようにできる限り両者を融合、合体することであった。二者択一して一方を棄てるという方向ではなかった。しかしながら、最終的にどうしても二者択一をしなければならない部分が残る。それは二系のうちのどちらの神を最高神にするかという問題である。これは一元的な歴史を構成するには曖昧にしておくことのできない問題である。その点で、『古事記』、つまりその原案作成者である天武天皇は、最終的にアマテラスを選んだということである。

そのアマテラスが選ばれた理由として、第一点としてあげたような当時の歴史的状況も考慮されるべきだと思われるし、さらにまた次に第三点としてあげるような背景もあると思われる。そしていま第二点として述べた、統一国家としての一元的な歴史形成の必要性という側面も、それをうながす重要な動機の一つとしてあったと考えるのである。

次に第三点に移ると、それは唐風化の進展という、この時代のもつもう一つの特質とかかわって浮かんでくる側面である。

譬えが適切ではないかもしれないが、いわば中国文化という新しい上衣を着るために、それ以前に取り入れていた古い上衣を脱ぐという性格が、この転換劇にはあるのではないかという点である。

タカミムスヒを古い外来文化とみる私見については、前章の第一節、四（二八一頁）で述べた。すなわちタカミムスヒにみられる天の至高神の観念や、その至高神の子が天降って建国するという、支配者の起源を天に求める王権思想は、日本がヤマト王権成立当初、新たに朝鮮半島から取り入れた、当時の東アジアにおける普遍思想・先進思想だとするものである。

さて一般に外来思想が取り入れられると、当然のこととして土着の思想体系と接触し、土着の体系に影響を与えると同時にそれ自身も変質しながら、土着の体系の中に居場所を見つけて定着していくことになる。そのような影響関係が、この場合も種々の面でみられる。しかしその一方で、八・九世紀の文献をみると、この時点においてもなおこの思想が、土着の体系と十分に融合することなく、その異質性を際立たせている場面もみられる。具体的にいえばそれは先述の神話におけるムスヒ系とイザナキ・イザナミ系の対立のことである。なぜそのようにいつまでも対立が残ったのか、これには種々理由が考えられようが、巨視的にみるなら、やはりそれは異文化がまだ完全に融合するだけの時間が経過していなかったということであり、この神話の入ってきた時期の新しさを示唆している。

ところでこのように、当時明らかに二系統の神話の対立状況が存在していたが、これを当時の人びとはどのように意識していたのか、タカミムスヒについてはどのような認識をもっていたのか、もっとはっきりいえば外来思想という意識をもっていたのかどうかといった点について、これを直接窺い知ることのできる史料はいまのところ見当らない。しかしながら筆者は少なくとも一部の人びとは、日本の国家神であるタカミムスヒは朝鮮半島の建国神にも通じる神だという認識を、ある程度持っていたのではないかと推測している。それを示唆するものとして、欽明紀十六年二月の「建邦之神」に関する記事や、あるいは「弘仁私記序」の記す「帝王系図」などがある。仮にそこまでの明確な認識はなかったとしても、アマテラスを含むイザナキ・イザナミ系との比較において、ムスヒ系の方がより新しい神話であり、アマテラスの方がより古くからの神話だという感覚はあったとみても不思議ではない。

そこで以上述べてきたような点を前提にしてタカミムスヒからアマテラスへの移行を考えると、これとある意味できわめてよく似た現象として、やや唐突であるかもしれないが、明治維新の際に政府がとった一つの政策が浮かんでくる。それは即位式における「唐制の廃止」という政策である。これはこの問題にとって大いに参考になる点があると思われるので、本題から離れるが、次にしばらくそれをみることにしたい。高木博志氏の論考(15)からそのまま引用すると、高木氏は次のように述べておられる。

明治元年の即位式の第一の特色は唐制の廃止である。近世までの日本は『万事漢土ヲコレ師トスルノ有様』と福羽は認識し、岩倉具視が亀井茲監に与えた『古来の典儀は多く唐制を模倣せるものなり（中略）宜しく之れを更改して皇国神裔継承の規範を樹つべきなり、即ち古典を考証査覈して新に登壇の式儀を案定すべし』という内命をうけて、福羽は中国式の礼服である袞冕《こんべん》を廃して礼服にし、陰陽道に基づく大旌《だいせい》を廃して幣をかけた大真榊を数本たて、また紫宸殿南階の南方の火炉への香木進献の儀も唐制故に止めている。即位式における仏教的要素の廃止としては、摂家の二条家が天皇に伝授し、天皇が大日如来と一体化する儀式である即位灌頂が明治元年には廃されている。

要点を繰り返すと、明治新政府は「万事漢土ヲコレ師トスルノ有様」であり、「古来の典儀は多く唐制を模倣せるもの」であった近世末までの状況を改め、新たに「皇国神裔継承の規範を樹」て「古典を考証査覈して新に登壇の式儀を案定」しようとする方針を打ち出し、事実そのような方向で改革を行ったということである。「皇国神裔継承の規範」を立て「古典を考証査覈」するとは、要するに唐風文化を取り入れる以前の、「神代以来」の日本の「伝統文化」と思われるものを探し出して、それを規範にするということである。このようにして、奈良時代以降近世末まで一千年間続いた、一見中国ではないかと見まがう程に唐風だったといわれる、即位式における唐制は終焉を迎えた。

では、明治新政府はなぜ唐制を廃止したのか。これには種々理由が考えられるであろうが、一つにはやはり当時の滔々たる西欧化の流れが影響を与えたとみていいだろう。皇室儀礼もその例外ではなく、当時は「ロシアを始めとする西欧王室の儀礼の圧倒的影響をうけ」ていた（高木氏前掲論文）ということである。端的にいえば、当時の日本が中国から西欧へとお手本を大きく切り変えたところからくるこれは当然の帰結であり、その転換を示す象徴的な出来事の一つであったと考えられる。

新たな外来文化を受け入れようとする時、古い外来文化はもはや不用と感じられる。古い上衣を脱いで新しい上衣を着るように、より時代に合った進んだ文化を取り入れるために、古い外来文化の残滓を切り捨てる。もちろん異文化の受容の問題は実際には決してそれほど単純ではなく、特に古代以来摂取し続けた中国文化などの場合、ある部分は土着の文化と見分けがつかない程に混淆し、またある部分は完全に変容して日本文化の重要な骨格の一部となって残るなどその実態はきわめて複雑である。しかしながらこの即位式における風俗のように、その異質性が鋭く意識され続けている部分もあり、そのような象徴的な部分についていえば、時代の転換期にはいま述べたような現象も起きる。

ところで維新期の現象の中でもう一つ注目される点は、圧倒的な量の西欧文化の受容と並行して、一方で古い伝統文化の発掘が積極的に行われているという点である。いまの即位式の場合でいえば「皇国神裔の規範」を立てるというのがそれである。これは即位式のみに限らない明治新政府の政策の一つであった。装いを変えた大々的な大嘗祭の復活もそれに当るであろうし、また教育勅語の内容などにも、そういえる部分があるように思われる。

これには天皇を神格化して天皇制を強化する、あるいは民族意識を高揚するなど種々理由があるであろうが、いま外来文化との関係でみると、西欧文化の衝撃が大きければ大きい程、より古く、より底辺にまで根づいているとみられる民族固有の伝統を持ち出してこれに対抗しようとする、一種のバランス感覚が働くという側面もあると考えられる。つまり急激な西欧化に対して危機意識が働くのである。

そしてここで一つ見落してならないことは、その際持ち出された「伝統」なるものは、けっして真の意味での過去の忠実な復原ではなく、実はあくまで新しい時代、新しい社会に対応して創り出された、新しい「伝統」だということである。

きわめて粗い考察で図式的に述べてきたが、維新の際にみられた以上のような現象は、同じような歴史の転換期にあった七世紀末から八世紀はじめの日本をみる上で、大いに参考になると筆者には思われる。すなわち古代のこの時期においても、明治維新期と同じように、時代の圧倒的な流れは新しい外来文化の摂取、つまり唐風化に向けての流れにあった。しかし国家の基礎を固めてその安定を図るには、一方で固有の伝統文化を新たに組織し直し確立する必要がある。神祇制度の整備、拡充や、あるいは『古事記』の編纂なども、ある意味ではそのような要求から出たものといる。

タカミムスヒからアマテラスへの転換は、まさにそのような流れの中で起っている。つまり、それはより優位でより高度な文化にすでに人びとの主要な関心や目標が移った時点で、固有の伝統文化を再編成しようとする動きの中から起ったことである。転換劇を基本的にそういう場の中に位置づける、つまり時代の転換期における〝伝統文化の再編成〟の問題として位置づけると、天皇家の守護神であり天の至高神である神を取り換えるという、ふつうであればあり得ないような事柄も、場合によっては起り得るということが理解できるのではないかと思う。

なぜならこの時代においても、時代の主要な関心や課題は、すでに仏教・儒教・道教をはじめ、法や制度その他、あらゆる面での中国文化の摂取に移っていた。一方で伝統的な文化も、むろん重要なものではあったが、しかし関心の度合いには明らかに差があり、人びとの意識の中における比重は軽くなっているといえる。つまりそのような時代の激変期だからこそ、かつて新しかったものが古くなり、逆に古かったものが新しくなって立ち現れるというような逆転現象も、さしたる抵抗なく起り得ると考えられるのである。明治維新の際の「唐制廃止」がまさにそれを示している。このとき千年以上に亘って重きをなしてきた伝統はいっきに覆された。

そうした激しい時代の流れの中で、新しい統一国家の国作りに向けて、伝統文化の再編成が大胆に行われようとしている。そのとき、タカミムスヒをめぐる状況には、さきに二点に分けて述べたような問題点があった。そのような神を、全国津々浦々で祭られている、その大部分がいわゆるイザナキ・イザナミ系である日本全土の神々の中心に据えて、統一の象徴とするのは適切ではないという判断が、為政者に働いたのではないかと筆者は考える。

一方アマテラスは、上述してきたようにイザナキ・イザナミ神話と緊密に結びつき、スサノヲと結びつき、さらにスサノヲをとおして当時最大の信仰圏をもっていた大国主神話と結びつくというように、土着の主要な神体系と密接な結びつきをもっている。このような神々を結ぶ網の目は、神話・伝説をとおして全国的に広がっていた。つまりそのことは、このような形の土着の文化が、各地に豊かに育っており、かつそれらの間の列島規模の交流が、活発に持たれていたということを意味している。

アマテラスを取り上げるということは、したがってひとりアマテラスのみの問題ではなく、いわば弥生以来、さらには縄文以来培われてきた豊かな土着の文化を掬い上げる、そうした文化を重視するということにつながる。

前章でみたように、アマテラスは太陽神であるが、タカミムスヒもまた太陽神的性格の天の至高神であり、同じ太陽神として、太陽信仰に立つ皇室は七世紀以前からアマテラスを特別に尊崇してきた。そこでこの時期それをさらに引き上げて神祇制度の中心に据え、最高神の地位につけたということである。それはいま述べたようにこの神が、人びとの間にしっかり根を張った、伝統文化の一環であり、土着の神体系の一員だったという点に、何よりもその理由があると筆者は考える。その意味で、タカミムスヒからアマテラスへの転換劇は、さきにみた明治維新期の「唐風の廃止」と「皇国神裔思想の復活」に似たところがある。すなわちかつては輝かしい、先進的な外来文化の象徴であったタカミムスヒが主役の座から振り落され、かわって旧い伝統文化が登場したからである。

ところでいま旧い伝統文化の登場と書いたが、アマテラスは決して旧い姿のままで登場したわけではない。地上の国統治を天皇にコトヨサシ（委任）する宇宙の主宰神の姿は、本来の彼女の姿ではない。この神話の骨格は、タカミムスヒが持ち込んだもので、その主神の座は本来タカミムスヒのものであった。しかし主神の名にかかわりなくこの神話と思想は皇室神話の骨格として残り、その座に新たにアマテラスが就くことになった。すなわちこのようにして、アマテラスは新しい役割、新しい装いで登場し、ここに一つの新たな伝統が創出されたわけである。

なおアマテラスの旧名は「ヒルメ（日女）ノミコト」であるが、新しい役割に就くのとほぼ時を同じくして、その名も新しい地位にふさわしく「天照大御神」と改められた。このことは文献的に確かなことである。ところでこのようにして、このとき創り出された新しい皇祖神の神話は、しかしその後の日本の社会にあまり根づかなかったように筆者には思える。アマテラスの名はある程度浸透したが、しかし天の主宰神の観念はついに日本人のものにならなかったのではないか。しかしそれは本章の範囲ではないのでまた別の機会に考えたい。

## むすび

日本古代では、七世紀末に天皇家の祖先神の転換が起っている。この事実について現在ではかなり多くの研究者がこれを認めている。しかしなぜそのようなことが行われねばならなかったのかについては、理由らしい理由がまだまったく提出されていないという批判に応えて、日頃考えている筆者なりの理由を述べてみた。上述したところを最後に簡単にまとめておくことにしたい。

さて転換理由について考えるのにまず必要なことは、一つはこの時代が何を求めていたかという、この時代の主要な歴史的課題や時代背景を知ることであり、もう一つはタカミムスヒやアマテラスをめぐる当時の社会や文化のあり方、つまり二神の置かれていた実状を把握することであると思う。

七世紀後半という、日本の古代国家の成立期であるこの時代に関しては夥しい数の研究があって、この時代の中心的な課題が族制的な国家から律令による中央集権的な統一国家へという社会の変革にあったことがすでに多方面から詳細に明らかにされている。またそれは対外的な面での国家的危機感や、新たに隣国に出現した強大な統一新羅への対抗心にも支えられたものであったろうと推察される。そしてこのような変革と相俟って、文化の面では大陸の文化が怒濤のように入ってきた、というよりその文化を梃子に、改革が断行されたといった方がいいだろうが、ともかくそのような時代であって、このようにみるとこの時代は、明治維新の時期と非常によく似ているといえる。

一方、皇祖神タカミムスヒやアマテラスをめぐる当時の社会や文化の状況については、現在のところまだ研究者の間で共通の理解が成立しているとはいえない段階である。このことが、この転換問題の進展を妨げている一つの大きな原因であり、本書はその解消をめざして第一・二章でこの問題を取り上げてきた。そこで述べた私見の基本的な立場をもう一度簡単に述べるならば、それは当時神話や神祇信仰面での文化はけっして一元的ではなく、二元構造であって、タカミムスヒとアマテラスはそれぞれ別個の神話体系に属する神として対立、並存する関係にあったとみるものである。そしてタカミムスヒの側は、皇室とそれを取り巻く伴造系の氏がその神話や信仰の主たる担い手であり、それは遡ればかつてヤマト王権が朝鮮半島から取り入れた、その当時としては最新の先進的支配者文化の一環であったものである。一方アマテラスは、きわめて広く厚い土着の思想・文化の一環として、その中に含み込まれた存在で、その意味で広範な人びとの間に根づいている。こちらの系列も、はるか古く弥生にまで遡れば、またそれぞれに別系統に分かれるであろうが、しかし七・八世紀の時点では、すでに融合し合い関連し合って緊密に結びついている。

当時の時代背景や、また二神をめぐる状況をほぼ以上のように捉えたうえで転換問題を考えると、王家の先祖神の変更という、ふつうには考えにくい事態も、あり得ないことではないと考えられてくる。その理由を三点に分けて述べた。なお前述のように、最初為政者が意図したのは、正確にいえば「転換」ではなく、両者の「融合」であり「合体」であった。一方を棄て一方を取って入れ替えようとしたわけではない。しかし結果的には、この時点を境に両者はまさしく入れ替わることになったのである。

さて三点に分けて述べた理由について繰り返すのは省略し、明治維新期との比較についてだけ触れると、比較的私たちの記憶に新しい明治維新の時期を参照することで、この問題はかなりわかり易くなると筆者には思われる。すなわちそこでは圧倒的な欧風化の一方で、大胆な伝統文化の再編が行われている。そして当面するこの問題も、本質的には変革期における伝統文化の再編の問題として捉えることができるからである。

最後に、アマテラスが律令国家の国家神として登場した主要因について一つだけ挙げるとすれば、それは何よりもこの神が、伝統文化の広く厚い地層と緊密に結びついていたからである。当時為政者は、新しい国作りを成功させるため、そして人びとの心を掴むために、この神に依拠する必要があると判断したのである。それは同時にこの神につながる、人びとの間に深く根を下ろした伝統文化に依拠することを意味している。細かくいえば理由は種々あろうが、転換劇の本質は何よりもそういうところにあったのではないか。

現在多くの人びとは、タカミムスヒをとおしてでなく、もっぱらアマテラスをとおして日本の古代を考える。その意味で、このとき為政者によってなされたこの一つの選択は、きわめて大きな影響を後の歴史に与え続けている。

注

（1）本章は、既発表の拙論「皇祖神の転換」とその歴史的意義――タカミムスヒからアマテラスへ――」（前掲第二章注（5））の一部を、多少修正を加えて載せたものである。そのため第一・二章で述べた内容との間にやや重複する箇所がある。ご了承いただきたい。
（2）岡田精司『古代祭祀の史的研究』（塙書房、一九九二年）。
（3）前掲第二章注（46）。
（4）岡正雄「日本民族文化の形成」（『図説日本文化史大系』1、縄文・弥生・古墳時代、小学館、一九五六年）。
（5）吉田敦彦『日本神話の源流』（講談社現代新書、一九七六年）。
（6）赤坂憲雄VS大林太良「日本文化の基層と構造」（『別冊歴史読本』天皇と日本を起源から考える、新人物往来社、一九九三年）。
（7）前掲第一章注（38）。

（8）前掲第二章注(42)。
（9）雄略紀十八年八月十日の記事によると、この日伊勢の朝日郎が叛乱を起し、朝廷は物部氏を追討将軍として軍隊をさし向けこれを討った。しかし二日一夜の間攻めあぐんだと記されている。この時期に年・月日まで記す正確な記録があったとは考えられないが、五世紀後半のこの時期に土着の勢力との攻防がまだ続いていたことを示す伝承は、おそらく存在したと思われる。
（10）寺川真知夫「天照大御神の高天原統治の完成――八百万神とのかかわりにおいて――」（『神々の祭祀と伝承　松前健教授古稀記念論文集』同朋舎出版、一九九三年）。
（11）丸山二郎「伊勢神宮の奉祀について」（同氏著『日本古代史研究』一九四八年）。
（12）直木孝次郎「天照大神と伊勢神宮の起源」（同氏著『日本古代の氏族と天皇』塙書房、一九六四年）。
（13）三宅和朗『記紀神話の成立』（吉川弘文館、一九八四年）。
（14）壬申の乱の功績に報いるためだけならば、他にもっと適切な方法があるのではないかと思われる。同じく壬申の乱に功績のあった事代主神、生霊神、村屋神三神に対しては、神階を上げ進めることでその功に報いている。
（15）高木博志「明治維新と大嘗祭」（『天皇代替り儀式の歴史的展開――即位儀と大嘗祭――』柏書房、一九八九年）。

# 第四章　神話と最高神の二元構造から
# みた日本古代の思想と文化

## はじめに

ヤマト王権時代の思想と文化を、前章までに明らかにした神話と最高神の二元構造を通して捉え直すと、そこには新たにどのような問題点が浮かび上がってくるのか。またそれはこれまでの歴史認識の何をどのように変えるのか。すでに触れてきた問題も多いが、本章でそれらの点をまとめて考えてみることにしたい。

さて最初に序論で述べたように、日本にはじめて列島の大半の地域を支配下に置く統一王権が誕生した五世紀から、律令国家が誕生する七世紀後半にかけての約二・三百年間は、巨視的にみるとまさに日本の歴史にとって指折りの、〝未開から文明へ〟の一大転換期であった。

四世紀までの日本には、ごく断片的なもの以外文字史料も残されておらず、都市といえるほどのものもなかった。しかし七世紀末になると、支配層の間にはすでに文字がかなり普及し、立派な王都も造営されている。この二・三百年間にきわめて急激な変化が進行したわけである。中でも無文字から文字への移行は、さまざまな面で、社会や人びとの意識を大きく変えたと思われる。たとえば暦法なども文字使用の上に成り立つ制度であり、その採用は人びとの歴史意識や時間の感覚を根底から変えるところがあったに違いない。あるいはまた口頭で事柄を伝達したり思想を表明したりする際の技法と、文字によるそれとの間には、当然大きな違いがあるはずで、口頭による場合は、おそらくイメージの喚起力や鮮明さ、言葉のリズムなどに重点が置かれるが、文字による場合は何よりも論理性が要求される。このような両者のもつ技法の差は、人びとの思考方法自体にも変化をもたらしていったのではないかと想像される。

このように、この時代は文字の時代へ向って急激に動き出した変化の時代であったが、しかしこの時代までは、社会を秩序づけ、人びとの意識を一つにする、社会統合のための思想表明の手段は、まだ基本的には神話であった。このことは、この時代の特質として第一におさえておくべき点である。つまりこの時代は、まだ未開に片足を残した時代であって、神話、とくに王権神話は、この時代には単なる物語ではなく、現実に社会を秩序づける規範としての役割を担っていた。半ば神話の時代であるというのが、この時代の特質の一つであり、この時代をみる前提である。

## 第一節　二元構造からみたヤマト王権時代の思想と文化の特質

いま述べたように、この時代が〝未開から文明へ〟の転換点として、半ば神話の時代であったという前提に立った場合、この時代を特徴づけるものとして真先に挙げられるのは、タカミムスヒという国家神の存在である。この神こそ、この時代の王権社会がもった新しい世界観や新しい王権思想を体現する、時代の象徴としての神であった。

七世紀後半以前、つまり令制以前のヤマト王権時代には、繰り返し述べてきたようにこれまで考えられていたアマテラスではなく、タカミムスヒが国家神であった。本書はその事実をより確実なものにするために多くの頁を費やし、さまざまな角度から検証を行った。上述してきたそれら多くの徴証によって、国家神タカミムスヒの存在はもはや疑えない事実になったといってよいだろう。

さてそうなると、そのタカミムスヒのもつ世界観や王権思想はどのようなものであったかが、ヤマト王権時代の思想や文化を基本的に規定するものとして、きわめて重要になってくる。

この点について筆者は第二章第一節で考察を行い、それが東アジアの広大な地域を覆う、いわば当時における一つの普遍思想ともいえる、天に絶対的価値を置く王権思想であり王権文化であったことを論証した。五世紀の日本列島に成立した統一王権は、朝鮮半島の古代国家同様、まさにその同じ思想と文化の輪の中にあったわけである。

タカミムスヒの系統についてのこのような見方は、考古学が明らかにしている、モノが示す当時の支配層の文化の系統ともぴったり一致している。五世紀以降の古墳の様式や副葬品をみると、それらは明らかに朝鮮半島の支配者文化の強い影響下にある。白石太一郎氏は次のようにいっておられる。(1)

四世紀末葉から五世紀の古墳時代中期に入ると、こうした倭の独自性の強い古墳文化は大きく変貌する。古墳の埋葬施設などにも明らかに朝鮮半島の影響による横穴式石室が、まず北部九州など一部の地域に出現し、しだいに各地に拡がっていく。また古墳の副葬品の中には、それまでまったくみられなかった馬具や、以前にはほとんどなかった金銅製の装身具などが加わり、武器・武具類にも外来の新しいタイプのものがみられるようになる。……同時代の朝鮮半島の古墳などとも共通する要素が顕著になり、いってみれば、古墳の東アジア化が進むのである。

ところで、ここで筆者が一つ強調しておきたい点として、この「東アジア」の文化が、中国にではなく、むしろ主として北方の遊牧民の国家がもっていた文化につながっていたということがある。それをまのあたりに示すものとして、藤ノ木古墳などにみられる金銅製の立飾りのついたきらびやかな冠であるとか、金や銀のメッキをしたイヤリング・ネックレスなど、金色燦然たる服飾文化がある。このような黄金の光に包まれた服飾文化は、けっして当時の中国のものではなかった。(2) 支配層の服装は、その時代の文化の方向性や系統をかなりよく反映するものではないかと筆者は考えるが、それがこの時期けっして中国風ではなく北方民族風であったということは、この時代の支配層の文化の系統を考える上で、十分念頭に置くべきことだと思う。

考古学上のモノだけではなく、政治制度についても、高句麗・百済・新羅など、朝鮮半島からの影響は、すでに従来からさまざまに論じられている。部の制度や、あるいは王権中枢における権力集中の方式にみられる影響関係などがそうである。部の制度の百済からの影響は古くから指摘されているところであるが、近年倉本一宏氏は、王権中枢の氏族合議制（「マヘツキミ」制）が、朝鮮三国の政治体制の影響を受けたものであることを論じておられる。(3)

この他に重要な問題としてウヂ・カバネ制度の問題がある。筆者はこれも同じ系統に属する文化と考えているが、この問題にはいま言及する余裕がない。ともかくこのようにして、国家神タカミムスヒの系統と、当時の他の文化現象との間には整合性があり、それらは全体が一つの文化複合として、ヤマト王権時代の支配者文化の系統を指し示している。

では、タカミムスヒに象徴される、この時代の支配層がもっていた世界観や王権思想の主要な特徴は何か。このことについては第二章でも述べたが、改めて要点のみ挙げると次の如き点が指摘できると思う。

(1)　天に絶対的価値を置く天優位の世界観。
(2)　大王をその天の主宰者である日神の子孫とする神話的王権思想。
(3)　出自・血統の重視。

(4)　父系的・父権的観念。

『記・紀』の天孫降臨神話や神武東征伝説にみるように、この世界では天の神が絶対的な権威をもっている。そしてその天の神は、同時に太陽神でもあり、また古くは日・月と観念されていたらしい痕跡もあった。その点で、北方遊牧民族や朝鮮半島の古代国家がもった天の至高神観と一致する。なおこれらの特徴は、この時期の中国の「天」観とは明らかに異なっている。このことにも注意を払っておきたい。

ヤマト王権時代の王権中枢が指向したのは、タカミムスヒに象徴される、右に要約した如き王権思想をもつ文化であった。しかしこの時代には、もう一つ、これとはまったく異質な文化が存在していた。前章までに明らかにした神話と最高神の二元構造が、そのことを証明している。

そのもう一つの文化とは、弥生時代、あるいはさらに遡って縄文時代以来日本列島に生起した土着の文化の総合である。

八世紀以後の日本の文化が、新しく輸入された中国の文化と、その時点における土着の文化との二重構造であり、また明治維新以後の日本の文化が、やはり西欧の文化と、その時点における伝統文化との二重構造であったことは誰しも認めるところであるが、それと同じ意味で、ヤマト王権時代の文化も、やはり輸入と土着の二重構造であった。神話の二重構造は明らかにそのことを物語っている。

序論でも述べたが、ここできわめて重要なことは、ヤマト王権時代に存在した文化の二重構造の場合も、律令時代における中国文明と日本の伝統文化の間、あるいは明治時代における西欧文明と日本の伝統文化の間に横たわっていたのと、ある意味では勝るとも劣らぬ開きが、その二つの文化間に存在したと思われる点である。

序論で引いたように、吉田孝氏は七世紀末に起った氏姓制国家から律令制国家への転換には、「国制の原理の基本的な転換」があったと述べておられる。また江戸時代の幕藩体制下における思想や文化と、当時日本が取り入れたヨーロッパの近代思想との間にも「原理の基本的な転換」があったことはいうまでもない。ところがある意味では、それにも匹敵する程の、思想や文化の「原理の基本的な転換」がヤマト王権成立時にも起ったのではないか。そのことが、二系統の神話の比較を通して、かなり確かな形で推測される。

タカミムスヒとは別系の、イザナキ・イザナミ〜アマテラス・スサノヲ〜大国主（オオナムチ）系のもつ神話世界の特徴については、第一章第三節の四（二〇二頁）で述べたが、その中の主な点を拾い出すと次の通りである。

(1)　海彼の国である「常世（トコヨ）ノクニ」が、豊かな生命力の源泉としての価値高い国とされる。その他に高天原・根の国・海神《わたつみ》の国などの異界もあり多様である。全体としては、海洋的色彩の強い世界観。

(2)　男・女の働きを等価にみる男女観。

(3)　呪術的能力や人間的資質を重視する、出自・血統によらない首長観。

第一章でも述べたように、この系列はそれ自体多元的で、一つに括ることには多少問題のある面もある。しかし全体に共通する特徴として、ほぼ右のような点をあげることができる。

ところでここで一つ問題なのは、これらイザナキ・イザナミ系の神話は、けっしてそれが四世紀以前の状態のままでわれわれの前にあるわけではなく、豪族層によって体系化された時点でのヤマト王権時代の思想や、また最終的に『記・紀』神話として成立した時点での律令時代の思想がそこに加わっているという点である。先述の、タカミムスヒの系列についてあげた思想は、これらの神話にとっても、それが体系化される際の基本的な枠組みとなっている。したがって、それらをどう読み分け、読み取るかということが一つ大きな問題としてある。

いまその問題について詳論する余裕はないが、分かり易い例を一つあげるならば、スサノヲから大国主に至る間の神々の系譜などは分別の容易な例である。すなわち大国主神話の原型の成立は、基本的に四世紀以前と考えられるが、神々を結ぶこの父系系譜は明らかにヤマト王権時代の産物である。その他にも神々を序列化して体系化を図った箇所がいくつかあるが、私見では、おそらくこの系列の神話世界には、本来神々の間に上位・下位の序列はなかった。父系観念もなかった。序列化は、時代の要求に合わせたこの時代の産物であろうと思う。

このように、細かくみれば問題はあるが、しかし全体としてみた時、この系列がムスヒ系とは紛れもなく異質で、あきらかに別の文化体系に属していることは疑いない。両者の間にある世界観・価値観の差はきわめて大きい。したがってそこには思想や文化の「原理の基本的な転換」があったといっても言い過ぎではないだろう。

日本列島の関東以西の主要な地域の統一をほぼ達成したヤマト王権時代、そして未開から文明への一大転換期でもあったこの時代は、八世紀以降の律令時代や明治維新の時期同様、やはり異質な二つの思想と文化を抱え込んだ二重構造の時代であった。つまりこの時代の支配層もまた、いわば〝和魂洋才〟の世界を生きていた。そのことが、神話の二元構造から指摘できる。

以上述べてきたヤマト王権時代の文化の特質を、箇条書きにして挙げると次の通りである。

(1) 無文字社会から文字社会への移行期。
(2) 神話がいまだ社会を秩序づける規範として生きていた時代。
(3) タカミムスヒが国家神であった時代。
(4) 朝鮮半島の古代国家と密接な関係をもち、それらの王権がもっていたのと同系統の、北方遊牧騎馬民族につながる支配者文化を共有した時代。
(5) 天に絶対的な価値を置き、大王をその天の至高神の子とする支配者天降思想や、父系観念、出自・血統の重視などが、新しい支配者文化の主要な特色であった時代。

(6)　縄文・弥生以来の伝統的な土着文化と、新しく取り入れた北方系支配者文化との二重構造の時代。

(7)　仏教・儒教・道教など中国の文字文化も取り入れつつあるが、その本格的導入には至っていない時代。

## 第二節　二元構造が提起する問題点

従来、日本の古代を捉える視点は、基本的に「土着」と「中国文明」の二つであった。序論で述べた通りである。弥生以来の日本固有の文化の上に高度な中国文明がかぶさった。朝鮮半島の古代国家からの影響は種々あるにしても、基本的には弥生以来の発展の上に、日本固有の文化がつくり出されている。そういった「土着」に対するいわば一枚岩的な、一体的な理解が従来は一般的であった。石母田正・井上光貞・吉田孝氏ら、歴史学の分野の人びとも基本的にそうであり、国文学、民俗学の分野においてもほぼ同様である。

しかし上述のように、七世紀時点における「土着」は、けっして一枚岩ではなかった。それどころか、きわめて異質な文化の混合体であった。

では新たに明らかになったこの事実は、日本の古代を捉える上にどのような問題を提起するのだろうか。最後にその点について述べることにしたい。いま筆者の念頭に浮かぶ主要な問題点は次の通りである。

(1)　古代天皇制の本質や性格についての再検討。

(2)　日本古代の父系制に関する新たな視点の提示。

(3)「古墳時代」という墓制上の時代区分と思想・文化からみた時代区分。

(4)　四世紀以前の歴史像の再構築。

右に挙げたのはいずれも詳述すべき大問題でここで取り上げることのできる範囲ではないが、しかし各項目についてごく簡略に筆者が考える問題の輪郭を述べておくことにしたい。まず(1)の古代天皇制の性格あるいは本質に関してであるが、これは現在はその淵源を弥生以来の呪術王、農耕王に求める見方が有力である。しかし上述したところからみれば、それとはまったく異なる理解に立たねばならない。すなわちそれはヤマト王権が新たに取り入れた、当時東アジア世界で広く行われていた天の至高神観を背景にする王権思想に求められるべきである。したがってその本質は弥生以来の伝統とはむしろ切れたところにあるということになり、従来の見方は大きく見直しを迫られる。

次に(2)父系制の問題であるが、これは日本では父系制がいつから始まったかという、古代史や家族史・女性史などで長らく争点の一つとして争われてきた問題に関してである。

序論でその著書を引用した吉田孝氏は、同書で「姓の父系継承の原則は、おそらく大化元（六四五）年のいわゆる「男女の法」（良人の男女の間に生まれた子は父に配《つ》ける、という男系主義）に淵源するものであるが、そこには二つの大きな問題が含まれていた。一つは、後述するように、古代の日本の社会は双系的な性格が強く、豪族層の首長位の継承は父系に大きく傾いていたとしても、父系制は一般的には確立していなかった可能性があることである」と述べて、日本における父系制の開始を七世紀の半ばまで下げて理解しておられる。

ほぼ同様の見方をとるものに義江明子氏があり(4)、義江氏も、ウヂの系譜の考察等を通して、七世紀以前には父系制は成立していないとされている。

一方、日本における父系制の開始をもっと古くみる意見も多く出されている。清水昭俊氏は、「古代日本のウヂは、父系的ではないとされた諸特徴の大部分もふくめて、きわめて父系的な特徴を示しており、父系出自集団であったと理解するのが至当であるように思われる」と、人類学の観点から説いておられる(5)。

筆者は結論的にいえば、後述するような条件をつけた上で、七世紀以前から父系制度はあったとみるべきだと考える。なぜならウヂの系譜は、文献（および金石文）にみる限り明らかにすべて父系系譜であり、父系系譜でないウヂの系譜は管見の限りでは存在しない。義江氏は、稲荷山鉄剣銘の系譜を「一系系譜」と呼び、『上宮記』の系譜を「両属系譜」と呼んで、ともに父系系譜ではないとされるが、筆者の見るところ両者はともに父系系譜である。とくに『上宮記』系譜は完璧な父系の出自系譜であると思う。

しかしながらその一方で、七・八世紀においてもなお日本の社会には、父系観念が確立しているとは到底思えない現象が多々存在することも事実である。異母兄妹間の結婚はその一つである。異母兄妹とは、いうまでもなく同父兄妹であるが、天皇家におけるその頻繁な結婚は以前から注目されているところで、その理由については王家の血の純潔を保つためといった説などが出されている。しかし異母兄妹の結婚は、天皇家に限らず貴族の間においても何ら憚るところなく行われており、庶民の間でも行われていたことを示唆する記録がある。この現象は、同母兄妹間のそれに対するきわめて厳重な禁忌と対照的であり、明らかに父系観念がいまだ生活実感の中に十分根を下ろしていないことを示すものといってよいだろう。このように、この時代には相反する二つの現象が同時に並行して存在する。

筆者は日本の六・七世紀における父系制の有無を考える際にも、この時代が律令時代同様二重構造の時代であったことを念頭に置くべきだと考える。ウヂという組織が自然発生的な血縁集団ではなく、五世紀以降に支配層の間にのみつくられた政治的性格の強い組織であることは、すでに定説として広く認められている。そうであれば父系制についても、ウヂが成立する時点において、ウヂに付随する制度として取り入れられたとみることができるのではないか。

そう考えると前述の如き系譜のあり方がよく説明できる。ウヂの系譜と社会の実態とは、必ずしも同じではないのである。建前と実態との間には大きな差があった。

従来は、六・七世紀代に父系制があったとするにせよ、なかったとするにせよ、系譜は基本的に実態を反映するものという前提で考えられてきた。したがってその場合は、系譜は完璧な父系系譜だがその集団は父系出自集団ではないということはあり得ない。しかし本書で明らかにしたヤマト王権時代の文化の二重構造は、建前と実態、理念と現実との間に矛盾があったとしても、両者をそのまま肯定する道を拓いたと思う。

つまり理念として制度としての父系制度は、支配層の間で五世紀段階には開始された。しかしそれは社会の自然発生的な発展の中から生み出されたものではないため、実態はまたそれとは別にあった。その後時代の方向は父系制を目指して動いていったが、実態はなかなかそれに追いついていかず、古い風習がさまざまな面で長く残ったと考える。なお大化元年の「男女の法」についていえば、これは被支配階層における父系原則の制定であると思う。

次は(3)「古墳時代」という時代区分に関してであるが、前方後円墳が日本列島の全域で盛んにつくられた四世紀から六世紀に至る時代は、都出比呂志氏の「前方後円墳体制(6)」という命名をまつまでもなく、同質の時代として一つに括って考える考え方が一般に広く行われている。そこで本書が提出した五世紀以後とそれ以前との間に文化の断絶、あるいは転換があるとみる見方は、それと矛盾するのではないかという問題である。

これについて筆者は、四～六世紀が墓制の上で連続していることは事実であるが、しかし同時に四・五世紀の間に文化の転換があったこともまた事実であり、そのことは上述した神話の分析以外にも、二つの面から指摘できると考えている。その一つは、考古学自身によって指摘されているこの間の劇的ともいえる変化である。さきに引用した白石氏の文章にもその点に関する言及があったが、他にも五世紀に出現する古市古墳群や百舌鳥古墳群など巨大古墳に関する上田宏範氏の「すべての面にわたって画期的な変革が認められる」とする指摘(7)など、この間に古墳の様式や副葬品に画期的な変革があったことは、従来から多くの研究者によって指摘されている。

もう一つは、『記・紀』『風土記』をはじめ、諸種の古文献に広く認められる時代区分意識の存在である。統一王権が成立したほぼ五世紀の頃を境に世の中が大きく変化し、ウヂ・カバネやその他諸種の制度はその時期以後に整ったとする時代区分意識が、古代の人びとの間に広範に存在する。これはきわめて注目すべき事実であって、筆者はこれはある程度史実を反映したものとみてよいと考える(8)。

もちろん四世紀と五世紀の間に連続する面があることはいうまでもないことである。筆者はそれを否定するものではない。神話や伝説・説話、そして呪術や祭りが、社会を統合する主要な手段であったこともその一つであるし、そのことと深く関わると思うが、いま問題にしている古墳という墓制の存在もその一つである。しかし同時に、その中で大きく変化する面もあった。政治制度や支配者文化の系統は、統一王権の成立を境に激変したわけである。すなわち、前方後円墳時代という考古学上の時代区分と、本書が提起した思想文化面での時代区分とは、何を基準に時代を分けるかという区分の基準が異なるだけであって、けっして矛盾するわけではない。しかしながら前方後円墳時代を漠然と同質の時代として捉えてきた従来の見方は、これによって変更を迫られるであろう。

なお筆者は別稿(9)で、四世紀を中心とする前期古墳時代には、首長墳の中心埋葬施設に女性が単独で埋葬されている例が、九州から関東に至る日本列島の全域にあるという考古学の報告に触れて、「考古学では、古墳時代の前期における女性首長の汎日本列島的存在が確実視されている。この事実は、男系世襲制の観念が成立した五世紀の統一王権以降の政治体制との質的差を、端的に物語る一つの徴証ではあるまいか」と述べたが、このことも、統一王権成立以前と以後とを分ける特徴的な事実の一つと考えられることをつけ加えておく。

最後に(4)「四世紀以前の歴史像の再構築」についていえば、本書は上述のようにヤマト王権時代における「土着」と「外来」の二元構造を明らかにしたわけであるが、そのことによって、「土着」、つまり四世紀以前につながる文化を「外来」の王権思想から切り離して、より純粋な形でその姿を捉えることが可能になったと思う。

その結果、一例を挙げるなら大国主（オオナムチ）神話は、従来よりもっと大きな意味を四世紀以前の歴史の上にもつことになると思われる。つまりオオナムチは、『記・紀』が描いているような天上の神に屈服するために現われた地上の神としてではなく、四・五世紀以前の人びとが作り出した、一箇の独立した英雄王としてもっと明確に捉えることができるようになる。オオナムチはこの時代が造型した人物像の一つの典型であり、その中にはこの時代の歴史と文化が凝縮された形で詰まっている。

もっとも前述したように、われわれの目前にあるオオナムチは、かつて四・五世紀以前にあったオオナムチ像そのままではない。ヤマト王権時代の豪族層によって捉え直され、さらに最終的に『記・紀』神話の枠の中に嵌め込まれた形でわれわれの前にある。したがってそれを選り分ける作業が必要である。しかしその本質やエッセンスの如きものは、変らずに伝えられている可能性が高い。

そのことと関連してもう一ついえば、「土着」の神話・伝承を体系化したヤマト王権時代の豪族層は、おそらく自己の存在証明としてその体系化を行ったのではないかと思われるので、――イザナキ・イザナミ～大国主系神話の体系化が、誰の手によって、いつ、どのような目的で行われたかは、今後に大きく残された課題である。筆者は現在のところウヂ・カバネ制度と結びつける方向で考えているが、本書ではこの問題は扱えなかった――四・五世紀以前の伝承の中から、彼らはおそらく自己の存在証明に役立つ、彼らに関心のあるものを選び取ったということも考えねばならない。

さきに触れたように、統一王権成立以前の小国家分立時代の政治形態は、古墳の被葬者からみるときわめて多様で、男性の単独の首長もあれば、数的には男性に比して少ないが女性の単独の首長もあり、また男・女一対の複式首長もあれば、男性のみによる複式首長、女性のみによる複式首長などもあったことが推定されている。(10)したがってそれらを反映する多様な伝承もかつては存在した可能性がある。事実『風土記』には、断片的ながらそれらの伝承が残されている。しかし『記・紀』に収録された神話体系には、それら多様な首長像は描かれておらず、オオナムチひとりに収斂されている感がある。

したがってオオナムチを通して四世紀以前の歴史を復原するにはそういった点も考慮に入れる必要がある。しかしながら、オオナムチが統一王権以前の文化を代表する有力なひとりであることは間違いのないところで、この神は上述の如き新たな観点から改めて問題にされ、捉え直される必要がある。

いまオオナムチ像についてのみ述べたがこれはむろん一例であって、二元構造を踏まえて捉え直されるべき四世紀以前の伝承や文化は他にも種々存在する。統一王権以前の歴史と文化は、それらの成果を総合しつつ今後新たにイメージし直されねばならない。

以上、七世紀以降取り入れた中国文明に対し、従来「土着」あるいは「未開」として一括されてきたヤマト王権時代の思想と文化を、さらに二つに分けて理解することによって生じる問題点をいくつか挙げてきた。これらの解明は、日本文化の基底をみる上できわめて重要な作業であり、また筆者の関心からいえば、日本における〝未開から文明へ〟の道のりを明らかにする上でも欠かせない作業であると思う。論じ残した点は多いが以上でいったんこの章を終る。

本章で述べた内容の概略を、時代別の表にして掲げておく。

表20　日本古代における文化要素の変遷

| 時代＼特徴的な要素 | (1) 社会統合の手段 | (2) 文字の有無 | (3) 世界観 | (4) 中心的な神 |
| --- | --- | --- | --- | --- |
| I 4C以前（小国分立の首長制時代） | 呪術と祭り | 無文字 | 海彼の「常世《とこよ》の国」が、つきることのない生命力や充実した魂《たま》の源泉としての価値高い国。海洋性・在地性が濃厚。日・月をはじめ山・川・草・木、その他あらゆる自然を崇拝する多神教的世界観。 | オオヒルメ・スサノヲ・オオナムチ（大国主）、他多数 |
| II 5C～7C半ば（ヤマト王権時代） | 系譜と神話 | 一部文字使用 | 天崇拝、天に絶対的価値を置く世界観。（仏教・儒教・道教的世界観の導入もはじまる） | タカミムスヒ |
| III 8C以後（律令制国家時代） | 法と制度 | 文書時代 | 仏教・儒教・道教的世界観。 | 天照大神（装いを変えたオオヒルメ） |

| | | | | |
|---|---|---|---|---|
| (5) | 首長および支配層の特徴 | 男性首長、女性首長、きょうだいによる男女複式首長（ヒメ・ヒコ制）、男性のみの兄弟首長、女性のみの姉妹首長など多様な形態が並存。呪術的能力・人間的資質重視。 | 大王を天の至高神（＝日神）の子孫とする父系制<br>出自・血統重視 | 父系制<br>身分制<br>出自・血統重視 |
| (6) | 男女観 | 男女の働きを等価にみる | 男性優位 | 男性優位 |
| (7) | 文献に多くみられる主たる集団の単位 | 部族 | ウヂ（支配層） | ウヂと家（支配層） |
| (8) | 文化の系統 | 主力は中国江南・東南アジア・インドネシアなど南方系の文化 | 朝鮮半島および北方遊牧騎馬民族の支配者文化 | 中国文明 |

右の表に挙げた文化要素は、その時代を特徴づける主導的な要素を挙げたものである。したがって、いうまでもないがIIの時代は、Iの要素との並存・混合であり、IIIの時代は、さらに社会全体としてはI・II・IIIの並存・混合ということになる。

注

（1）白石太一郎「弥生・古墳文化論」（『岩波講座日本通史』2、古代1、岩波書店、一九九三年）。

（2）佐原真氏は、日本古代における装身具の歴史について「七世紀後半、中国から導入した法律や行政制度によって、本州島と四国島および九州島を統治した古代日本の中央集権国家が誕生する。このころからネックレスやイヤリング、ブレスレット、指輪など、身体に直接つける装身具は完全に消滅する」「法律や行政制度の輸出元だった当時の中国でも、唐三彩の人物像や墳墓の壁画に描いた人物は、ネックレスをつけた舞姫などを例外として、ほとんど装身具を身につけない。その風俗習慣の導入が日本列島における一万数千年にわたる装身具の歴史を終焉にみちびき、装身具を欠如した歴史がここからはじまる」といっておられる（田中琢・佐原真著『考古学の散歩道』岩波新書、一九九三年）。

（3）倉本一宏『日本古代国家成立期の政権構造』（吉川弘文館、一九九七年）。

（4）義江明子『日本古代の氏の構造』（吉川弘文館、一九八六年）。

（5）清水昭俊「ウヂの親族構造」（『日本の古代』11、ウヂとイエ、中央公論社、一九八七年）。

（6）都出比呂志「日本古代の国家形成論序説」（『日本史研究』三四三号、一九九一年）。

（7）上田宏範「前方後円、後方墳」（『新版考古学講座』5、雄山閣、一九七二年）。

（8）前掲序論注（11）の拙著第四章三で、この問題を取り上げている。

（9）拙論「『風土記』の女性首長伝承」（前近代女性史研究会編『家・社会・女性――古代から中世へ――』吉川弘文館、一九九七年）。

（10）今井堯「古墳時代前期における女性の地位」（『歴史評論』三八三号、一九八二年）、間壁葭子「考古学から見た女性の仕事と文化」、森浩一「古墳にみる女性の社会的地位」（『日本の古代』12、女性の力、中央公論社、一九八七年）、田中良之『古墳時代親族構造の研究――人骨が語る古代社会――』（柏書房、一九九五年）。

# あとがき

今から十八年前に、はじめて学習院から出してもらった本のあとがきで私は次のように書いている。

「古事記の古代文学としての文学的特質を探ろうとしたその論文（大学の学部の卒業論文）の出来は惨憺たるものであったが、古事記とは奇妙な書物だという印象がその時強く残った。一見、一つの文学的世界と見える古事記だが、実は本来全く異質な社会に生まれた異質な文化が、巧みな縫い合わせによって一つになっている。継ぎ目は一体どこにあるのだろう、といった疑問がずっと残り続けた」。

五月のはじめに本書の原稿を出版社に送り、しばらく経ってふと取り出してみた旧著のあとがきにこの言葉を見つけて、私は、我ながらあまりの進歩のなさに驚いた。

この文章は、そっくりそのまま、本書のあとがきとしても使えるではないか。こんなにも長い間、私はまったく同じテーマの廻りをまわっていたのだ。

記紀神話は、ひと皮剝ぐと、つまり「帝紀旧辞」の段階にまでフィルムを巻き戻してみると、あきらかに二つの神話世界、二つの世界像に分裂している、という本書の主張は、このように、私にとっては長年持ち続けた疑問に対する一つの解答である。

では、「帝紀旧辞」の世界はなぜ二元的なのだろうと考えた時、王権成立当時の「外来」と「土着」に由来する二元性と捉えるのが、当時の歴史状況や、またそれぞれの神話体系のもつ諸特徴からみて、最も蓋然性の高い想定だと考えた。本書は序論ではその結論から先に述べ、それを論証するために神話の二元構造をもってくるという形をとったが、しかし実際の思考の過程はいま述べたとおりで、逆である。

ところで本書は実は最終章に、「研究史にかえて」と題する一章を置き、そこで津田左右吉以降の研究史にふれて、従来の研究に対する私の立場を明らかにしておく予定であった。しかし書いていくうちあまりに冗長になりすぎたので今回その掲載はとりやめることにした。そこで、やや場違いではあるが、そこで書こうとしていた内容の一端を、ごくかいつまんで以下に述べることを許していただきたい。

さて津田左右吉の記紀研究には、現在からみるともちろん明らかな誤りもあり、また批判されるべき点も数多くある。しかし次の二点は、やはり近代的記紀研究の基点として、継承されてよい点ではないかと私は考えている。

その一つは、津田が「帝紀旧辞」の作成主体や、作成の時期、意図・目的などを、――宣長のように古代の日本人一般の中に拡散してしまうのではなく――明確に特定したという点である。

「記紀の上代の部分の根拠となっている最初の帝紀旧辞は、六世紀の中ごろの我が国の政治形態に基づき、(朝廷及び朝廷において有力な地位をもっていた諸氏族が)当時の朝廷の思想を以て、皇室の由来とその権威の発展の状態を語ろうとしたものである。そしてそれは、少くとも一世紀以上の長い間に、幾様の考を以て幾度も潤色せられ或いは変改せられて、記紀の記載となったのである」(『日本古典の研究』上)。

このようにその作成主体を特定したということは、言い換えれば、王権に関わりをもたない民衆の間や、またヤマト王権が成立する以前の時代には、記紀が描き出しているのとはまったく異なる歴史像や世界像が、あるいは存在したかもしれない、その可能性もあるということを意味する。つまり津田はそのことによって記紀の世界を相対化した。いうなれば日本の古代をもっと広い世界に解放したわけである。

二つ目は、津田が、記紀の歴史史料としての価値をきわめて高く評価したという点である。

「(記紀に記載された物語は)歴史的事実の記録として認めることはできない。しかし、それに見えている思想や風俗が物語の形成せられた時代の厳然たる歴史的事実であることは勿論、全体の結構の上にも、それを貫通している精神の上にも、当時の朝廷及び朝廷に於て有力なる地位をもっていた諸氏族の政治観国家観が明瞭に現われているのであるから、そういう人々の思想に存在している国家形態の精神を表現したものとして、それが無上の価値を有する一大宝典であることはいうまでもない」(『日本古典の研究』上)。

津田は、一般に記紀を徹底的に批判した人物として受け取られているが、しかしこのように、古代の思想や文化を知る上での「無上の価値を有する一大宝典」だと記紀を正しく評価している。

この二点は、ともに記紀研究の出発点として基本に据えてよいものではないかと私は思う。

ところが現在研究の動向は、必ずしもこれを評価し発展させる方向には動いていない。

国文学の分野では、現在記紀神話研究の有力な潮流として西郷信綱氏から神野志隆光氏へという流れがある。西郷氏は、現在主流をなしているといえるその新しい潮流の、最初の旗手ともいうべき存在であるが、氏は津田を批判して次のように述べている。

「(津田の研究を)読んでみると、玉ねぎの皮でもむくように、「潤色」や「造作」と称される部分をひたすら剝ぎとって行くそのやりかたには、いささか死体解剖を思わせるものがある。そこには分析があって綜合がなく、あってもそれは原初的・経験的綜合とは無関係な観念による綜合でしかない。(中略)しかし今や、屍体ではなく内的構造を有する一つの作品として古事記を扱い、その意味を解明する方向へとむきを変えねばならないと思う」（『古事記研究』、傍点、溝口）。

津田の記紀神話研究に対する右のような西郷氏の批判には、同感できる点が少なくない。たしかに津田はその意図とは別に、記紀神話を無残なまでにズタズタにしてしまった。が、しかしこれは「神話」に対する津田の無理解や、また多分に資質的なものによるのであって、上記のような津田の記紀神話観や研究の意図・方法に必ずしも問題があったわけではない。

しかし西郷氏は、そこからいきなり「屍体ではなく内的構造を有する一つの作品として古事記を扱う」（傍点、溝口）方向へとむきを変え、『古事記』を津田のいう「当時の朝廷の思想をもって、皇室の由来とその権威の発展の状態とを語ろうとしたもの」から、一転して古代の共同体的な社会がつくり出した、均質な内的構造をもつ「一つの作品」へと変貌させた。氏はまた「私の目ざすのは、古事記のなかに住みこむこと、そしてその本質をその本文のふところにおいて読み解くことである」（『古事記の世界』）とも述べている。『古事記』はいまや西郷氏にとって、そのなかに住み込むこともできる、内的構造をもつ一つの小宇宙となり、古代社会そのものとなった。

「一つの作品としての」記紀神話研究を強く打ち出しておられるという点で、神野志隆光氏は、明らかに西郷氏の路線の継承者である。神野志氏は次のように述べている。

「『古事記』はひとつの完結した作品として把握せねばならぬ。作品としての全体から切り離して部分部分をとり出し、たとえば『日本書紀』との比較を通じてその歴史的背景や話としての展開・定着を論じておわるのでは、作品としての『古事記』の達成を見失うことになりかねない。いわゆる記紀研究への批判をこめて、本書はあくまで『古事記』論たることをめざしたい」（『古事記の世界観』）。

右の文中で批判の対象としていわれている「いわゆる記紀研究」とは、津田左右吉、益田勝実、石母田正、岡田精司ら、神野志氏がそれまでに批判した、氏の言うところの「作品として」の記紀の「全体構造」や「論理」を考えることを回避して、「成立・発展論に解消する」研究のことを指している。あるいはまた神野志氏は、「『古事記』「神代」の全体構造に即して見るというのは、『古事記』という作品のレベルでとらえることである。(中略) 物語は全体構造において成り立つのであり、その論理のなかで形づくられている。あるいは、全体を成り立たせるなかで、『古事記』のそれぞれの話はある」(『古事記　天皇の世界の物語』)とも述べている。

　このように『古事記』は、神野志氏にとっては、その物語の構成や文章のすみずみにまで、全体構造を支える独自の「論理」が行きわたった、まさに現代文学の如き一つの「作品」となっている。

　しかし『古事記』は、ほんとうにすみずみまで独自の論理が行き渡った「ひとつの完結した作品」なのだろうか。もしそうであるとしたら、いったいその作者は誰なのだろう。西郷氏の場合は七世紀の民衆をも含む共同体的社会が、神野志氏の場合は安万侶が、一応作者として考えられているようであるが、しかしその説は果して成り立つのだろうか。いずれにしても上述の津田の見解は否定されており、その点で両氏の古事記観には、『古事記』の世界を丸ごとそのまま日本の古代とみた宣長的古事記観への、ある意味では逆戻りともいえる面がある。

　西郷氏から神野志氏へと引き継がれたこの路線は、同じように従来の記紀研究に物足りなさを感じていた多くの研究者を惹きつけ、今や「作品として」の記紀神話研究は花盛りといってもよい状況である。しかし筆者には、それらの論は、『古事記』の文献としての性格を新たにがっちりと実証的に捉え直した上で出された論というより、何はともあれ『古事記』を作品として自由に読みたいという、強い欲求から出ているように思える。しかし記紀は、私見ではどうみても複雑な過程を経て形成された原資料(帝紀・旧辞)をもとに、複雑な方法で編纂された、したがってけっして均質ではない内容を抱え込んだ編纂物に他ならない。

記紀を、『源氏物語』や、あるいは漱石・鷗外を読むのと同じように、手を縛られることなく一箇の「作品」として自由に読み、かつ論じたいという欲求は、私にもよくわかる。しかし残念ながら、いま述べたように記紀は編纂物である。そのような方法が手放しで可能な、一人の作者によって書かれた「作品」ではない。である以上、われわれはやはりあくまで辛抱強く、きめ細かに、さまざまな方法を複雑に組み合わせ、積み重ねて、読み解いていく以外に、方法はないのではあるまいか。さきに残念ながらと書いたが、しかしその困難に値するだけの、編纂物だからこそもつ、別の意味での「無上の価値」を、われわれはその過程のなかで数多く発見できると思う。

さて私事にわたることで恐縮であるが、本年の三月三十一日を以て、私は十二年間勤務していた十文字学園女子大学（十文字学園女子短期大学の一部が、平成八年四月から四年制大学になりそちらに移籍した）を定年に二年を残して退職した。三十代も半ばをすぎてから大学院に入学したスタートの遅い私にとって、秒読みに入った残り少ない年月がひどく貴重に思えたからである。

職場では分野の異なる同僚の先生方との交流から有形無形の刺激を受けることができていろいろと勉強になり、またたいへん楽しかった。自由で屈託のない、そして真摯で暖かい雰囲気が私のまわりにはいつもあって、それはどんなにか有難いことだった。そのようなかけがえのない幸せな環境を長年にわたって私に与えて下さったかつての職場の皆様に、この場を借りて心から感謝の意を捧げたい。

記紀神話の研究については、何といっても古事記学会の方々の着実で倦むことのない研究の恩恵を、本論中にはいちいち引いていないが、大きく蒙っている。このようなバックグラウンドがなかったら、私は記紀研究を続けることなど到底できなかっただろう。

綜合女性史研究会・前近代女性史研究会には、研究会に出かけるだけの時間的余裕がなく籍を置いているだけのような状態ではあったが、しかしメンバーの方々の活発な活動を目にすることは、私にとって現代を呼吸する窓口の一つであり、いつの間にか歴史を見る上での欠くことのできない視角の一つになっているのを感じる。本書にもそれが反映していると思う。

最後になったが本書が吉川弘文館から出版されるについてお世話下さった佐伯有清先生に、厚く御礼を申し上げたい。先生のご厚意に本書が十分応えるものになっていないことに心底忸怩たる思いである。

最初は既発表の論文をまとめた論文集の予定であったのが、途中から書き下ろしに近いものに変更したため大幅に遅れてしまった拙稿を、根気よく待って下さった吉川弘文館の各位に、お詫びとともに御礼を申し上げる。

二〇〇〇年 六月

溝口睦子

# 初出一覧

1　第一章第一節「一　『古事記』と『日本書紀』の創成神話」、および「二　『古語拾遺』と『先代旧辞本紀』の創成神話」

「開闢神話の異伝と古事記の編纂意図」（『梅沢伊勢三先生追悼記紀論集』所載、続群書類従完成会、一九九二年）の前半部分を基に、大幅に書き改めて載せた。

2　第二章第一節「二　宮廷祭祀とタカミムスヒ――月次祭祝詞の分析――」

「皇祖神の転換とその歴史的意義――タカミムスヒからアマテラスへ――」第二章2・3節（佐伯有清先生古稀記念会編『日本古代の伝承と東アジア』所載、吉川弘文館、一九九五年）

3　第二章第一節「四　タカミムスヒの源流――天の至高神タカミムスヒ――」

「天の至高神タカミムスヒ」（『神田秀夫先生喜寿記念古事記・日本書紀論集』所載、続群書類従完成会、一九八九年）

4　第三章「最高神（皇祖神）の転換――タカミムスヒからアマテラスへ――」

「皇祖神の転換とその歴史的意義――タカミムスヒからアマテラスへ――」第一章、第二章1節、および第三章

# 索　　引

## I　一般項目索引

### あ　行



### か　行



### さ　行

## た　行



## な　行



## は　行



## ま　行



## や　行



## ら　行



## わ　行

# II　研究者名索引

## あ　行



## か　行



## さ　行



## た　行



## な　行



## は　行



## ま　行

## や　行



## ら　行

著者略歴

一九三一年　長崎県に生れる
一九五八年　東京大学文学部国文学科卒業
一九七六年　学習院大学大学院人文科学研究科博士課程修了
二〇〇〇年三月まで十文字学園女子大学教授
現　在　十文字学園女子短期大学非常勤講師
文学博士

〔主要著書・論文〕

『日本古代氏族系譜の成立』（学校法人学習院　一九八二年）
「記紀神話解釈の一つのこころみ―『神』を再検討する―」（『文学』四一―一〇・一二号、四二―二・四号）
「カバネ制度と氏祖伝承」（『文学』五一―四・五号）
『古代氏族の系譜』（吉川弘文館　一九八七年）



王権神話の二元構造
―タカミムスヒとアマテラス―

二〇〇〇年（平成十二）十二月十日　第一刷発行

著　者　溝《みぞ》口《ぐち》睦《むつ》子《こ》

発行者　林　英　男

発行所　株式会社　吉川弘文館
郵便番号一一三―〇〇三三
東京都文京区本郷七丁目二番八号
電話〇三―三八一三―九一五一〈代〉
振替口座〇〇一〇〇―五―二四四番

印刷＝三秀舎　製本＝誠製本

（装幀＝山崎　登）

王権神話の二元構造（オンデマンド版）
―タカミムスヒとアマテラス―

2019年9月1日　発行

著　者　溝口睦子《みぞぐちむつこ》
発行者　吉川道郎
発行所　株式会社 吉川弘文館
〒113-0033 東京都文京区本郷7丁目2番8号
TEL 03(3813)9151(代表)
URL http://www.yoshikawa-k.co.jp/

印刷・製本　株式会社 デジタルパブリッシングサービス
URL http://www.d-pub.co.jp/

溝口睦子（1931～）
ISBN978-4-642-72359-6